Dagboek van een sportgek

Van Mart Smeets zijn eerder verschenen:

Mart Smeets
Dagboek van een sportgek

Maandag 28 mei

Het is licht mistig weer, met soms een zonnestraal. Ik zet koffie, draai, lees de krant van zaterdag. Wat doet een mens op Pinkstermaandag? Lang geleden ging ik 's ochtends al naar de bijvelden van het Olympisch Stadion. Daar werd het Blauw Wit-toernooi gespeeld met sterke jeugdvoetbalploegen uit heel Europa. Ik was er niet weg te slaan. Sheffield Wednesday, het Deense Boldkluppen Frem en ook Ajax en Sportclub Enschede speelden er. Ik kreeg voor de hele dag een gulden van mijn vader mee, naar eigen goeddunken te besteden: een koek, een kogelflesje, Monty-kauwgum en een ijsje. Ik moest om zes uur thuis zijn, wat ik gehoorzaam deed. Terug op de fiets langs de Stadionweg, rechtsaf bij de Diepenbrockstraat, oversteken bij de Scheldestraat. Nieuw-Zuid van vroeger, bron voor een vrolijke en onbedorven jeugd.

Nu sta ik voor het raam aan het Spaarne, vijfenvijftig jaar later. Het Blauw Wit-jeugdtoernooi bestaat niet meer, de bijvelden liggen verstopt onder yuppenwoningen, het Olympisch Stadion is van zijn tweede ring en zijn karakter ontdaan en ik ben nog steeds fan van Boldklubben Frem. Het zal in de aard van het beestje zitten: traditioneel, levend met vaste waarden.

Die Denen droegen prachtige shirts: brede roodblauw gestreepte shirts, witte broek, blauwe kousen, kleuren die al stammen uit 1886. Ze speelden harkerig voetbal, hielpen de tegenstander overeind na valpartijen en gaven na afloop hun opponent een hand. Blonde vriendelijkheid en sportiviteit. Waarom moet ik altijd met Pinksteren aan dat toernooi denken? Wat zoek ik toch in het verleden?

Ik ga achter mijn computer zitten en drink nog meer koffie. Verstrooid neem ik de Amerikaanse honkbaluitslagen door, bestudeer de NBA-wedstrijden van de afgelopen nacht en klik weer het bericht van Bert aan in mijn Apple en lees het voor de derde maal.

Hij reageert op mijn ingestuurde verhaal over Erik Breukink voor *De Muur*. Hij zegt dat het te veel een 'van vriend tot vriend'-verhaal is geworden en dat ik er niet in ben geslaagd door Breukinks pantser van 'beschaafd', 'heer' en 'correct' heen te breken. Bert stelt me voor het verhaal te herschrijven, en duidelijk te maken hoe Breukink zijn eigen beschaafde normen en waarden weet te handhaven in een omgeving van vaak plat en volks denken en handelen. Bert moedigt me aan: 'Jij bent degene die Breukink werkelijk kan duiden. Vanuit je eigen achtergrond, maar vooral omdat je hem al zo lang hebt geobserveerd.'

Het duurt minstens een uur voordat ik me ertoe kan zetten om een nieuwe openingszin te tikken. Ik baal. Ik veeg de tekst weg, begin opnieuw en weer en weer. Nog een uur gaat voorbij en ik speel muziek van de Allman Brothers. Twee telefoontjes, drie boterhammen en een kop thee volgen. Nog steeds geen behoorlijke openingszin en ik begin weer. Schrijf, lees, bezin, sta op en zet Miles Davis op; typische non-maandagmiddagmuziek.

Berts terechtwijzing doet niet vervelend aan. Hij duwt me naar een andere manier van denken en schrijven. Bob Spaak en Ben de Graaf corrigeerden me vroeger soms ook zo. Ik accepteerde dat destijds moeiteloos, en nu ook. Iemand moet toch kunnen zeggen dat een stuk beter kan. Maar wat schort er dan nu aan? Waarom voel ik mij geremd bij het schrijven?

Ik begrijp wat Bert bedoelt. In mijn ingeleverde artikel beschreef een beschaafde journalist (ahum) een beschaafde ex-wielrenner. Het portret voor *De Muur* was misschien wel aardig en onderhoudend, maar het raakte inderdaad nergens een zenuw.

Ik loop van tafel en denk na: hoe kan ik opschrijven hoe ik werkelijk over Breukink denk, zonder hem te desavoueren, te pakken of zelfs maar licht te beschadigen? Hoe eerlijk moet ik zijn, tegenover hem en vooral ook tegenover mezelf? En kán ik dat laatste?

Moet ik hem 'te aardig' of 'te beschaafd' noemen (zoals bijna iedereen doet) en doet dat onrecht aan de werkelijkheid? Of is dat juist de waarheid en moet die gezegd worden? En klinkt dat niet geforceerd uit mijn pen?

Ik schrijf van half drie tot zeven uur, schenk tweemaal een glas rode wijn in, controleer het verhaal tweemaal, houd mijn twijfels, maar druk toch op de knop 'verstuur'. God zegene de greep. Ik denk Breukink op de meest eerlijke en reële manier te hebben beschreven. Een half etmaal later hebben mijn drie mederedacteuren een voor een laten weten dat deze tekst veel beter is, en dat dit een waardig portret is van de technisch directeur van Neerlands grootste en rijkste wielerploeg. De voormalige toprenner is in die positie een nogal ongrijpbare figuur geworden: niet streng, niet zakelijk, niet flamboyant, niet opvallend, niet op de voorgrond tredend, maar eerder gereserveerd en vaak op zijn hoede. Ik krijg complimenten, die ik zwijgend accepteer.

's Avonds denk ik na over de inhoud van mijn winterboekje. Uitgeefster Marie-Anne van Wijnen heeft me de goddelijke vrijheid gegeven voor mijn eerste boek bij haar nieuwe uitgeverij, die ze later De Kring zal noemen. Ze denkt dat er nog wel iets in mijn hoofd zal overblijven na de sportzomer van 2012. Misschien iets in dagboekvorm, heeft ze voorzichtig geopperd. En als vrouwen iets voorzichtig opperen...

Ik denk dat het kan, maar ik wil dan eerlijker, harder en duidelijker zijn. Ik bel haar op en zeg: 'Ik wil proberen op te schrijven wat ik werkelijk vind. Ik ben zo vaak politiek of sociaal correct. Ik vind mezelf zo'n keurig nette oude man geworden. Niet dat ik per se wil uitglijden, maar er zijn toch ook bovengrenzen aan netjes en correct?'

Ze zegt dat ze snapt wat ik bedoel. 'Probeer het gewoon. Als je er zelf nog maar een goed gevoel bij hebt, want forceren heeft geen zin.'

Ik knik in de leegte. Ik moet dus mijn ware gevoelens onder woorden gaan brengen. Ik hoef niet te gaan schelden of fileren omdat dat leuk of in de mode is, maar alleen als mijn gevoel me dat ingeeft. Ik hoor een slechte etappe een slechte etappe te noemen, ik hoor een falende voetballer op zijn falen te wijzen en ik moet ook van collega's of vrienden zeggen wat ik van ze vind. Hoe vaak doe je, in mijn vak, niet een paar fluwelen handschoenen aan als je sportmensen behandelt, als je een wedstrijd bekijt en bespreekt, als je commentaar geeft, als je presenteert, als je portretteert. Zie mijn worsteling met het Breukink-verhaal.

Niet dat ik niet eerlijk ben geweest, want dat ben ik altijd wel gebleven, ook tegenover mezelf, maar ik laat weleens de harde randjes weg en kies voor de zachte, mooie aanpak. Waarom ik dat doe? Misschien ben ik 'te aardig' of 'te beschaafd' opgevoed. Wie zal het zeggen? Als ik dan toch de dagboekvorm ga gebruiken, zoals Marie-Anne me nogmaals voorstelt, moet ik het goed doen. Eerlijkheid boven alles; geen knievallen voor mensen of instanties waar ik mee samenwerk, geen gemaakt zachte meningen over mensen die ik geen pijn wil, kan of mag doen. Ik moet mijn gevoelens proberen te verwoorden over de dingen die ik de komende maanden zal gaan doen en meemaken.

Ik lach tegen mezelf: moet ik dan een klootzak een klootzak noemen? Ja. Moet ik krachtiger taal gaan gebruiken dan ik anders doe? Onder-de-gordel-taal? Moet ik buiten mijn eigen oevers gaan treden? En kan ik dat? Lul, kut, kloten, paardenlul, tyfus, tering... moet ik gaan vloeken? Nee, dat doe ik zelden of nooit. 'Begin eens met gewoon de waarheid op te schrijven,' zeg ik tegen mezelf.

Ik mail mijn uitgeefster dat ik het ga proberen. Voor het eerst in mijn bestaan van journalist ga ik een reëel dagboek bijhouden. Zij meldt later, na de eerste paar stukken, dat ze nu al enthousiast is. Ik lach haar enthousiasme weg en zeg dat ze de eindtekst begin oktober in haar bezit zal hebben. Ik leg mezelf de dwang op goed en duidelijk te gaan schrijven en niets mooier te maken dan het in werkelijkheid is. Ik geef mezelf vierenhalve maand. Aantekenen, uitwerken, schrijven. De echte waarheid dus. Of, zoals NOS-producer Monique Hamer me weleens zegt: 'Is dat inclusief je normale 15% overdrijving?'

Ik loop door het verstilde huis en zet de televisie aan. Kanaal 218. Ik zie de Nationals en de Marlins spelen, maar mis zeker vier of vijf innings doordat ik op de bank in slaap val. Met stijve benen beklim ik later de trap. Het is Pinkstermaandagnacht en het waait licht rond het huis. Karen vraagt: 'Wie won?' Voordat ik antwoord kan geven, draait ze zich alweer om. Automatisme. 'Ik denk de Marlins,' zeg ik, maar zeker weet ik het niet.

Dinsdag 29 mei

Maurits Hendriks, de NOC-bovenbaas, komt vandaag zijn gedachten rond olympisch Londen en de stand van zaken met zijn atleten uitleggen. Hij doet dat in een klein zaaltje in Hilversum en zijn gehoor bestaat uit de Londengangers van de NOS.

Ik ken Hendriks een beetje, maar niet privé. We zeggen welgemeend dag tegen elkaar, maar over zijn leven buiten de sport laat hij zich niet uit, net zomin als ik dat tegenover hem doe. Voor een privéleven heeft hij in deze dagen ook geen tijd, want deze baan vraagt nu werkelijk een 24-uurs inzet.

Het is grappig om te zien hoe Hendriks zijn gedrevenheid onder controle weet te houden. Hij vertelt, legt uit en doet dat, ogenschijnlijk, met de professionaliteit van een man die het allemaal al meegemaakt heeft. Dat is niet zo, want Londen worden zijn eerste Spelen in de functie die hij nu bekleedt en hij zal daar behoorlijk onder het vergrootglas worden gelegd.

Hendriks heeft zijn nek uitgestoken door een voorspelling te doen. Hij heeft hardop gezegd dat hij hoopt dat Nederland terugkeert in de top-tien van het medailleklassement en dat we gaan voor zestien plus een, ofwel voor zeventien medailles in het totaal. Ik vind dat iemand op die plaats zulke dingen moet kunnen zeggen, maar ik vind het tegelijk onzin, want dit is Nederland, het land dat er maar niet in slaagt om een consistent sportbeleid te voeren. Sport is hier geen serieuze bedrijfstak, het is een mengeling van hobby, geklungel en triest makend amateurisme. Wij denken pas olympisch als de ploeg al bijna op Schiphol staat en wij gaan in oranje polonaise de grenzen over om onze collectieve lol uit te stralen in een feesthuis. Over het hoe, wat en waarom van onze olympische sporten en sporters weten we weinig tot niets en dat is nu precies de reden dat Hendriks de bijeenkomst in Hilversum heeft laten beleggen. Hij wil dat deze professionals iets van zijn werk snappen.

Hendriks oogt een tikje nerveus; er zit haast in zijn tred. Bij binnenkomst heeft hij een snel rondje gemaakt, met ingekapselde spanning in zijn doen en laten. Die attitude bespeur ik steeds, waar ik hem ook tegenkom, ook later in Londen.

Ik mag hem, laat ik dat voorop stellen. Ik begrijp zijn wensen, zijn ideeën over sport en ik weet hoeveel moeite hij moet doen om zijn job gedaan te krijgen. Het zijn geen windmolens die hij op zijn weg treft, maar vertegenwoordigers van logge apparaten van bonden en organisaties. Het zijn mensen die niet in zijn snelheid en overdrive kunnen denken, omdat ze het vermogen missen om 'topsport' en de vele valkuilen die daarbij horen, te bevatten.

Maurits Gijsbreght Hendriks heeft zijn vak via de hockeysport goed geleerd. Hij is een van die mensen die ook andere sporten gingen bekijken, bestuderen en later ook gingen leiden. Hans Jorritsma en Roelant Oltmans gingen hem daarin voor. Zij belandden in de voetbalwereld en werden daar meedogenloos behandeld en geestelijk gestraft: zij waren slechts hockeymeneertjes, kenden de mores van het voetbal niet en moesten hoe dan ook sneuvelen. Ik heb me vaak afgevraagd waar dat dedain binnen de voetbalwereld toch op gebaseerd is. Ging het om sociaal verschil? Werden buitenstaanders met manieren niet gepruimd, juist omdat zij manieren hadden? Of stond de voetbalwereld, in al haar vermogen om zaken transparant en eerlijk te regelen, geen pottenkijkers met hersens toe?

Misschien had Johan Derksen wel gelijk toen hij in een van zijn tragikomische tirades tegen mannen als Oltmans en ook Frank Kales, de ex-basketballer die directeur van Ajax werd, duidelijk maakte dat mensen uit andere sporten de doortrapte, half-maffiose voetbalwereld eigenlijk beter konden mijden. De (waarschijnlijk) eerlijke inborst van die 'vreemde eenden' maakte hen ongeschikt voor een wereld waarin handjeklap, liegen en bedriegen bon ton is. Ik heb weleens gedacht dat Derksen dicht bij de waarheid kwam: buitenstaanders hebben inderdaad niets in de voetbalwereld te zoeken en kunnen beter toeschouwer zijn en blijven.

Niet dat Hendriks bewegingen naar de voetbalwereld had gemaakt, maar de vraag was ook of deze hockeyman door iedereen binnen de Nederlandse sportwereld geaccepteerd en vertrouwd zou worden. Natuurlijk kon hij rekenen op steun van zijn eigen (machtige) hockeybond, maar hoe lag Hendriks bij zwemmers, hardlopers en wielrenners?

Ooit had ik hem dat gevraagd in een persoonlijk gesprek in het Amsterdamse Hilton Hotel. Hij vertelde toen dat hij met open vizier die strijd, als het een strijd was, aan zou gaan. Hij was er voor iedere boogschutter, judoka of roeister, hij had geen voorkeuren, geen dubbele agenda of wat dan ook; hij moest werkvoorbereider zijn voor alle Nederlandse olympische sporters, zo simpel was het.

Hij wilde dat ik hem begreep omdat ik de anchorman van het olympische televisieprogramma van de NOS zou worden. Daarom legde hij me ruim voor Londen uit wat hij wilde en hoe hij werkte. Natuurlijk was het bolwerk dat hem steunde en faciliteerde log in uitvoering en traag in gedachten, maar die strijd durfde hij wel aan. Hij voelde zichzelf een 24/7-werker in de sport, met een reuze interessante toekomst. Hij moest en zou boven de sporten staan en Oranje in Londen naar het grote terras van succes leiden.

Hoewel hij het niet uitsprak deze middag, kon je wel zijn geweldige ambitie voelen. Hij vond zichzelf geschikt voor de baan die na het plotselinge vertrek van Charles van Commenée open was komen te liggen. Van Commenée had in het najaar van 2008 een enkeltje Groot-Brittannië genomen en had na Beijing de Nederlandse olympische sport gelaten voor wat die was. Hij had al snel ingezien dat hier de mogelijkheden om optimaal met topsporters bezig te zijn, totaal onvoldoende waren. Hij lichtte dat toe tijdens een prettig gesprek in Londen op 29 februari 2012: zijn denkbeelden, dromen en gedachten pasten eenvoudig niet in de topsportcultuur van ons land. 'Er gebeurt veel op persoonlijk initiatief van de sporters zelf. Nederland is een land van Pieter, Inge en Anky: sporters die hun olympische loopbaan helemaal zelf hebben ingekleurd en opgebouwd. Dat is ook knap hoor.' Ik had hem gevraagd hoe zijn toekomst eruit zou zien. Hij had uitgelegd dat zijn grote atletiekploeg ten minste acht medailles moest binnenhalen. Zo niet, dan kon hij daags na de Spelen zijn boeltje pakken. Hij werd afgerekend op het presteren van zijn sportlieden.

Hendriks had Van Commenées plaats opgevuld. Nu stond hij tegenover al mijn collega's zijn gospel nog eens uit te leggen. Licht gehaast, met wat spanning op de bovenlip, maar toch duidelijk: hij lag op koers. Er waren nog wat kleine hobbels, maar de voortekenen voor een mooie zomer lagen er. Het zou vanaf vandaag alleen nog maar finetuning moeten zijn. En in wonderen geloofde hij niet. Succes kwam voort uit voorbereiding, veel trainen en inzet. Hij moest slechts het werk voorbereiden.

Er wordt zwijgend naar hem geluisterd. Ik zit in die grote groep NOS-olympiërs en denk even dat ik naar een roepende in een woestijn zit te kijken. Zal Hendriks net zoals Van Commenée straks worden afgerekend op de prestaties van de Nederlandse atleten?

Even snel als hij de ruimte binnen is gekomen, verdwijnt hij ook weer. De meesten staan op, schenken koffie in, ordenen hun gedachten en nemen een broodje. Gratis. London, here we come...

Na een klein uurtje Hendriks aanhoren, volgt in klein comité een vergadering over Londen. Ons Londen. Onze groep werkt al weken goed samen. Eindredacteur Frits van Rijn heeft de wind eronder en haalt ons vaker bij elkaar dan bij andere projecten het geval is: hij wil en zal van het Londense avondprogramma een succes maken. Hij weet echter dat zoiets niet vanzelf zal gaan en hij stimuleert en prest en is flink bezig. Zijn nadeel? Hij weet dat hij zijn redactrice Maaike van den Broek, zijn beeldenman Martijn Hendriks en zijn presentator (ik dus) kwijt zal zijn in de maand juli. De Tour de France en de *Avondetappe* ontnemen ons dan goed uitzicht op de Spelen van Londen en dat voorvoelt Van Rijn. Hij wil dus zo veel mogelijk geregeld hebben en zet op zijn eigen wijze de lijnen uit: prettig en professioneel, en ook zacht, zonder dwang of grote woorden.

Om vijf uur zit ik in weer een andere bijeenkomst, in een andere setting, in een ander deel van Hilversum. Over mijn eigen toekomst, om het wat cryptisch te stellen. Er bestaat een idee om een nieuw televisieprogramma te maken. We bespreken de gang van zaken. Ik heb de lijnen van het programma vast in mijn hoofd. Ik wil het samen gaan doen met Kees Jansma. Die heeft echter andere zaken aan zijn hoofd in deze dagen. Ik benijd hem niet als perschef van Oranje.

Spelen ze nou vanavond weer zo'n zielloze oefenwedstrijd?

Woensdag 30 mei

Tijdens het zomerreces van *DWDD* hebben we nu *Bureau Sport* op de vaderlandse televisie. Goed gemaakte, een tikje (gespeeld) naieve televisie van twee dertigers: Frank Evenblij en Erik Dijkstra.

Vanavond is een briljantje te zien: de komst en het onmogelijke verblijf van de Argentijnse voetballer Iván Gabrich bij Ajax. Terug dus naar 1996.

Bureau Sport afficheert zichzelf als 'Sportmagazine met een randje. Met sport slechts als kapstok. Een amusante journalistieke zoektocht vol satire, maar alles klopt.' Of alles ook inderdaad klopt, betwijfel ik, maar feit is wel dat deze televisiemakers, op slag van de als fantastisch aangekondigde 'Sportzomer', een opmerkelijke en verfrissende benadering hebben weten te vinden. Het is in ieder geval beduidend anders dan wat de NOS met sport doet, hoewel de ingrediënten gelijk zijn. Ze vissen uit dezelfde vijver met beelden, maar combineren dat met hun eigen nieuwsgierigheid: ohhhh, is dat zo? Zo worden de onderwerpjes aardig en speels; het soms zo dodelijk serieuze van de NOS ontbreekt hier.

Het stukje Gabrich is prachtig, vooral door de woorden en de mimiek van de geïnterviewde voetballers Fred Grim en Ronald de Boer. Zij geven precies aan wie of wat de Argentijn toen was, zij spaarden de man en de werkelijkheid niet en met wat oude beelden erbij is het portret al mooi als het toetje komt: Gabrich in beeld met een skype-verbinding. Op zijn landbouwbedrijf, ver weg in Argentinië.

De geflopte Ajax-spits (geen goals in 16 wedstrijden en heel wat komisch aandoende val- en struikelpartijen), voor wie men vijf miljoen dollar betaalde, verhuisde in recordtempo door de voetbalwereld. Na Ajax kwamen UD Mérida en CF Extremadura (voor beide Spaanse ploegen 1 doelpunt), het Spaanse Real Mallorca (geen score), het Braziliaanse Vitória Futebol Clube (4 doelpunten), het Argentijnse Club Atlético Huracán (5 goals) en het Chileense Universidad Católica (ook 5). Einde carrière. Eén maal geselecteerd voor de Argentijnse olympische ploeg, maar juist de wedstrijd waarin hij zou debuteren, werd afgelast.

Gabrich snapt de humor van Dijkstra niet helemaal, bedankt de Nederlander nog wel omdat hij interesse in hem toont, maar vertelt ook lachend over het grote huis dat hij van de centen van Ajax heeft kunnen kopen. Het Spaans van Dijkstra is van grote non-klasse; gehoekt, Twents uitgesproken, duidelijk voorgelezen; oorstrelend verkeerd, maar daardoor juist weer goed. Met de vaderlijke steun van veteraan Theo Reitsma op de achterhand maken deze VARA-jongens een nieuw soort sportprogramma dat gebaseerd is op oude waarden.

De avond is nog maar net begonnen en nog lang niet voorbij. Weer kan ik nauwelijks een halve wedstrijd van het Nederlands voetbalelftal kijken. Ik geef voorrang aan Roland Garros (de samenvattingen), een half uurtje Major League-baseball en vooral veel koffie.

Waarom moeten die oefenwedstrijden voor een groot voetbaltoernooi als 'wereldwonderen' geafficheerd worden? Waarom dat opgewonden sfeertje, dat Oranjegevoel dat geen Oranjegevoel is en dat gekunsteld opgewekte beeld dat de regisseur ons steeds weer wil voorhouden? Die imbeciele 'wave', die overdaad aan blije oranje feestvierders die niets te feesten hebben. Het betreft een oefenwedstrijd toch? We hebben ons ter redactie weleens afgevraagd of je dit soort wedstrijden wel wilt uitzenden. Veel speelt zich af rond vier sterspelers. In naam, wel te verstaan, want Sneijder, Van der Vaart, Van Persie en Robben zijn nog lang niet in de gewenste vorm, dat zie ik zelfs. Robben heeft nog steeds glazen benen: kwetsbaar dus, en verre van doortastend. Ik weet niet of hij altijd op deze manier gespeeld heeft, maar het wordt nu vrij irritant om langer te bekijken. Als hij van de rechtervleugel naar binnen trekt, zie je de rampspoed al aankomen. Hij gaat solo, ongeacht of anderen vrij staan, en schiet altijd richting doel. Als hij afgestopt wordt, volgt een grimas die Marcel Marceau niet na kan doen. De bal afgeven is uitgesloten.

Na zijn teleurstellende seizoeneinde bij Bayern, waar de fans hem vilein bejegenden vanwege het missen van een penalty in de Champions League-finale tegen Chelsea, moet Robben nu proberen vaste grond onder de voeten te krijgen en dat zal niet makkelijk zijn. Het lijkt me voor Van Marwijk een enorme opgave om de aanvaller weer scherp te krijgen, temeer daar allerlei andere sleutelspelers ook nog vorm en vooral frivoliteit missen.

Na de oervervelende oefenwedstrijden tegen Bayern München en Bulgarije kon je de twijfel bij de bondscoach al voorzichtig zien opborrelen. Ook Van Marwijk kreeg iets korzeligs in zijn optreden. Hij stoorde zich aan het commentaar vanaf de analistentribune van SBS6 en dat waren we niet van hem gewend. Overigens kon ik de opmerkingen van die twee mokkende 88-gangers (Marco van Basten en Ruud Gullit) goed volgen. Zij wisten de boel snel op scherp te zetten, waardoor er wel een leuk en enigszins gespannen sfeertje rond de volgende wedstrijden kwam te hangen.

En wat is in hemelsnaam de toegevoegde waarde van Van Persie tot nu toe geweest? Hij speelt met een onzichtbare rem in zijn systeem. Hij kijkt grimmig rond en toont soms een opvallende desinteresse. Dan loopt hij wat doelloos rond, vaak weg van de ᴠᴀɪ, maakt soms een kort wegwerpgebaartje en is het met iedereen en alles oneens. En kan iemand me uitleggen waarom Van Persie tegen de rest van de wereld zwijgt? Het wordt blijkbaar geaccepteerd.

Is er iemand binnen de selectie die op dit moment wel goed speelt? De kenners houden zich nog in, de spanning stijgt en Van Marwijk is bepaald niet te benijden. Hoe krijgt hij deze selectie nog aan het voetballen?

In de vroege nacht zie ik Roger Bernadina een goede wedstrijd spelen tegen Miami. Ik denk dat hij zo'n beetje de beste Nederlandse honkballer in de Major Leagues is. Hij slaat goed, is een uitstekende outfielder en is snel en lenig. Gewoon een jongen die op Curaçao geboren is, opgroeide in Den Haag, en honkbal leerde spelen bij ADO en Sparta. Nu speelt hij, bijna iedere wedstrijd, bij de Washington Nationals de pannen van het dak. Onopgemerkt, onbekend, maar zeker niet onbemind.

Donderdag 31 mei

Voor tennisjunks is Roland Garros een snoepje van de week. Zo tegen elven in de ochtend zak je op de bank onderuit en alles kabbelt vervolgens verder. De eerste ochtendpartij vergt twee koffie, daarna kan je even huishoudelijke dingen gaan doen, boodschappen wellicht en tegen tweeën zijg je maar weer eens neer, lunch bij de hand. Naar welke partij kijk ik nu?

Sinds enige tijd hebben wij thuis een nieuwe manier van naar tennis kijken geïntroduceerd: we switchen van zender per partij en per commentator. Bij dit toernooi bestaat de keuze uit NOS, Eurosport of Sport 1. Bij Wimbledon doen we de BBC erbij, maar dat is alleen in de hoop dat Sue Barker presenteert en dat het gaat regenen zodat men de befaamde Cliff Richard-tapes moet gaan herhalen.

Wij zijn allebei erg gecharmeerd van het commentaar van Theo Bakker. Deze goede bekende verstaat de kunst het tennis te presenteren als sport en niet als product. Hij weegt het ritme van de wedstrijd en past zijn spraak daaraan aan. Daarbij is hij geestig en puntig en heeft een mooie feitenkennis. Hij put moeiteloos uit jaren aan ervaring bij alle grote toernooien ter wereld en heeft een bepaald prettige bromstem. Bakker weet ook geweldig te zwijgen.

Ooit hebben Theo en ik daar weleens over zitten kletsen. Zwijgen als televisiecommentator is een kunst die heel weinigen verstaan. Het is slechts een paar collega's gegeven langere, soms bijna pregnante stiltes te laten vallen in live uitzendingen en tennis is nou precies een sport waar dat heel goed kan. Bakker spreekt soms in een game slechts vijftien woorden. Dat is veel moeilijker dan de hele boel maar vol te gooien met woorden en hij verstaat die kunst, met die aantekening dat alle andere tenniscommentatoren die ik ken (Mariette Pakker, Kristie Boogert, Marcella Mesker, Mark Brasser en Jan Siemerink) ook hebben geleerd dat zwijgen goud en spreken zilver is. Ik denk dat wij in Nederland met bovengenoemd gezelschap een groep commentatoren van vrij hoog gehalte hebben. De Nederlandse tennisfan die naar de televisie kijkt en luistert heeft niets te klagen.

Er zijn twee uitzonderingen. Er is een Hollander die commentaar geeft en het spelletje bespreekt of het bankgenoteerde aandelen zijn. Hij heeft geen liefde voor het spel in zijn stem weten te verpakken. Ik ken zijn naam niet, maar ik luister niet graag naar hem. En dan is er een uiterst irritante Vlaming die de kijker als kleuter toespreekt. Het is niet leuk, niet educatief, niet knap. Vervelend om naar te luisteren. Commentaar geven, bij welke sport dan ook, is en blijft een vak.

Vandaag is het 'Robin Haase Dag', heb ik aangetekend in mijn agenda. Ik ben fan, laat ik dat direct stellen. En ik ben, vreemd genoeg, ook fan van Michail Joeznjy, zijn tegenstander van vandaag. Wat te doen? Ooit was die kleine, gedrongen Rus de nummer 8 van de wereld. Ooit won hij het Ahoy-toernooi. Ooit interviewde ik hem. Daar ging een leuk voorval aan vooraf. Ik was in de Ahoy voor hand- en spandiensten bij het jaarlijkse grote toernooi, Joeznjy won in recordtempo zijn finale en er werd via de telefoon aan de eindredactie in Hilversum gesuggereerd deze redelijk onbekende speler nog wat vragen te stellen. De sterke aanbeveling kwam terug dat niet te doen want 'Joeznjy is bepaald geen prater. Er komt geen zinnig woord uit hem.' Na zes minuten kwam echter toch het verzoek hem maar bij de microfoon te vragen omdat we tijd over hadden en wat bleek: hij was een opgewekte, leuke, vlotte verteller die geen remmingen kende, geen enkele vorm van kapsones had en een leuk verhaal vertelde. We beëindigden het gesprek met een stevige handdruk. Vrienden voor het leven.

Goed, Haase tegen Joeznjy dus. Haase speelt helemaal niet slecht, maar is op alle vlakken net minder dan de Rus; in spel, in tactiek en in score, in ritme, in alles. Is dat verschil in ervaring? Waarschijnlijk. Op de wereldranglijst staan ze niet ver uit elkaar, 31 voor de Rus, 39 voor Haase, maar die lijst zegt niet alles.

Haase verliest de tiebreak van de tweede set op bijna kinderlijke wijze. Ik denk door gebrek aan ervaring en een plotselinge slordigheid. Joeznjy voert ook even het tempo op in de derde set en de partij is al voorbij voor je het weet: 6-3, 7-6 en 6-4. Mijn vader noemde dat vroeger wel: poepen zonder duwen.

In de late middag komt Arantxa Rus in actie. Haar zie je zelden 'live' spelen. Als ik een woord moet bedenken dat bij haar spel past, is het wel 'broos'. Ze is waarschijnlijk sterker dan ze eruitziet en dat bewijst ze deze dag. Ze slaat met groot gemak de Française Virginie Razzano naar huis. De Française heeft naam gemaakt door de compleet chaotisch spelende Serena Williams eraf te slaan in de eerste ronde, maar Rus vermaalt Razzano: 6-3 en 7-6. Het Franse publiek kijkt verbijsterd toe.

Voor de tweede maal haalt de frêle speelster dus de derde ronde van Roland Garros, dat kan geen toeval zijn. Ze moet van het roze 'terre batue' houden en gravel lijkt in ieder geval haar favoriete ondergrond. Ik lees later dat ze een week eerder nog geblesseerd is geweest. Ze moet dan toch een flinke taaiheid hebben om hier vandaag te winnen. Waarom weten we zo weinig van Rus, waarom lopen gesprekjes-na-afloop met haar zo stroef? Waarom tennist zij zo weinig in ons beeld? Later op de avond kijk ik naar een samenvatting van de partij tussen Mathieu en Isner. De grote Amerikaan heeft naam gemaakt met lange partijen. Dat gebeurt nu weer en opnieuw op een bijbaantje. De vijfde set eindigt in 18-16 voor de Fransman. Isner ziet er als hij naar het net loopt ineens jaren ouder uit dan twee minuten eerder, toen hij de partij nog kon doen kantelen.

Ik zie (met vierkante oogjes nu) ook nog de laatste klappen van Li Na, de Chinese die ineens een vedette in het circuit schijnt te zijn geworden. Ze tikt met beschaafd ingehouden spel een mij totaal onbekende Foretz Gacon van de baan. Ik heb ergens gelezen dat Li inclusief haar vele commerciële activiteiten in een jaar meer dan 18 miljoen dollar heeft verdiend. Chinese sponsoren staan voor haar in de rij.

Terwijl de avond valt, beëindigen we een dagje tennis met het openen van een behoorlijke Shiraz. We praten over dat idioot hoge bedrag dat de Chinese binnengehaald heeft in 2011. Goed voor haar, dat wel, maar hoe kan zoiets? Welke mechanismen zitten hierachter? Twee finales in Grand Slam-toernooien, een titel, en een heel groot vaderland en een hele economie die ineens achter deze speelster gaat staan. Dat zou bij ons nooit gebeuren.

We discussiëren verder over vrouwentennis, over al die salarissen en prijzengelden en het feit dat die zo ongeveer gelijk getrokken zijn met die van de mannen. 'Eindelijk,' zegt mijn vrouw met iets van een zucht. Hoe was dat vroeger? Ik tik de naam Marcella Mesker in Google in. Onze beste speelster begin jaren tachtig. Ik herinner me dat ik ooit gezien heb wat zij in haar topjaren op haar rekening mocht bijschrijven. Ik zoek en vind.

'Hoeveel?' vraag ik aan die andere sportfanaat in ons huis.

'Miljoenen?' vraagt Karen en trekt er een twijfelhoofd bij.

Ik lees het bedrag voor dat Wikipedia noemt: 147.922 dollar. Verdiend van 1979 tot en met 1986. Ze stond ooit 31ste van de wereld.

1 gepaste stilte besluiten we deze dag, knippen apparaten en licht uit en verkassen. The times they are a changin'.

'Weet je dat ik vandaag meer dan zeven uur naar tennis heb zitten kijken,' zeg ik bijna gegeneerd.

Het antwoord luidt: 'Je bent knettergek.'

Vrijdag 1 juni

Vandaag de hele dag gesleuteld en gepuzzeld aan kleine artikeltjes voor de VARA Gids. Deze radiobode (zoals we die bladen vroeger noemden) is veelzijdig, goed gemaakt en heerlijk om voor te werken. Je kunt er genoeg 'sport' in kwijt en ondanks het soms zo dreinerige VARA-toontje (vaak niets mis mee) lezen veel mensen het. Deze gids is een fraai voorbeeld van hoe je in een digitale tijd nog een mooi, actueel en zelfs hip blaadje uit kunt geven.

Ik zit 's ochtends met de kaart van Frankrijk en wel 17 boeken voor mijn neus en ga opzoeken. Wie won waar, was dat noemenswaard? Nederlanders erbij?

Dan komt het moeilijkste deel: binnen de toegestane lijntjes proberen te schrijven. Dus niet ongelimiteerd doorknallen, maar de zaak beknopt en leuk zien te houden. Dat is vandaag een hels werk. Ik heb voortdurend de neiging uit te breken, maar weet meteen dat ik dan de redactie in Hilversum tot wanhoop ga brengen.

Ik mag maar een beperkt aantal woorden per etappe gebruiken en wil daar aardigheden en wetenswaardigheden in kwijt kunnen. Ook in deze beperking moet ik mij meesterlijk gedragen en dat lukt met moeite. Ik zit uren te schaven en te passen voordat ik de teksten wegstuur. In feite heb ik nu de Tour al gereden.

Als ik de boeken met Touruitslagen opgeruimd heb, zie ik dat ik ruim zes uur bezig ben geweest. In een doodstil huis. Soms een kop koffie en in het midden een dubbele boterham met kaas. Wie zegt daar dat je de Tour niet op juist die ingrediënten kunt rijden?

Later op de avond lees ik het bericht dat Bas Dost naar de Duitse club VfL Wolfsburg vertrekt. Ze denken daar dat hij in de Bundesliga net zo makkelijk gaat scoren als hij in de eredivisie voor Heerenveen deed. Daarover gaat een deel van ons tafelgesprek. Tussen de lamsbout en de Argentijnse wijn door voorspel ik dat dat niet gaat lukken. Dost lijkt me wel een prettig te interviewen voetballer. Hij moet in korte tijd veel van Gerald Sibon opgestoken hebben.

Karen vraagt me wie ik van het huidige Nederlands elftal het liefst groot voor de camera en gemonteerd zou willen portretteren. Met als opdracht dat het leuk, informatief en verrassend moet zijn. Ik peins me suf. Ik ben geneigd Bert van Marwijk te zeggen, maar dat is een te makkelijk antwoord. Het moet een speler zijn. Omdat ik ook lees dat Jetro Willems de volgende avond waarschijnlijk weer zal spelen tegen Noord-Ierland, noem ik zijn naam. Eerlijk gezegd heb ik geen flauw idee wie hij is, waar hij vandaan komt en wat hij kan. Ik dacht altijd dat de linksback van PSV Pieters heette. Kan je nagaan hoe goed ik de laatste tijd opgelet heb.

Op de tweede plaats van mijn voorkeurslijstje komt Dirk Kuijt. Over voetbal, geloof, Katwijk en de wereld waarin hij terechtgekomen is.

Hoe komt het toch dat er zo weinige goede, interessante, langere portretten van Nederlandse voetballers gemaakt zijn? Ik kan ze me nauwelijks herinneren. Sierd de Vos sta op.

Zaterdag 2 juni

Het is een draak van een woord: uitzwaaiwedstrijd. En het heeft nog iets zieligs ook. Ik herinner me een aantal jaar geleden, ook in Amsterdam. Al die internationals die gemaakt blij naar de tribunes moesten lopen en daar in de rij staande 'terug moesten klappen'. En daarna, vrolijk wuivend, langzaam het veld dienden af te sjokken. Wie bedenkt zoiets? Nee, Kees Jansma niet. Dat moet iemand gedaan hebben die communicatiewetenschappen met als bijvak 'public relations' heeft gestudeerd en bij de voetbalbond is gaan werken. Vreselijk. En wat is het beoogde doel?

Ook erg, misschien wel erger: al die vrouwen en kinderen die in beeld (moeten) komen. Arme collega's van SBS die, al dan niet met een klein smoelenboekje in de hand, moeten weten wie al die lui zijn. De Quincy's, Isaura's en Jessey's van deze maatschappij lopen er fraai uitgedost bij tijdens zo'n wedstrijd. Ook zij mogen gaan zwaaien. Uitzwaaien dus. Met wellicht als achterliggende gedachte dat het gehele volk staat mee te wuiven? Is dat het? Hebben we ook een tikje medelijden met die vrouwen die thuis gelaten worden?

Noord-Ierland is de gastploeg vandaag. Het verhaal circuleert dat de mannen flink zijn wezen stappen in Amsterdam. Hun competities zitten er al enige tijd op, ze vinden het gezellig om een lekker avondwedstrijdje in de Arena te spelen en ach... ze zijn niet voor niets de nummer 100 van de wereld in de Fifa-ranking. En dus wordt het een draak van een wedstrijd. Zo erg dat ik gedurende de uitzending de namen van de Noord-Ieren en eventuele bijzonderheden ga zitten opzoeken. Waar komen ze vandaan? Waar spelen ze? Ik stuit op Grant McCann, een hard schoppende halfspeler, ik schat bijna tandeloos. Hij speelt voor Peterborough United, een onderbondclub uit Engeland, zo leert Google. Ooit debuteerde de goede keeper David Seaman daar, en ook onze landgenoot Bart Griemink speelde er ooit. Over de Ier David Healy lees ik dat hij bij de vorige EK-kwalificatiereeks tekende voor dertien goals in elf wedstrijden, en dat hij in elf jaar voor negen verschillende clubs speelde.

Goed, de wedstrijd. Het wordt 6-0 en Ron Vlaar is zielsgelukkig met zijn kopgoal in de 78ste minuut van de wedstrijd. Het is zijn eerste score voor Oranje. De andere goals voor de ploeg van Van Marwijk komen van Van Persie (2x), Sneijder (listig genomen vrije trap) en tweemaal Afellay. Van der Vaart, Kuijt en Huntelaar komen er in de tweede helft in en weten dus nu hun plaats: de bank.

Huntelaar schijnt al tweemaal boos gereageerd te hebben in gesprekken met de bondscoach, maar Van Marwijk beslist en de spits van Schalke heeft te gehoorzamen, helemaal omdat hij hardop gezegd heeft 'geen wegloper' te zijn. Waarmee hij dus eigenlijk wil zeggen dat hij het hoegenaamd niet met de situatie eens is en dat hij als hij minder karaktervast zou zijn meteen de kuierlatten genomen zou hebben. Maar dat hij voor de lieve vrede in de ploeg kiest en dus op de bank blijft. Of we dat maar goed willen begrijpen. Dit is een daad van vaderlandslievendheid. De lieverd.

Deze selectie, van wie zes man het Wilhelmus meezongen en vijf dus niet, moet het met deze beginopstelling gaan doen, naar het schijnt. Van Marwijk mag geen enkele conclusie trekken uit de uitslag en het vertoonde spel. Dit was een prettig gezapige zomeravondvoetbalwedstrijd waar nog 50.000 in het oranje geklede mensen bij zaten toe te kijken.

In mijn opzoekdrift kom ik wat cijfers tegen die een voetbalfanaat heeft achtergelaten. Hij heeft de speelminuten en gemaakte doelpunten van de heren Van Persie en Huntelaar naast elkaar gelegd en de uitkomst is duidelijk: Huntelaar heeft een beter rapportcijfer dan Van Persie.

De vraag die het publiek nu al twee weken bezighoudt (wie moet er in de spits staan?) is hiermee makkelijk te beantwoorden. Volgens de cijfers zal dat Huntelaar moeten zijn. Hij heeft 3002 minuten in Oranje gespeeld en in die tijd heeft hij 31 maal gescoord: eens in de 97 minuten. Van Persie heeft wat meer tijd op zijn tellertje staan: 4519 minuten en in die tijd heeft hij 26 keer weten te scoren, dus één goal in de 174 minuten. Het rekenwonder achter deze statistieken ziet hierin het bewijs om Huntelaar altijd in de basis te zetten.

Ik denk niet dat Van Marwijk in Charkov nog zal gaan vertimmeren. Zo is hij niet.

Zondag 3 juni

Niet dat het ertoe doet, maar dit wordt mijn laatste *Studio Sport* studio-uitzending ooit op een reguliere zondag, zoals het zo fraai heet. Ik ga ervan uit dat ik op deze zondag voor het laatst 'presenteer', hoewel dat begrip eigenlijk niet van toepassing is op een 'autocue-tekst programma'.

Geintje. Dat laatste woord moet ik nou juist niet gebruiken, want daarmee desavoueer ik collega's. Ik zal het aardiger stellen: het lezen van autocue is een lastig vak dat ik niet goed onder de knie heb.

Doe ik vanavond autocue? Jazeker. Op verzoek van de mensen van de regie en de lieden daaromheen. Televisie van nu is meer dan een meneer of mevrouw die een aankondigende tekst uitspreekt waarna een filmpje volgt; het is een samenspel tussen beeld op de achtergrond en de uitgesproken tekst van de presentator en als die twee ingrediënten ongeveer gelijk kunnen lopen, dan wordt het goedverzorgde televisie. Ik weet echter vaak niet wat er eerst is: beeld of tekst, maar ach, dat doet er niet toe.

Ik heb in de middag al ingestemd om de autocue te gebruiken; niet van harte, maar sociaal gedrag staat nu voor mij voorop. Ik werk nu immers in mijn comfortzone en ik heb me voorgenomen om me nergens meer zorgen om te maken.

Ik ben met opzet rustig gekleed, maar wel met een das om. Het is mijn laatste geluidloze protest tegenover de collega's die in een soort campinguitrusting (maar dan wel een camping in Zuidoost-Moldavië) televisieprogramma's presenteren. Het schijnt mode te zijn er gemaakt slordig uit te zien, rafelbroeken en gympies aan te hebben en een nonchalance uit te stralen die, helaas, niet bij het vak van presenteren hoort.

Kleren maken de man. Bob Spaak haalde mij ooit twee weken van het scherm af toen hij, zoals hij zei, 'onzinnige rommel aan mijn lijf had gezien'. 'Je bent gastheer, je spreekt de mensen thuis toe en dat doe je in behoorlijke kleren,' zei hij en trok vervolgens de gele kaart, draaide zich om en vertrok.

Dat lijkt me tegenwoordig ondenkbaar. Ergens onderweg is het misgegaan bij de jongere collega's. Ik denk: geen controle, geen overleg, geen gevoel. Dat laatste vooral is erg. Misschien is het ook een vorm van 'afzetten tegen'. Dat de stropdas langzaam verdwenen is, kan ik billijken. Prins Claus is ons daar allen vorstelijk in voorgegaan, maar hoe vormloos en gewild slordig de boventoon hebben kunnen gaan voeren, is me nog altijd een raadsel. In het buitenland zie je dat ook nergens.

Ik heb dus een keurig jasje aan en een das om. Niet opvallend, niet provocerend. Ik maak geen statement, ik sta er zoals ik er altijd gestaan heb. Dit is mijn laatste, mijn allerlaatste zondagpresentatie uit de studio. Niemand weet het of wil het weten, merk ik. Ik neem dat ook niemand kwalijk. Voor mijzelf is het bijzonder, maar wat hebben die kids van *Studio Sport* nou voor historisch besef? In een land zonder echte sportcultuur kun je ook niet verwachten dat er een echte sporttelevisiecultuur bestaat.

Ik heb dat onlangs nog op pijnlijke wijze meegemaakt. Ik raakte in gesprek met een jongeling, een beeldbander en ik noemde de naam van Martijn Lindenberg. De jongeling had geen idee. Wie? Ik vertelde hem dat Martijn een der grondleggers van het bolwerk *Studio Sport* is geweest, een internationaal befaamd regisseur. De jongeling haalde zijn schouders op: so what? Maar hij wist waarschijnlijk wel de opstelling van AZ van nu uit zijn hoofd; ik niet.

Vanaf het begin van de middag bemerk ik een landerige, luie sfeer bij de aanwezige redactieleden en beeldbanders. Het is een uitzending waar niemand echt zijn ziel en zaligheid in wil stoppen en ik begrijp dat ook wel. We staan aan de vooravond van de nu al veelbesproken 'Sportzomer', maar de inhoud van deze uitzending is meer een soort prullenbak van de zondag. Het moet nu eenmaal gebeuren.

Ik concentreer me en begin aan de uitzending. In een flits zie ik mezelf staan in Studio 7 van het oude uitzendgebouw. Dat was in 1973 en ik deed toen maar wat. Ik kondigde toen waarschijnlijk voetbal, een handbalwedstrijd, een tennisflard en een stukje internationaal nieuws aan. Het was net geen zwart-wittelevisie meer, maar dat scheelde niet veel.

Ik denk terug. Negentien drieenzeventig. Ongepolijst. Onwetend bijna. Ongehuwd. Ongeremd. Onstuimig en op zoek naar avontuur in een vak dat ik toen niet kende. Het is nu 2012, 39 jaar later. Ik schiet in de lach als ik probeer te tellen hoeveel uitzendingen ik in de loop der jaren heb gemaakt. Duizenden. Daar houd ik het op en ik begin mijn tekst: 'Goede avond.' Ik lees voor en declameer. Ik dik aan, zet klemtonen en volg de in de cameraspiegel tegenover me verschuivende teksten. Wat een vak! Achtereenvolgens leid ik het publiek langs een bijdrage over het Nederlands elftal, een matig Maalderinkje. Dan komen voorbij: een korte samenvatting van de handbalwedstrijd Volendam-Limburg Lions, zeer losse flarden van Roland Garros van vanmiddag, een sfeerbeeld van een damesgolftoernooi in de regen vanaf de golfbaan Broekpolder bij Vlaardingen, een snelle samenvatting van de Grote Prijs van Spanje motoren en dan kondig ik een volkomen onnodig, slecht gemaakt en niet te begrijpen item over biljarten aan. Het slaat helemaal nergens op, maar het wordt moeiteloos uitgezonden. Er is een paar minuten NBA waar ikzelf iets te vrolijk commentaar bij geef en nog een zucht wielrennen uit Frankrijk en voor ik het weet is 'de zondagse show' al voorbij.

Na 39 jaar trouwe dienst sta ik, totaal gevoelloos, in de nu donker wordende studio, doe mijn microfoon af, leg mijn 'oortje' op tafel en denk 'dit was het dan', maar wat 'dit' nou precies voorstelt, weet ik ook niet.

Ik groet de cameramensen, loop naar de schminkkamer, laat mijn hoofd schoonmaken en kuier vervolgens de redactiezaal op. Tot mijn verbazing is bijna iedereen al naar huis. Nog een enkeling loopt haastig op te ruimen of maakt aanstalten te vertrekken. Vroeger, nog aanraakbaar dichtbij, reden we met zijn achten naar Amsterdam en gingen in De Knijp eten en over het vak kletsen. We dronken Chiroubles en aten steaks met salade en waren gelukkig.

Ik vraag of iemand, voor de uitzending begon, het biljartonderwerp had gezien. Het antwoord is 'nee'. Niemand heeft het gecontroleerd, beschouwd, gewogen of zelfs maar bespreekbaar gemaakt. Het is uitgezonden en of het nou wat voorstelde, doet er nu toch niet meer toe. Niet zeuren.

'Heeft de eindredacteur het gezien?' vraag ik in het algemeen. Men zwijgt.

Ik doe een plas en loop de draaideur door. Buiten is het veel frisser dan ik dacht. Lente? Begin zomer? Hilversum op een zondagavond in juni is van een wurgende saaiheid, zeker hier, te midden van deze grijze betonnen blokken gebouw. Ik heb er bijna veertig jaar gebivakkeerd; heel vaak op zondag. Heel vaak met heel veel plezier.

Maandag 4 juni

Hét verhaal vandaag gaat over Ibrahim Afellay, een leuke voetballer uit Utrecht en Barcelona en nu ineens de man die Oranje moet gaan redden. Grappig hoe zaken soms ineens kunnen ontsporen. Met een volledig geoutilleerde ploeg had Bert van Marwijk nooit naar Afellay hoeven uitwijken, tenminste niet als basisspeler. Nu Oranje maar niet op stoom komt, heeft de bondscoach een deel van zijn hoop op de schouders van de jongeling gelegd.

Ik ken Afellay niet persoonlijk, ik heb hem slechts van afstand zien voetballen en acteren. Hij lijkt me een man die in het openbaar een bescheiden plaats inneemt en in kleinere omgeving wat meer van zijn persoonlijkheid zal vrijgeven. Ik heb hem onlangs nog het trainingskamp van Hoenderloo zien binnenrijden. Hij zat op de achterbank (rechts) van een bovenmodale auto die moest stoppen voor opdringende fans. Iemand vroeg om een handtekening en je zag dat een pen en papier door de voorruit naar binnen werden gestoken. Beide zaken verhuisden naar de achterbank en kwamen met handtekening weer terug en een kinderstem riep: 'Dank je wel Afellay.'

Deze jonge voetballer heeft, zo leren mij de verhalen van de specialisten die thans aan het front werken, precies 124 speelminuten gehad in het afgelopen seizoen. Je zou dan kunnen stellen: dan moet hij goed uitgerust zijn en wellicht kan hij dan een fraai kampioenschap gaan draaien. Je kunt ook stellen: dat is bijster weinig om, op basis van ervaring en ingeslepen handigheden, op topniveau het EK binnen te stappen. Toch zal Van Marwijk de jonge vleugelspits een grote kans gaan geven, zo luidt de verwachting. Is hij de man die de ballen wél goed voor het doel weet te slingeren?

Trouw-voetbaljournalist Henk Hoijtink (een van de besten in het vak, zo niet de allerbeste) vraagt hem of het niet merkwaardig is dat een heel land zich ineens aan hem vastklampt, als een soort redder in nood voor Oranje, en Afellay antwoordt: 'Het is de wereld op zijn kop, hè?' Afellay zegt ook nog: 'Waren er eerst niet velen die twijfelden of ik wel mee zou kunnen of moeten?'

Ik behoor niet bij de groep die in hem een redder zien. Integendeel zelfs. Ik heb nu een paar filmpjes gezien waarin hij óf praat óf al trainend te zien is en ik heb in een dag een hoop verhalen over hem gelezen en besluit dat hij niet de man is om in Oranje voor een ommekeer in het afbraakproces te kunnen zorgen. Daarvoor lijkt hij mentaal en fysiek te licht. Met die 124 speelminuten kan hij misschien nog wel wegkomen, maar hij mist gogme, overleg en vooral overtuigingskracht aan de bal. Zijn spel is niet dwingend, niet met en zeker niet zonder de bal. Leidinggevende capaciteiten heeft hij ook nog nooit getoond, dus het zou gek zijn als hij, verre reserve van Barcelona, nu ineens als Grote Leider zou opstaan.

Hij was een behoorlijke voetballer bij PSV, is opgekocht door Barcelona en daar opgevangen en licht opgevoed door de beste voetballers ter wereld. Hij is en blijft een acceptabele reserve. Hij kan voetballen, dat is duidelijk, maar hij komt zelden aan spelen toe. Deels door een vervelende blessure, waar hij niets aan kan doen, deels omdat zijn coach hem blijkbaar niet goed genoeg vindt om op te stellen. Coach Van Marwijk zegt heel eerlijk dat hij niet weet hoe het zal uitpakken als hij Afellay vette speelminuten zal gaan geven. Dat heet gezonde twijfel. Ook de bondscoach heeft bedenkingen over de mentale hardheid van de jongeling.

Van Marwijk heeft de signalen vanuit zijn selectie begrepen; het draait niet en dus zal hij met een actie moeten komen die effect oplevert, zoals een nieuwe speler op een leidende plaats neerzetten. Ik zie Van Marwijk twijfelen, evenals de andere spelers van de Nederlandse selectie. Hij mag een soms fluwelen traptechniek hebben en hij mag een vrolijke passeerbeweging tonen die, mits snel uitgevoerd, verwarring kan stichten, maar Ibrahim Afellay lijkt me, aan het begin van het EK voetbal, niet de man waar dit voetbalvolk op zit te wachten. Hij is niet de Redder des Vaderlands.

Het lijkt me eerder gevaarlijk hem nu al de leidersrol toe te delen. Honderdvierentwintig speelminuten is bepaald geen basis voor groot succes in het keiharde profvoetbal. De kans dat hij faalt is vele malen groter dan dat hij slaagt. Van Marwijk weet dat, maar moet iets. Afellay zegt dat hij op de training van Barcelona door de beste spelers van de wereld mee omhoog getrokken is naar een hoog niveau, maar zowel voetballer als coach weten dat Oranje anders in elkaar zit dan Barcelona. En juist dat maakt hem zo kwetsbaar. En als diezelfde jongeling hardop zegt dat hij vanaf dag één bij Oranje een klik voelt met Robin van Persie, dan zou ik daar behoorlijk voorzichtig mee omspringen. Van Persie heeft in de oefenwedstrijden nog niet kunnen duidelijk maken dat hij een van de leiders van de ploeg is. Maar wie weet wat de komende dagen nog zullen brengen?

Dinsdag 5 juni

Heb ik ook een mening over de opstelling van Oranje? Nee, eigenlijk niet. Primair is Bert van Marwijk daarvoor aangewezen. Goed betaald ook nog. Dat wij in ons land tijdens een groot voetbalkampioenschap ineens zestien miljoen coaches hebben, verbaast me al jaren. We houden ons toch ook niet bezig met de opstelling van de nationale dameshockeyploeg, een nationale ploeg die succesvoller is dan de voetballers? Het zal de gemiddelde Nederlander worst wezen welke hockeyspeelster waar speelt. Wie bij de dames in de spits moet? Ik zeg: altijd Kim Lammers erin, dan heb je scorende kracht en waarschijnlijk ook succes, maar bijna zestien miljoen landgenoten zouden bij die vraag op hun voorhoofd wijzen. Hockey? Ben je gek of zo?

We houden ons ook niet bezig met de samenstelling van de WK-ploeg van de wielrenners, hoewel dat best een aardig gezelschapsspelletje is en wielrennen ook wat dichter bij de meeste mensen staat. Wel of geen Rabo-overmacht, Johnny Hoogerland wel of niet opstellen? Die vraag hoor je nooit. Dit alles laten we moeiteloos over aan de olijke Leo van Vliet.

Bij een voetbalkampioenschap ligt dat anders. Ineens hebben we van Cadzand tot Roodeschool (dat zei mijn opa altijd als hij 'heel Nederland' bedoelde) een mening over de manier waarop John Heitinga verzuimt gaten dicht te lopen, we bagatelliseren de snelheid van Joris Mathijsen en als het om de spits gaat, raakt het land zelfs licht in de war en gaan zich groepen vormen: pro-Van Persie of pro-Huntelaar. Zelfs Mark Rutte, die evenveel gevoel voor voetbal heeft als de dode kat van mijn buren, schijnt een voorkeur voor een spits te hebben. Hoe is het mogelijk...

Mensen die van zichzelf vinden dat ze verstand van voetbal hebben, bemoeien zich ook met de speelwijze, ze praten over 4-4-2 of 4-2-3-1 en hebben het ineens over 'met de punt naar achteren spelen'. Niemand schijnt door te hebben dat er maar één burger van het Koninkrijk der Nederlanden de verantwoording over de nationale voetbalploeg heeft: de bondscoach, Bert van Marwijk.

Je kunt vele uren televisie vullen door kenners en pseudo-ingewijden aan het woord te laten over 'de opstelling', maar dat helpt allemaal niet. De een schreeuwt het uit, de ander speelt toneel, weer een ander toont begrip voor de situatie, maar niemand van dat zeer rijkgelardeerde gezelschap kenners zegt ooit: 'Daar ga ik niet over, dat is Bert zijn pakkie-an.' Toch zouden we dat eigenlijk massaal moeten zeggen.

Het is een familiespelletje geworden: het bepalen van de opstelling van Oranje. 'Wat, als we Afellay op links zetten en Sneijder iets meer teruggetrokken speelt, dan kan Kuijt vanaf rechts inschuiven en trekt Van Persie uit het midden weg, waardoor

Robben met links kan schieten, waarna het gekraakte schot door Van der Vaart via de opgekomen Willems weer in de vijandige doelmond geslingerd kan worden.' Schei toch uit. Wat een kul.

Ik weet niet of Johan Cruijff zich al met de opstelling bemoeid heeft, maar als hij zoiets doet, via *de T.* uiteraard, dan maakt dat nog meer los. Stel, hij gaat zeggen dat Kuijt achterin moet spelen: reken maar dat een paar miljoen mensen dan snel vinden dat het niet zo'n gek idee is om Dirkie als back op rechts te zetten. En als René van der Gijp in een avondprogramma roept: 'Nee, natuurlijk niet ouwe pik, dat gaat niet, daar mot je die Van Persie toch laten lopen, wegwezen met Afellay op links, die komt nog geen lege broodtrommel voorbij,' dan heeft hij binnen een uur meer dan 700.000 volgers. Dat vind ik dan wel weer opvallend en grappig.

Nee, ik heb me nooit met welke opstelling van welke ploeg dan ook beziggehouden. Saai hè?

Twee dagen geleden werd ik gebeld. Een meneer van een populair radioprogramma. Of ik mijn opstelling van Oranje wilde prijsgeven? Mijn verbaasde antwoord: 'Ik heb geen opstelling.' De meneer: 'U hebt geen opstelling?' Ik: 'Nee, het spijt me, is dat erg?'

Er lekte verbazing uit mijn toestelletje en het gesprek werd snel beëindigd, na zijn: 'Iedere BN'er hoort toch een eigen opstelling te hebben?' Ook daar was ik het niet mee eens en eigenlijk vond de (zo te horen) jonge meneer mij een ouwe zeur. Dat ben ik, dit onderwerp aangaande, zeker niet.

Toch heb ik wel zitten nadenken waarom de kwestie-'Van Persie of Huntelaar' zó groot is. Ten eerste omdat we, in dit soort gevallen, graag partij willen kiezen. Maar daarnaast ook omdat we waarschijnlijk niet al te veel te doen hebben en ook nog denken dat het belangrijk is. Dat is het dus niet.

Kijk, nu Van Marwijk heeft duidelijk gemaakt dat hij voor Van Persie in de spits kiest, steigert een deel der natie. Globaal kiest de Randstad voor Van Persie, de buitengewesten zijn voor Huntelaar. Mensen die graag naar de Bundesliga kijken, kiezen voor Huntelaar, liefhebbers van de Premier League dwepen met Van Persie. Mensen die erg gehecht zijn aan cijfers en statistieken hebben meer op met Huntelaar, mensen die voor gevoel en eigenzinnigheid gaan, zeggen direct Van Persie.

Voetbal is eigenlijk nooit een sport van statistieken geweest. Het is aardig te weten dat Huntelaar in 53 interlands 31 doelpunten maakte. Van Persie tekende voor 28 goals in 65 wedstrijden. Leuke cijfers, maar ze zeggen niets. Andere wedstrijden, andere tegenstanders, andere medespelers. Huntelaar is topscorer in de Duitse competitie, Van Persie in de Engelse. Maar wat zegt dat in de vergelijking?

Een lekengedachte wellicht, maar is het niet zo dat spitsen kunnen scoren als ze goede ballen aangespeeld krijgen? Als er mensen in hun dienst spelen? In de oefenwedstrijden van Oranje was dat aspect juist een probleem. Belangrijker dan wie van de twee in de spits moet gaan staan, lijkt mij of er spelers zijn die deze twee mannen kunnen bereiken met ballen waarmee ze iets kunnen uitvoeren. Vooral daarin is de nationale voetbalploeg buitengewoon matig bedeeld; assist-gevers, dienende voetballers-op-niveau, mannen met gogme ook, spelers die goed nadenken en handelen, ze zijn er bijna niet. De meeste spelers hebben het te druk met hun eigen ik, weinigen denken in de wij-vorm.

Het beeld van de oefenwedstrijden was bepaald mager, soms slordig of ronduit armzalig, en wat mij als leek vooral opviel was dat er geen Plan B bestond. Niet bij de coach, niet bij de spelers in het veld, noch bij de bankzitters. Een ritmewijziging, of zelfs het ietwat ombuigen van het wedstrijdkarakter: niets daarvan. Het zou weleens een heel vervelend kampioenschap voor de Nederlandse fans kunnen worden.

's Avonds laat kijk ik naar het NOS-programma uit Polen. Leo Blokhuis, mijn muzikale maat, zit bij Jack aan en moet iets met 'muziek en voetbal' doen. Het loopt allemaal een tikje stroef. Ik herken startproblemen. Die komen wij geheid straks ook in Frankrijk en Londen tegen. Aan de andere kant, waarom zijn ze bij de NOS en bij RTL al zo vroeg met de voetbalpraatprogramma's begonnen? De eerste wedstrijd wordt pas over vier dagen gespeeld.

Woensdag 6 juni

Het gesprek van de dag op de televisieburelen is nu al de twee-strijd tussen RTL en de NOS. We zijn nog pas in de aanloop naar het EK of de eerste beschietingen zijn begonnen. Er is pas twee avonden uitgezonden en er wordt al over 'een wedstrijd' gesproken. Met RTL aan de leiding. Wie is beter? Wie leuker?

Als het om deze avond gaat, kan ik wat de tweede vraag betreft een zeer duidelijk antwoord geven: RTL. Ik kan er niets aan doen, maar ik heb een aantal maal hartelijk mee moeten lachen met de enorm voorspelbare, maar daarom wel weer leuke vorm van humor die de heren aan tafel in Scheveningen hadden gekozen.

De wedstrijd (als het dat is, maar dat vind ik dus niet) ging tussen Scheveningen met Wilfred Genee, René van der Gijp, Gordon Heuckeroth ('Zeg maar mevrouw Gordon'), Willem van Hanegem en Johan Derksen en de NOS in Polen (waarvan straks de opstelling).

Door Gordon op te stellen nemen de samenstellers van RTL het risico dat het zeker gedurende de eerste minuten lachen, gieren en brullen zal worden en dat de homograppen van alle kanten langs zullen vliegen. En ja, dat gebeurt en ja, ik lach mee, want het is grappig, het heeft niets met het EK te maken, maar het is sfeervolle, geweldig platte maar wel amusante televisie.

Derksen heeft al vaak, en ook tijdens de uitzendingen, opgemerkt dat de kracht van dit programma juist is dat het helemaal nergens om gaat en juist die relativering is goed en zie je nu volledig uitgebeeld. Men opent met grappen als dat Gordon goed in de mandekking is, dat hij goed op de fluit kan blazen. Het lachen houdt aan als Gijp roept dat als Gordon met Ruud Gullit in één bed ligt, hij wel moet meedraaien als Ruud zich wentelt. Gegier alom. De enige die er niet aan meedoet en met een verbaasde blik rond zit te kijken is Van Hanegem. Hij moet een privé-oorlog met Wesley Sneijder uitleggen en dat duurt even. Op zijn Van Hanegems dus: onnavolgbaar en ook nauwelijks te volgen.

En dan de NOS, mijn eigen stal. In Krakow zitten Ronald de Boer, Robert Maaskant, Rob Witschge en Jevgeni Levtsjenko (o.a. ex-Willem II, ex-Groningen en ex-Cambuur) inmiddels over hoogst serieuze zaken als 'wie vervangt Joris Mathijsen' en 'is de coachbank van Oranje niet te veel PSV-gericht?' Jack van Gelder probeert met korte vragen ook korte antwoorden te verkrijgen voor een soepel lopend begin van de uitzending. Ik snap hem.

Nee, gelachen heb ik niet in de eerste minuten van dit programma, maar is lachen dan een 'must' voor een goede voetbal-talkshow? Ik denk het niet, maar zie nu al aankomen dat het een maand lang het gesprek van de dag zal zijn.

Het is beter nog een aantal uitzendingen te bekijken en dan een oordeel te vellen. En ja, ik geef toe dat ik vanavond bij de RTL-mannen gelachen heb. Het was voorspelbaar, het was plat, het ging nergens om, maar het was, het spijt me om dat zo duidelijk te stellen als man met NOS-bloed in de aderen, zeer amusante televisie.

Dus vaker gaan kijken? Het is wel een opgave, maar ik wil graag weten hoe en waar aanpassingen komen. In Scheveningen is er lawaai, muziek en publiek, in Krakow is het stil; geen publiek en er rinkelt niet eens een kopje op tafel. Dat is een keuze, maar ik denk dat vooral dit soort bijzaken erg gaan meespelen in de waardering van de kijkers. Bij Jack van Gelder zal het op de nette, bijna politiek correcte, typische NOS-manier gaan, een stijl die ik veertig jaar meegemaakt heb.

Ineens staat er voor de Nederlandse sportkijker nu een andersoortig programma klaar; ja, misschien wel meer volks, maar in ieder geval anders en met meer gedurfde, bij de NOS nooit geteste onderdelen. Welke die zijn? Elkaar dollen, uitschelden, aanraken, opmerkingen onder de gordel, vrijuit vloeken ook en elkaar keihard de waarheid zeggen. Ik ben het vaak eens met de meningen van Derksen. Ja, hij is arrogant (een eigenschap die hij mij ook toedicht), maar hij zegt vaak de juiste woorden over de mensen die hij bespreekt.

Ik kan echter ook Van Gelder volgen. Ik zie hem ook worstelen met de formule en ik denk: even afwachten en dan oordelen. Ik voorzie een leuk duel en ben eigenlijk benieuwd hoe de grens tussen twee programma's door het Nederlandse publiek gaat lopen. Misschien iets voor Maurice de Hond, maar die zal waarschijnlijk ook wel in beide programma's een zitplaats krijgen. Wie kijkt naar de een en wie kijkt naar de ander? Of zijn er veel zappers?

Ik ga deze avond het woordenduel aan met Sven Kockelmann bij de KRO. Ook op die redactie wordt er al over de voetbalpraatprogramma's gesproken. Het wordt, zo zegt men, een leuke strijd.

'Strijd?' vraag ik. Men knikt: het wordt een strijd en iemand zegt: 'En die strijd gaat natuurlijk de hele zomer door, dus jij krijgt daar ook mee te maken.'

's Avonds laat stuur ik een sms naar Krakow, naar Jack. Om hem succes te wensen.

Donderdag 7 juni

Ik kom ogen tekort. Ik kijk naar de uitzending van Alpe d'Huzes, het wielerevenement om geld in te zamelen voor onderzoek naar kanker. Ik ben door wel zeven mensen aangeschreven of ik hem of haar wilde sponsoren. Ik heb er zes bedankt en betaal één deelnemer honderd euro per keer dat hij boven op die rotberg komt.

Ik ben zelf ook gevraagd mee te doen of te komen kijken, maar ik houd het bij sponsoring en kijken naar de uitzending van Herman van der Zandt. Ik zie de bekende beelden. Eigenlijk ken ik de verhalen, maar toch luister en kijk ik weer met rillingen over het hele lijf. Het is geweldig hoe deze organisatoren mensen de gelegenheid geven te fietsen, te herinneren, te huilen en geld bijeen te halen.

Ik voel de spagaat. Ik krijg jaarlijks zeer veel uitnodigingen om voor goede doelen, vaak kankergerelateerd, 'iets' te doen. Ik werk vol overgave voor KiKa en heel soms voor iets in de kankerkantlijn, en daar wil ik het graag bij houden. Ik leg dat altijd uit, maar krijg dan toch de vraag of ik Lance Armstrong niet kan bellen en hem om een getekend shirt kan vragen. Of ik Lance Armstrong kan vragen of hij naar Holland wil komen; de reis en het hotel worden uiteraard betaald. Of ik niet enz... Als ik dan vriendelijk zeg dat het zo niet gaat, krijg ik licht boegeroep, gegrom, onbegrip en soms ook meesmuilende antwoorden terug. Omdat ik niet mee wil werken. Dan moet je even diep ademhalen. Wat een kul!

Ik zie weer duizenden mensen tegen een berg op fietsen. 's Avonds hoor ik dat we 400 euro sponsoren; mijn broer is vier maal omhoog gereden. Knap!

Dan pak ik een half uurtje Bislet Games mee en zie Usain Bolt nipt van Asafa Powell winnen. Het is 9,79 om 9,85. Is dat de voorbode voor een mooie olympische race? Bolt viert mooi zijn winst: hij eist het beeld op bij een volledige ereronde langs het dolenthousiaste publiek. Hij high en middle fived met jan en alleman en heeft het naar zijn zin.

De mooiste race in Oslo is die op de 5000 meter waarin vijf Ethiopiërs elkaar in de laatste ronde helemaal gek lopen. Vijf mannen komen binnen 1,5 seconden over de streep. Geweldig.

En om de avond te besluiten kijk ik naar een grappige documentaire die *Het Perestrojkateam* heet. Een beeld van de Russen die in 1988 tegenover Oranje kwamen te staan in de finale van het EK in München. Het is een goed gemaakte, soms niet helemaal mooi gedraaide film van *Andere Tijden*, een bijna vergeten tak aan de televisieboom.

In een herhaling zie ik het mooiste itempje van de dag: een voorbeschouwing op Denemarken-Nederland van zaterdag. Een blik in het Deense kamp. Naar deze mannen kijken levert eigenlijk altijd een lichte glimlach op. Ook hun topvoetbal is een grap. Een leuke, goed uitgevoerde, professionele grap. Topsport met een knipoog, nog net geen persiflage. Denen zijn hele geestige mensen. En ik denk ook dat ze van Nederland gaan winnen, maar dat kan ik niet hardop zeggen, want dan ben ik geen echte Nederlander.

Dat laatste overkomt me in de middag. Een radioman met

een popi stem aan de telefoon, die net doet of hij mij al jaren kent. Hij vraagt BN'ers naar de uitslag van zaterdag. Leuk joh! Ik krimp ineen, maar zeg toch wat ik denk. De popi stem zegt dat ik geen echte Nederlander ben en dankt me voor mijn spontane medewerking. Welk radiostation? Geen idee.

Vrijdag 8 juni

De eerste wedstrijd van het EK is niet om aan te zien. Ik ben er wel voor gaan zitten, tegen beter weten in.

Eindelijk rolt de bal. Na een overdosis voorbeschouwingen kunnen we nu gewoon naar het spelletje kijken. Ik begrijp de directies van RTL en NOS wel dat ze de praatprogramma's een ultravroege start hebben gegund, waarschijnlijk ook in de strijd om de kijker, maar het was te veel en werd hinderlijk.

'Heel Nederland in rep en roer' lees ik op de site van mijn eigen NOS. Licht overdreven denk ik, want van heel Nederland kijkt nog niet eens een vijfde naar de eerste wedstrijd van dit toernooi. Als er drie miljoen mensen naar het voetbal kijken, zijn er nog altijd dertien miljoen die niet kijken en vanavond naar Ikea gaan, of naar de bios of lekker gaan eten of zelf gaan trainen. Een nuchtere constatering.

Ook mijn vrouw vindt de opgewarmde televisiegekte rond dit toernooi veel te veel. Het ergert haar, zegt ze als het teken 'zullen we gaan eten' is gegeven. 'Zullen we', betekent: we gaan eten. Punt uit. En ook: televisie uit, muziek uit, alles uit. Dat is een afspraak uit 2002 en daar houden we ons aan: met eten op tafel gaan beeld en geluid uit. Eten betekent rust in het huis, ook al is er nu voetbal bezig.

Ik vind het niet zo erg. Polen en Griekenland spelen voetbal dat ik niet leuk vind om naar te kijken: traag, onnadenkend en gespeend van leuke invallen. Ik heb tussendoor zelfs al even overgeschakeld naar ESPN om wat vrolijk makend honkbal mee te pikken. En als het signaal 'eten' mijn oren bereikt, haak ik helemaal af.

Ik sluit pas weer aan bij Rusland-Tsjechië, later in de avond. Ik zie Dikkie Advocaat zitten en denk dat hij zijn zaken goed voor elkaar heeft. Rusland speelt bijna frivool voetbal. Titelkandidaat, roepen mensen meteen. Dat lijkt me vroeg, maar feit is wel dat de Russen snel spelen en makkelijk scoren.

In de USA gooit Kevin Millwood voor Seattle een prachtige wedstrijd tegen de Dodgers. Millwood is zo'n werper aan wie je nauwelijks iets afziet. Voelt hij zich lekker? Heeft hij de pest in? Hij werkt zich naar een no-hitter toe, zo lijkt. In de zesde inning gooit hij nog steeds fraai. Hij stapt de dug-out in met die geweldige term no-no boven zijn hoofd. Vijf minuten later gooit hij nog een bal op een bullpencatcher die geen bodyprotector en helm opheeft. Hij probeert nog een windup, maar gooit geen bal meer. Blessure? Ik kijk midden in de nacht naar een vrij spectaculair afgebroken no-hitter. Ik ben geen Seattle-fan, maar Millwood deugt. Al jaren volg ik hem. Bij Atlanta was hij een ster, nu een oude ster. Ik knok tegen de slaap en geef uiteindelijk op.

Zaterdag 9 juni

De Volkskrant heeft dit jaar een wel heel fraaie EK-bijlage gemaakt: de beste van alle kranten. Mooi opgemaakt, rustig, lezenswaardig, evenwichtig. De titel luidt: 'Bekers of complimenten.' De onderkop: 'We willen aanvallend, frivool voetbal zien. En als we het niet krijgen, komen we in verzet. Dat zal tijdens dit EK niet anders zijn.'

Juist gesteld. Zoals deze voormalige terpentijnpisserskrant betaamt, schrijft men niet in juichsferen, men speelt niet in op onderbuikgevoelens bij het volk; de schrijvers leggen meteen bloot wat er in ons land al tijdenlang met voetbal gebeurt. In twee simpele zinnen maakt men duidelijk hoe we denken en hoe we zijn: opportunistische polonaiselopers.

Zoals mijn Amerikaanse vriend Alex Wolff weleens zegt: 'Waarom denken jullie toch *altijd* dat jullie de besten zijn?' Ik

haal dan mijn schouders op en begin vertellingen over marktplei-
nen in Zwitserland en tienduizenden landgenoten die zeven uur
in de auto gaan zitten om in een merkwaardige oranje uitdossing
via een groot scherm naar de wedstrijd van Oranje te gaan staan
kijken. 'Dat bedoel ik,' zegt Wolff dan. 'Jullie zijn de besten in
alles om die kampioenschappen heen.'

In *de Volkskrant* stellen redacteuren aan mensen die buiten
Nederland (en dus buiten de Nederlandse voetbalsferen) leven
een aantal duidelijke vragen. Om mezelf te positioneren bij dit
kampioenschap leen ik die vragen en zal mijn antwoorden zo
eerlijk mogen geven.

Het trauma van 2010 al verwerkt?

Dat is nooit een trauma geweest. Ik was de nederlaag na een
halve minuut kwijt. We werkten in Frankrijk en keken met z'n
allen naar de tv. Direct na afloop van de wedstrijd werden Nederlanders om ons heen zeldzaam vervelend. In halve dronken-
schap riepen ze de grofste verwensingen naar ons, sommigen
probeerden stoer te zijn en waren intimiderend. Op zo'n moment vergeet je voetbal heel snel en krijg je er zelfs een lichte
hekel aan. Ik herinner me nog dat ik in Morzine uit een toilet
stapte, vlak bij onze uitzendplaats van *De Avondetappe*, en dat
twee mannen van midden twintig voor me stonden, biertje in de
aanslag, en me toeriepen 'dat komt door die kutcommentator van
jullie kut-NOS... kut-Smeets met je kutwielrennen... olé, olé, olé,
olé... kloten-NOS, kut-NOS... kutvoetbal... kut-Martje.'

Op die momenten wens je dat je op een eenzaam strand bent
in november met alleen een noordwester als kameraad. Natuurlijk weet ik dat alcohol dit soort gedrag ernstig stimuleert, maar
het is zo kenmerkend voor het voetbalpubliek in zijn algemeen.
Het is onprettig om mee te maken en pijnlijk om je medeburger
zo te zien. Als zoiets onderdeel van een trauma is, dan was ik het
heel snel kwijt. Ik vond het overigens ook geen goede wedstrijd;
veel te hard gespeeld en niet zuiver in zijn uitoefening. Dat laatste deed ook pijn. 'We' waren daar helemaal niet zo goed. Dat er
na dat toernooi een ontvangst van dergelijke omvang in Amster-

dam plaatsvond, was ook weer kenmerkend. Daar moet je eens menswetenschappers op loslaten.

Heeft het Nederlandse voetbal uw leven op enigerlei wijze verge-makkelijkt?

Ooit werden we, een stuk of tien Nederlanders op vakantie, van een heel klein eilandje voor de kust van Afrika opgehaald. Het bootje werd bemand door een sterke, prachtige jongen die gekleed was in een kniebroek en een heus Oranjeshirt met op de rug de naam Rijkaard. Het kon niet fraaier. Die jongen was heel trots. Op dat shirt, op die naam ook. Dat was verwarmend leuk en zal ik niet snel vergeten.

En ik ben in 2006 een keer in een buitenwijk van Miami, in een Starbucks, aangesproken door een man uit Baarn die al dertig jaar niet meer in Nederland terug was geweest en die me de opstelling van het elftal van 1974 nog feilloos opnoemde. Nederland betekende bijna niets meer voor hem, maar soms werd hij nog zwetend wakker van die actie van Gert Müller. We hebben toen wel een uur zitten praten, volkomen vreemden, maar we deelden onze moerstaal en de herinneringen aan toen. Die man wist zelfs nog dat de vader van Rinus Israel vlak voor het toernooi overleden was. Dat was de reden dat het centrale middenduo Israel-Pleun Strik opgeofferd werd. Die man (hij werkte bij een grote bank) wist ook nog over de grote twijfels bij Rinus Michels in de rust van de finale. Moest hij Piet Keizer inbrengen of niet? Twee volkomen vreemden die over een voetbaltoernooi uit 1974 gaan zitten praten: heel leuk.

En vergeet ook niet mijn bemoeienissen met een groot voetbaltoernooi; radioman met interviews en klankbeelden in '74, presentator in 1978, commentator bij Schotland-Iran, presentator in 2000 nog bij het EK in eigen land (en België). Daarna nog eens een niet geslaagd optreden als presentator bij een licht alternatief *EK Journaal* met de net in het vak gerolde Youri Mulder. Daarna vond de leiding van *Studio Sport* het verstandiger de mopperkont op stal te houden. Eigenlijk zeer begrijpelijk.

Wat is de ultieme voetbalbeleving?

Feyenoord won in 2002 de UEFA Cup en ik heb toen De Kuip voelen ronken. Het beton trilde en ik was er als presentator en voor de randverhalen. Metershoog kippenvel; een fantastische avond. En ooit nam ik, in een wedstrijd voor een goed doel in het oude Ajax-stadion aan de Middenweg, een corner vanaf links. Freek de Jonge was de keeper van de tegenstander. Ik raakte de bal verkeerd, maar leuk verkeerd. Zwanger van het effect verdween het ding hoog in de hoek. Wondergoal. Geheel volgens de geldende principes stopte ik met voetbal op mijn hoogtepunt. Nooit spijt van gehad.

Ik blader de *Volkskrant*-special door en lees een steengoede typering van het Deense voetbal, prettig opgeschreven door Charles Bromet. Hét bewijs dat het langere krantenverhaal moet blijven bestaan. Willem Vissers toont eens te meer een topschrijver te zijn. Als het om de titel gaat, denk ik dat het tussen hem en Henk Hoytink van *Trouw* gaat. Beiden helder qua taal, beiden doorzien ze het gedoe rond Oranje. Maar ik ben wat partijdig, Hoytink wint met een pennenstreek voorsprong, vanwege zijn iets zuiverder taalgebruik.

Paul Onkenhout, die helaas te lang bij de voetbalvelden weg-bleef en redelijk onzinnige showpaginateksten voor zijn krant ging opschrijven terwijl de wereld van het geluid van harde nop-pen op een cementen vloer hem voortdurend riep, zorgt voor de mooiste zin in deze wondermooie bijlage die ik lang zal bewaren. Hij schrijft over de invloed van Cruijff op het Nederlands voetbal: 'Laten we het er maar op houden dat God een goede vriend van me is, zei Cruijff in Athene. Hij lachte hard om zijn eigen vondst.'

De lezer weet nu waar ik sta. Een voormalig redelijk gepas-sioneerd liefhebber met de rem op Oranje-gevoelens, maar diep onderhuids nog steeds fan en liefhebber van goed voetbal. En, linkspoot, dat ook nog.

Wat betreft de dag? Jan Stekelenburg komt langs. Bij koffie en broodjes proberen we de uitzendingen van *De Avondetappe* goed in kaart te brengen. Wat moet er nog gebeuren, moeten er nog gasten bij? Hoe is het gevoel? Jan kan realisme zo mooi mengen met een aanstekelijke vorm van enthousiasme. Dat waardeer ik zeer in hem.

Pas halverwege de middag mag de televisie aan. Eerst honkbal bij ESPN en dan, in de avond, lui onderuit voor Nederland-Denemarken. De uitslag van die wedstrijd is eigenlijk al vervat in het eerder genoemde *Volkskrant*-verhaal. Later op de avond maken de Duitsers indruk tegen Portugal. De stellingen in deze poule zijn betrokken. 'We' staan er niet goed voor, dat is meteen duidelijk.

Zondag 10 juni

Deze dag begint in de nacht. Ik luister naar *For the Record*, het muziekradioprogramma bij de VARA dat ik al bijna twintig jaar samen met Leo Blokhuis maak. We afficheren dat als 'muziek die je zelden op de Nederlandse radio hoort', wat even aanmatigend als waar is. Vannacht helemaal.

We vinden het leuk de onbetreden paden van de hedendaagse muziek af te lopen en zoeken voortdurend naar iets nieuws. Dat kan zijn: een groepje onversterkte gitaristen uit Noorwegen, een onbekende zangeres uit Manitoba, jong Nederlands talent, maar ook een verborgen gehouden opname van Eric Burdon of een krakerige Clapton. Er schieten uitzendingen tussendoor waarin we opschuiven richting Middle of the Road, maar net niet ontsporen. Dan kan een mooi nummer van Sam Baker (wie?) of Israel Nash Gripka (wie?) ineens de sfeer doen kantelen in het programma. En we schamen ons ook niet voor een ouderwetse Nina Simone of een blikkerige Van Dyke Parks. De drummer Jim Keltner is heilig voor ons, Leo kan nog weleens met Britse symfonische rock aankomen en ik koop de meest onbekende muzikale klanten en draai ze ook. Wel eens van Wyckham Porteous gehoord? Nou, dat bedoel ik: een prachtig klinkende Canadees, echt waar.

We voelen ons soms een beetje weggedrukt of door de VARA met een fooi afgescheept, want radio maken tussen 12 en 2 's nachts geeft aan dat de indelers niet rekenen op erg veel luisteraars. Maar het leuke is dat we op dat tijdstip een erg trouw en constant publiek hebben. In het buitenland wordt er, veel via computers, geluisterd en onregelmatig krijgen we post die doet vermoeden dat we echt een fanbasis hebben. Jonge artiesten sturen hun singletje op en soms komen er country-cd's uit Kentucky binnenwaaien; het grootste deel van de muziek sponsoren Leo en ik trouwens zelf.

In de zomermaanden, als ik achter wielrenners aan zit of de olympische wegen bewandel, moeten we vooruit werken en dan maken we sinds jaar en dag 'specials'. Vaste prik zijn The Beatles, de Stones en Franse muziek. De laatste jaren hebben we daar ook Brian Wilson en The Beach Boys aan toegevoegd en ook Nederlandse rock & pop van weleer (denk aan Bintangs, Cuby, Alquin, altijd een Boudewijn de Groot-nummer) en voor deze dag staat 'ongelofelijke allerlei' op het programma: singer-songwriters die niemand kent, groepen die alleen de krochten van de muziekbladen halen, afgewisseld met een icoon of een bekende naam.

Ten bewijze van ons afwijkende gedrag laat ik hier 'mijn lijstje' zien. Dit zijn dus de nummers die ik voor deze zondag selecteer en aan Blokhuis opstuur. Hij voegt daar zijn 'trouvailles' aan toe en voilà, zo heb je een radioprogramma dat in het meest primaire studiootje van de VARA gemaakt wordt, voor het allerkleinste budget dat een omroep voor zijn medewerkers overheeft.

Venice, 'One quiet day'
Shearwater, 'Run the banner down'
Willie Nelson, 'The scientist'
Norah Jones, 'Happy pills'
J.P. Harris, 'Take it all'
The Beach Boys, 'Daybreak over the ocean'
Paul Thorn, 'What the hell is going on?'
Charlie Vaughn & The Daily Routine, 'Darling it was worth it'
James Houlihan, 'Wandering Aengus'

Neil Young, 'Clementine'
Ian Tyson, 'Winterkill'
Morgan O'Kane, 'Hello Soul'
Sam Cooke, 'You send me'
Fotheringay, 'The pond and the stream'
Hugh Coltman, 'Sixteen'
Piers Faccini, 'Your name no more'
Band of horses, 'Weed party'
The Decemberists, 'Yankee bayonet'
The Shins, 'Know your onion'
Sigur Rós, 'Illgresi'
Taj Mahal, 'When I feel the sea beneath my soul'
The Jim Campilongo Band, 'This Old Man'
Katy Perry, 'Black and gold'
Jessica Lea Mayfield, 'Words of love'
Richard Hawley, 'Early morning rain'
Lila Dawns, 'My one and only love'

Dit is geen doorsnee-muziek voor Nederland, maar Leo Blok-huis en ik doen het radioprogramma graag. Ooit leerde ik van de Zweedse schaatser Tommy Gustafson dat het niet verstandig is op 'gebaande paden te lopen'. De uitdaging is inderdaad met relatief onbekende muziek toch een sfeer te creëren die bij een bepaald publiek goed zal vallen. Althans, dat hopen we zeer en daar doen we ons best voor.

De rest van de zondag schrijf ik twee artikelen, zoek ik olympische gegevens op en luister ik met een half oor naar het commentaar bij de voetbalwedstrijd Spanje-Italië. Het huiscredo 'de televisie uit als er borden op tafel staan' geldt ook vandaag. Voor iemand die ooit het gezegde 'bord op schoot' bedacht en mede vorm gaf, is dat een vrij grote koerswijziging. Deze werd overigens pas ingezet sinds 2002, het moment dat ik de zondagavonduitzending van *Studio Sport* verliet en me elders – met groot plezier – ging etaleren.

Het is daarom des te leuker dat zo soms nog mensen tegen

me zeggen: 'Ik zag je afgelopen zondag bij *Studio Sport*, ik was het niet met je eens: die goal van Ajax was geen buitenspel.' Ik moet dan passen. Wat kan ik zeggen? In de trein komen er ook nog mensen naar me toe die zeggen: 'Wat was dat radioprogramma vroeger van u toch leuk, hoe lang is dat nou al geleden?' Dan zeg ik: 'Maar we zijn er nog altijd, nu op zondagmorgen, meteen na het nieuws van middernacht.' Dan kijkt zo iemand je aan en vaak is dan het antwoord: 'Dan ga ik maar weer eens luisteren. Speelt u Brian Ferry nog weleens? Zou u hem voor mijn vrouw willen draaien?'

Van Kroatië-Ierland zie ik tien minuten, wellicht dat Ieren toch beter zingen dan voetballen.

Maandag 11 juni

Het is een gek gevoel op maandagochtend naar een tennisfinale te kijken, maar toch zit ik met koffie bij de hand klaar voor Nadal en Djokovic. Gisteren afgebroken wegens hevige regenval in Parijs, moet er nu op deze maandag wel gespeeld worden. De grastoernooien wachten immers en grote televisieorganisaties willen de boel vanuit Parijs zo snel mogelijk afronden. Een partij op dit moment van de dag trekt niet veel kijkers, lijkt me.

Op zondag werd er na 6-4, 6-3, 2-6 en 1-2 een streep onder de partij gezet. Nadal was in de eerste twee sets opmerkelijk veel beter geweest dan de weer wat drammerig aanwezige Djokovic, maar toen het begon te regenen gebeurde er iets leuks met de ballen. Nadal wil altijd graag 'hoog' spelen, dat is van hem bekend. De Serviër wil het omgekeerde, hij kan meer met ballen die niet zo hoog opstuiteren en dus werden de zwaarder wordende ballen de grote tegenstander van Nadal en kwam Djokovic razendsnel terug in de wedstrijd. Maar de partij werd stopgezet omdat het gravel loodzwaar was geworden, al was het opgehouden met regenen. Djokovic wilde doorspelen en protesteerde vergeefs. Die afwijzing moet een verse voor hebben gesneden in de geest van de Serviër, die slecht tegen in zijn ogen onredelijke beslissingen kan. Hij wordt dan opstandig, gaat lopen muiten en schelden en verliest de rust in zijn kop.

Op maandag zie ik Nadal direct zijn break achterstand goedmaken. Hoe het mogelijk is, weet ik niet, maar Djokovic laat het punt glippen. Nadal schrikt dat hij het karakter van de partij ineens mag bepalen, en hij twijfelt. Is hij nu zo goed aan het spelen of is er iets met die Servische gifkikker aan de overkant van het net aan de hand? Waarom speelt Djokovic niet voluit, zie je Nadal denken. Waar blijven de langs een liniaal getrokken vegen via zijn backhand? Waarom laat hij zijn geselende forehands niet los? Is hij maandagziek?

Nadal loopt in recordtempo naar 6-5 en Djokovic moet zijn servicebeurt winnen om in de wedstrijd te blijven. Djokovic slaat echter tot afgrijzen van zijn gevolg twee dramatische servicefouten en Nadal begrijpt ineens dat hij gewonnen heeft. Djokovic verliest omdat hij geestelijk niet overeind weet te blijven na een tegenslag. Dat vind ik het zoveelste bewijs dat hij wel een zeer goede tennisser is, maar niet eentje van het soort van Federer of zelfs Nadal. Heel grote tennisspelers zijn lichamelijk, maar zeker ook geestelijk in staat wedstrijden te beslissen; ze behouden evenwicht in alles en de Serviër is daar dus niet zo goed in. Djokovic, die natuurlijk prachtig kan meppen, komt soms zichzelf tegen na schijnbaar kleine voorvallen en dat gebeurt precies op de belangrijke momenten van deze vreemde partij.

Nadal haalt zijn zevende Roland Garros-titel binnen en vestigt daarmee een record; hij passeert Björn Borg, die er zes won.

Ik kijk toe en zie de ceremonie na de wedstrijd. Ook die is niet echt leuk, net zoals de snel gespeelde punten. Nadal haalt zijn wang open aan de beker, de bedankjes van beiden missen spitsvondigheden en een glimlach of een traan ontbreken.

De tenniswereld verruilt nu de trage gravelbanen voor het snellere groene gras. Dat is voor sportgekken als ik wel weer aardig: de Engelsen gaan vanaf vandaag hun grastoernooien in beeld brengen. Hebben wij in eigen land ook niet Rosmalen? Maar wie gaat dat uitzenden nu het voetbal heerst? En wie gaat daar naar kijken?

Ik merk aan mezelf hoe moeilijk het is al dat gevoetbal goed te volgen. Ik zie van Frankrijk-Engeland later op de dag misschien twaalf minuten en Oekraïne en Zweden moeten het echt zonder mij als toeschouwer doen. Waarom? Het vertoonde spel is gewoonweg niet voldoende. Om alleen naar Ibrahimovic te kijken gaat me net te ver. Ik herken zijn genialiteit wel en overigens ook zijn schizofrenie, maar daar offer je niet twee uur tv-kijken aan op.

En die Fransen: wat een zooitje is dat. Ik lees in *l'Équipe* dat de Fransen nauwelijks nog naar hun eigen ploeg kijken; men is totaal uitgekeken op die verwende gasten die nauwelijks nog voor elkaar willen spelen. Nu coach Blanc de boel heeft overgenomen van die gevaarlijke halve gek van een Domenech, lijkt het beter te gaan met Les Bleus, maar ik houd het toch niet lang uit met dat fluitketelvoetbal. Ik denk dat ik nu al voetbalmoe aan het worden ben.

Ik kijk wel en met plezier een klein uur naar *VI* vanuit Scheveningen. Ik betrap mezelf op een aantal brede glimlachen en de mening van Derksen deel ik in vele gevallen. Ik schakel ook even naar Jack en zie daar het gesprek-via-satelliet met Dick Advocaat. Hoewel de gastheer lachend roept dat hij ziet dat Dick het naar zijn zin heeft, zien wij een voortdurend zwaar handenwrijvende, licht nerveuze coach van de Russische ploeg. Ook al heeft hij het wellicht naar de zin, waarom dan die elkaar steeds maar omstrengelende vingers en handpalmen? Als je er goed op let, gaat het obsessief werken. 'In godsnaam Dick, hou op!' roep ik naar het scherm. 'Wat héb je?'

Dick heeft 1-1 gespeeld tegen Polen en legt uit hoe dat kan. Gast Wilfried de Jong wil van de trainer weten of hij iets van de rellen buiten het stadion heeft gemerkt. Jan van Halst zegt: 'Natuurlijk niet, die man is met een wedstrijd bezig.'

De opening van het NOS-programma was overigens opmerkelijk. Jan Mulder zei op zijn bekende overdreven manier dat de uitslag van Nederland-Duitsland van invloed zal zijn op de uitslag van de verkiezingen van 12 september als 'wij' verliezen. De anderen aan tafel nemen even een denkpauze. Is dat zo, Jan? Het is heel even spannende televisie.

AZ-trainer Gert Jan Verbeek meent vervolgens dat bij een juiste instelling de Nederlandse ploeg de klus tegen Duitsland kan klaren en Advocaat roept van verre dat het helemaal voor elkaar gaat komen.

Waar komt dat idioot positieve gevoel toch vandaan, vraag ik me af en ik ga een verhaaltje over de countryzanger Waylon Jennings schrijven. Een outlaw inderdaad. Hij rookte zes pakjes sigaretten per dag, lees ik. Dat was zíjn manier om zenuwen weg te werken.

Dinsdag 12 juni

Ergens op de dag komt het bericht binnen dat Teófilo Stevenson is overleden. Het is wereldnieuws, en terecht. Ik heb hem eenmaal van zeer dichtbij meegemaakt, in Moskou, en ik herinner me iedere seconde nog. Het was 1980 en in het naargeestige Moskou van die dagen was Stevenson, de dubbelvoudige Cubaanse olympische kampioen (München en Montreal), een grootheid. Zelfs de norse, ontevreden en onbehouwen Russen hadden respect voor hem.

Op een middag probeerde ik hem kort te spreken te krijgen. We hadden in die dagen nog geen eigen cameraploeg bij de Spelen. Als je iets extra's in beeld wilde brengen, kon dat via het boekingskantoor van de EBU (European Broadcasting Union) en dan kreeg je, bij beschikbaarheid, een Kroaat, Zwitser of Deen met opnameapparatuur uit de EBU-pool mee. De Cubaan bokste die middag een geweldige partij, ik was erbij aanwezig, en hij stond op het punt voor de derde achtereenvolgende keer olympisch kampioen te worden. Ik had gehoord dat hij prima Engels sprak en probeerde met de goed afgescheiden Cubaan in gesprek te komen. Ik kwam tot op drie meter van de bokser die, gekleed in een wit shirt en rode broek, de pers te woord stond. Toen ik hem vroeg of hij me ook wilde antwoorden met een camera erbij, zei hij 'Sure'. En ik schoot weg om te kijken of er een EBU-cameraman in huis was. Ik zocht twee minuten, zag een Rus met een camera in zijn hand, trok de man mee, maar eenmaal terug bij Stevenson en zijn gevolg, kon ik niet dichterbij komen dan vier of vijf meter. 'Mister Stevenson,' riep ik een paar maal en hij maakte het gebaar van 'Ik wil wel, maar de Cubanen om me heen dus niet'.

Het was een vette teleurstelling daar in die bokshal. Ik herinner me nog dat zijn tegenstander, een onwaarschijnlijk lelijke Rus van drie meter breed die Zaev heette, overeind bleef in de finale en dat was iets heel bijzonders. De scheidsrechters durfden zelfs een 4-1 resultaat te geven. In München, acht jaar eerder, was zijn opponent, een arme Roemeen, niet eens komen opdagen voor de finale. Die man liet vertellen dat hij zijn hand gebroken had. De waarheid was dat hij zijn zilver graag met een heel hoofd en met zijn hersens nog enigszins op hun plaats wilde ontvangen. Onder geen voorwaarde wenste hij tegenover de Cubaanse pugilist te staan.

Stevenson was lang en sterk als een os. Hij was 1.96 meter lang en had spierballen van enge afmetingen. Het grappige was zijn uiterst vriendelijke kop. Hij sprak zacht en ik hoorde van collega's dat hij een mooi, egaal karakter had. Ooit had hij een tegenstander die hij zojuist het licht uit de ogen geslagen had, overeind geholpen en hem zorgzaam naar diens hoek begeleid; als een trouwe blindengeleidehond.

Ik had in Moskou al gehoord waarom hij zich vrij goed in het Engels kon uitdrukken. Zijn ouders waren ooit van Saint Kitts naar Cuba gekomen. Pa kwam van Saint Vincent en ma was van oorsprong een Cubaanse. Zijn vader verdiende onder meer een klein zakcentje bij door in Havana Engelse les te geven en dat was een mooie bijverdienste in het straatarme Cuba.

'Pirolo', zoals Teófilo's bijnaam luidde, had waarschijnlijk zijn vierde gouden medaille kunnen winnen in 1984, maar de politieke situatie in die dagen hield de complete Cubaanse ploeg thuis. Hij was dus ook niet in Los Angeles, zoals zovele atleten uit communistische landen.

's Avonds zie ik (uiteraard) bij de BBC een prachtig portretje van de man die ik ooit bijna interviewde. Stevenson bokste nooit als professional. Hem werd nog eens 5 miljoen dollar geboden (cash in een meegebracht koffertje) om tegenover Muhammad Ali te gaan staan, maar de Cubaan weigerde. Hij hield vast aan zijn merkwaardig ver doorgevoerde amateurgedachten, die hem door roerganger Castro waren meegegeven. Hij was persoonlijk vriend van Fidel Castro en de Leider van Cuba wilde geen profsporters in zijn land accepteren. Stevenson had weliswaar behoorlijk wat voorrechten, ook uitgedrukt in geld en een auto, maar dollars kwamen er bij Castro niet in.

Ooit werd de bokser op het vliegveld van Miami gearresteerd omdat hij een Spaans sprekende Amerikaanse douaneman een kopstoot zou hebben gegeven. Het was het antwoord op pesterijen en scheldpartijen van de Cubaans-Amerikaanse douaniers die probeerden Stevenson te kleineren (Cubaanse lezing). Stevenson haalde in een krachtige beweging door en zijn opponent zeeg neer. KO. Met het voorhoofd, tamelijk ordinair (Amerikaanse lezing).

Acht miljoen Cubanen hoorden de daarop volgende dagen hoe ziek het kapitalistische systeem in de USA was. Stevenson reisde later in alle rust terug naar Miami om voor een rechtbank te getuigen. Ook de meeste kapitalistisch levende Cubanen in Florida stapten voor hem opzij. Hij was het toonbeeld van kracht en souplesse van de Cubaanse sportwereld en tegen Teófilo Stevenson bracht je niets in. Hij had altijd gelijk.

Ik hoor bij de BBC dat hij aan een hartstilstand overleden is. Zestig jaar jong. Zelfs de baas van het eiland, de bedenker van het bijna afzichtelijke staatscommunisme van dit mooie eiland, overleeft hem. Zou Fidel Castro weten van het overlijden van de man de hij 'amigo' noemde? Fidel kan en weet bijna niets meer.

Nog altijd zie ik mezelf in die bokshal in Moskou staan. De vele Russische militairen, rokers, veiligheidsagenten, drukdoende mannetjes en sereen, mooi en compleet rustig stond Stevenson daar centraal in die ruimte. Onaantastbaar, als een beeld van Rodin. Ik wilde hem zó graag spreken. Met een microfoon in mijn hand stond ik klaar. Geen idee nu wat in 1980 mijn eerste vraag geweest zou zijn. Zo dicht bij een der grootste boksers ooit, stond ik later, in 1996, nog eenmaal. Toen was het Muhammad Ali, maar de eerlijkheid gebiedt me te zeggen dat de aanwezigheid van Teófilo Stevenson in 1980 meer indruk op me maakte. Hij was onaantastbaar groot en sterk toen ik hem ontmoette en Ali was in Atlanta al een kasplantje dat behoedzaam meegezeuld werd in een bijna eng aandoende processie langs andere (veelal zwarte) olympische coryfeeën.

Ik las ergens in de jaren tachtig in *Sports Illustrated* (het verhaal droeg als kop: 'He'd rather be Red than Rich') dat Stevenson, die linksvoor stond en een rechtse directe had die door stalen deuren ging, waarschijnlijk pulp had gemaakt van Ali. Hoewel Don King wel met een beurs van vijf miljoen lonkte, vertelden insiders dat Ali stiekem heel blij was dat Stevenson vasthield aan zijn principes dat amateurs nooit tegen profs hoorden te boksen.

Ik zie die avond ook nog een samenvatting van Griekenland-Tsjechië. De voetbalwedstrijd is niet om aan te zien, de Tsjechen komen snel op 0-2, maar pas laat valt me iets op dat je niet vaak in sportwedstrijden ziet. De Tsjechen wisselen vlak na rust. Kolar komt in het veld voor Rosicky. Wat later wordt Kolar er zelf weer afgehaald en vervangen door Rajtoral. Kolar loopt boos naar de zijlijn en doet ernstig zijn best geen oogcontact met zijn coach te hebben.

In bed, heel laat, kijk ik nog naar de BBC. Ik krijg een uitslag mee van het tennistoernooi van Birmingham. Hlavackova verslaat Krajicek; 6-2, 6-7, 4-0 en opgave.

'Wat heeft zij nog op Wimbledon te zoeken?' vraagt mijn vrouw naast me.

Ik knip de tv uit: 'Niets, maar waarschijnlijk zal ze nu ergens zeggen dat de Spelen haar volgende doel zijn.'

Woensdag 13 juni

Matt Cain is een van de weinige honkballers in de MLB die een petitie ondertekenen voor het toelaten van huwelijken van mensen van gelijke sekse. Weinig Bekende Amerikanen doen zoiets. Waarom hij wel? Omdat hij een liberale leefwijze voorstaat, wat je niet zou verwachten op basis van zijn afkomst: Germantown, Tennessee, een conservatief bolwerk in de buurt van Memphis.

Germantown kent een opmerkelijk aantal 'beroemde' Amerikanen: quarterback Joe Theismann, golfer John Daly, Pittsburgh Pirates-pitcher Paul Maholm en de ouders van de Spaanse basketballende broers Gasol, Pau en Marc, woonden of wonen er. Matt Cain komt dus uit een omgeving waarin mensen gewend zijn te excelleren, zo kan je het ook stellen. Vandaag was Cain ineens de opening van alle nieuwsuitzendingen in dat sportgekke land omdat hij de 22ste speler in de geschiedenis van Major League Baseball is die een zogenaamde 'perfect game' heeft gegooid. Perfect, dat wil in de honkbalwereld zeggen: de werper heeft niemand op de honken hoeven toelaten. Al zijn tegenstanders gingen uit voordat ze op het eerste honk kwamen en de werper zelf gooide geen enkele maal vier wijd. In ruim 110 jaar georganiseerd honkbal was dat pas 21 maal gebeurd voordat Cain het mirakel herhaalde.

Cain (1,93 meter) is startende werper van de San Francisco Giants, een ploeg die hem vorstelijk betaalt voor zijn diensten. Hij heet de hoogst gesalarieerde rechtshandige startende werper in de MLB te zijn. Hij gooit hard, is dominant aanwezig, mede door zijn stevige postuur. Hij weegt 107 kilo en dat gewicht gooit hij vol achter zijn 'fast balls' aan. Hij heeft de neiging snel op voorsprong te willen komen tegenover een slagman en die tegenstander te 'overpoweren'.

Op deze avond lukt hem dat op overtuigende manier. Hij heeft voor zijn winstwedstrijd wel 125 gegooide ballen nodig, het hoogste aantal ooit voor werpers die 'perfect' zijn. Zelf gooit hij veertien man met drie slag naar de kant en zijn teamgenoten ruimen de andere dertien man op. Tweemaal komt daar een zeer spectaculaire actie aan te pas. In de zesde inning zweeft linksvelder Melky Cabrera fraai het gras in voor een moeilijke vangbal en een inning later is de actie van midfielder Gregor Blanco zo mogelijk nog gewaagder, maar voldoende voor een vangbal. Zeven tegenstanders worden in het outfield uitgevangen, de rest gaat naar de kant door acties van de infielders, inclusief de laatste 'out'.

Vervolgens wordt het een gekkenhuis op het veld. Alle spelers van de Giants bestormen de grote werper, die met beide armen in de lucht staat. Voor de eerste maal in de geschiedenis van de Giants is er een 'perfect game' gegooid en 42.298 mensen in het AT&T Park in San Francisco dansen mee en douchen de werper onder een jubelende ovatie die minuten lang aanhoudt. Kijk op YouTube bij de perfect game van Cain om deze vreugde terug te zien. De aanblik ontroert.

De volgende dag staat in een krant in San Francisco een tegeltjeswijsheid: 'A perfect game is a measure of dominance, not of perfection.' Mooi gezegd.

Het wordt een drukke sportdag. Eerst zie ik de Rus Vladimir Isaichev de vijfde etappe van de Ronde van Zwitserland winnen. Peter Sagan is daar 'het mannetje' en de Portugees Rui Faria de Costa rijdt in de leiderstrui.

Het is werkelijk beestenweer in Zwitserland en Karsten Kroon laat zich van zijn beste kant zien. Hij is 'mee' en brengt een vijfmans kopgroep bijna 12 minuten vooruit. Kroon, in de herfst van zijn wielerbestaan, wordt vierde voor de moeite. Het lijkt me zijn laatste redelijke uitslag in een aansprekende koers. In hem zie ik de perfecte televisieanalist voor ons in de toekomst. Geen wielrenner kan zo ragfijn zeggen waar het op staat, geen renner heeft dat vocabulaire, geen renner durft te zeggen wat hij doet. Als hij afstapt, mag de NOS hem per kerende post aantrekken.

Er is ook nog voetbal. Met een half oog zie ik Portugal van Denemarken winnen in Lviv, 2-3. Iedere keer als de naam van die stad valt, moet ik glimlachen: Lviv.

In de avonduren kijk ik verbaasd naar Duitsland-Nederland. De Oranjeploeg kan noch het tempo, noch het fysieke duel aan. De Duitsers overklassen de onzen op pijnlijke manier, hoewel je dat niet in de uitslag terugziet, 2-1. Coach Van Marwijk kan geen lijn in zijn ploeg krijgen. Er zijn spelers die geen snipper vorm hebben, sommigen lopen op hun laatste benen, anderen lijken ongeïnteresseerd.

Het land is in rep en roer. We steigeren, protesteren, steken verwensende vingers uit, schelden in de praatprogramma's, roepen om hulp en zijn zwaar teleurgesteld. We zijn ineens niet perfect meer. Als we dat al ooit waren.

Donderdag 14 juni

Ik heb een leuk, niet erg lang, maar wel serieus telefoongesprek met Geert Trompetter. Vroeger was hij topvolleyballer in Nederland. Als ik heel diep graaf, denk ik dat hij de Spelen van Tokio meegemaakt heeft.

Hij was een echte Drent, kwam naar Amsterdam, werd een bevlogen sportleraar met wie de leerlingen wegliepen en speelde bij AMVJ. Daarna werd hij coach (ook weer bevlogen) en ging vaak vissen. Heel vaak vissen, uren- en dagenlang en later weken- en maandenlang. Hij ging door Alaska trekken en beleefde enorm stoere avonturen, confrontaties met beren en zo.

Geert heeft zijn herinneringen opgeschreven en daar wilde hij met me over praten. Ik stimuleerde hem om er een stoer boek over te maken. Daarna spraken we over kleine, dagelijkse zaken. Over Michelle, zijn Franse vrouw, veertig jaar geleden voor ons allen in Amsterdam de officiële plaatsvervangster van Françoise Hardy in onze dromen. Ja, ze waren nog altijd samen, woonden op een lekkere woonboot, midden in de natuur.

'Volg jij het voetbal nog?' vroeg hij.

Ik beaamde dat. En hij?

Geert was ook een goede voetballer geweest, stond me bij. Ik meen zelfs dat hij beide sporten nog even tegelijkertijd op hoog niveau speelde.

'De coach heeft het moeilijk, wat moet hij nog met deze mannen?' zei Geert.

'Opstappen?' liet ik vallen. Geert Trompetter, een wijs sportman van weleer, een natuurmens ook, zag het helder: 'Deze groep is klaar. Van Marwijk mag de eer aan zichzelf houden. Ik heb respect voor hem, hij heeft het goed gedaan. Hier viel niets te winnen.'

Vlak voor dit telefoongesprek met Geert las ik *Trouw* van een dag eerder, die ik had gemist. Ik las een doordachte, belangwekkende voorbeschouwing van Henk Hoijtink over de wedstrijd Nederland-Duitsland. De onderkop luidde: 'Bij uitschakeling zou Van Marwijk het weleens voor gezien kunnen houden.' Hoijtink onderbouwde deze gedachte met de misschien wel beste analyse die ik tijdens het hele EK gelezen heb. In rustig gekozen taal legde hij de zwakte van het Nederlands elftal bloot. Ik leen een paar regels van *Trouw* en Hoijtink.

'Over de opstelling is, zoals gebruikelijk, oeverloos gedelibereerd, maar waarschijnlijk van meer importantie is de mentale gesteldheid van Oranje – en de vraag of daarvoor nog een wezenlijke remedie te bedenken valt.' Over coach Van Marwijk: 'Nu staat hij, nota bene kort nog na de verlenging van zijn contract tot 2016, voor zijn voorlopig zwaarste taak – één die goed een onmogelijke zou kunnen blijken.' Hoijtink eindigt zijn vooranalyse, gepubliceerd op de dag dat Nederland op heftige wijze de bietenbrug tegen de Duitsers opging, met: 'Dat zijn weinig opwekkende bespiegelingen op wat een kruispunt kan zijn in het tijdperk Bert van Marwijk, waarvan plotseling het einde zou kunnen gloren. Bij vroegtijdige mislukking in Polen en Oekraïne zou het moeilijk voorstelbaar zijn dat zijn verse contract wordt uitgediend – en dat hij dat nog zou willen.'

Ik laat de eerste wedstrijd van de avond schieten: Italië-Kroatië is geen lokkertje om andere, huiselijke zaken voor te laten lopen. We besluiten lekker en lang te gaan zitten eten. Wijn mag vandaag. Wel hebben we aan tafel een gesprek over sport op de Balkan. Over de grote voetbaloorlogen tussen Servië en Kroatië, over de ongelofelijke breuk in de Joegoslavische basketbalploeg

waarin jarenlang de spelers van Servië en Kroatië als boezem-
vrienden samenspeelden en waarbinnen toen de oorlog uitbrak
ineens een groot schisma plaatsvond.

We hebben het over de prachtige ESPN-documentaire waarin
je Serviër Vlade Divac op zoek ziet gaan naar de familie van zijn
overleden Kroatische ex-teamgenoot Drazen Petrovic. Je ziet en
hoort hoe Divac in Zagreb op straat wordt uitgescholden en be-
schimpt, en je ziet hem bij de moeder en broer van Drazen aan
de koffietafel zitten. Als kijker probeer je het te begrijpen, maar
dat gaat nauwelijks.

We komen ook tot het samenstellen van enkele regels, vooral
gebaseerd op ons beider basketbalverleden en de confrontaties
die we op de Balkan meemaakten, als sporter en later als journalist en toeschouwer: Serviërs zijn onuitstaanbare tegenstanders,
die zuigen en pesten en een giga-meerderwaardigheidsgevoel
meedragen. Kroaten zijn kunstzinniger in hun spel, Amerikaan-
ser georiënteerd en ze kunnen niet tegen hun verlies. Slovenen
zijn zachter, aardiger ook en tegen hen spelen is bijna een feest.
Ze lijken een beetje op niet-chauvinistische Italianen. Montene-
grijnen zijn opgehitste fanaten. Het publiek bij hun wedstrijden
kan beangstigend overkomen en bedreigend fanatiek zijn en
Bosniërs zijn lichamelijk niet zo sterk, maar wel weer taai en
soms gemeen. Vroeger was dat één land met allemaal nationale
topteams. Voetbal, basketbal, handbal, volleybal, waterpolo, allemaal wereldtop. Wat wij, in de andere wereld, nooit deden, was
het onderverdelen in bevolkingsgroepen, wat de Joego's zelf wel
deden. Hun nationale teams waren oorlogsgebieden avant la let-
tre. De droom van Tito duurde niet al te lang, zoals we weten.

Italië en Kroatië houden elkaar in bedwang: 1-1. Voor Kroatië
lijkt dat een morele overwinning. De Italianen lopen gemeen lachend het veld af, zien we nog net als de televisie aan gaat.

Vanaf half tien kijken we naar Spanje-Ierland, een fraaie
Roomse confrontatie. De Ieren worden geslacht en verliezen met
4-0. Tegen het einde van de wedstrijd, die in Gdansk wordt gespeeld, gebeurt er iets merkwaardigs waardoor het voetbal ineens

naar het tweede plan verhuist en de wedstrijd een soort eredienst wordt. Om hun aanhankelijkheid voor hun spelers te bewijzen beginnen de duizenden Ieren uit volle borst te zingen. Het valt eerst nauwelijks op, maar als een geluidstechnicus in Gdansk ineens wakker wordt en zijn fader omhoog haalt en de regisseur de wedstrijd even laat voor wat die is (niets) en het Ierse publiek in beeld neemt, wordt duidelijk hoe dit volk met sport, vaderlandsliefde en nationale trots omgaat.

Het gezang gaat bij mij door merg en been en ik moet op enig moment zelfs flink slikken; wat is dit geweldig. Afgedroogd worden, maar zingend het EK verlaten, dat doen deze mensen, vol overgave, met hun hand op het groene shirt. Niet aanmatigend, niet ordinair, niet bezopen en plat, maar met zoveel trots in hun mieter dat werkelijk iedereen, ook al verstaan we de teksten niet, dat begrijpt en voelt. Ook de Spaanse spelers, die hun kapot gespeelde opponenten met veel respect van het veld begeleiden. Zo wordt deze avond een tussentijds hoogtepunt van het voetbaltoernooi. Thank you Ireland.

Vrijdag 15 juni

Via de cardiologe ga ik naar een interviewafspraak in een koffiehuis en vandaar door naar de tennisbeelden uit Rosmalen. Gelukkig wint Kim Clijsters hier. Ze zet Romina Oprandi aan de kant, 7-6 en 6-3, en dat is maar goed ook.

Clijsters is zo'n sportend mens waar ik blind voor ga. Als zij speelt, ben ik (licht) partijdig en ook een beetje blij. Zij maakt toptennis bij de vrouwen prettig om naar te kijken. Zij speelt gewoon, heeft geen maniertjes, stelt zich niet aan, doet niet mee in het 'kreunkoor' en is over het algemeen geen zeurder. Ze speelt fris en onbevangen, maar ik ben erg bang dat ze dit jaar niet al te veel groots meer zal winnen. De sleet zit in haar spel en waar ze verleden jaar nog kon verrassen, gaat dat dit jaar niet meer. Het is net alsof zij bij bijna iedere slag een stap tekortkomt.

Uit Engeland komt het bericht dat Serena Williams eraf is gemept door Vera Zvonareva. Als ik bij de BBC wat samenvattende beelden zie, begrijp ik het verlies. Williams had weer een van die dagen dat ze zichzelf niet in de hand had. Voor iedere tegenstander is er dan slechts één devies: houd de bal in het spel, want je weet dat Williams een fout gaat maken. Of ze rost de bal zeven meter uit, of onder in het net; haar slordigheid is ongeëvenaard op zulke momenten en ze kan er niet mee omgaan. Ze foetert wel en heeft kritiek op bijna alles, maar feit blijft dat zij niet geconcentreerd speelt en dus steeds belachelijke afzwaaiers produceert. Daarop wachten is voor veel tegenstanders een te zware opgave, maar Zvonareva doet dat goed. Ze lepelt bij voortduring de bal terug en dan zie je dat er iets in het hoofd van Williams ontploft. Dat heen en weer aaien is niets voor haar en ze neemt een volley ineens zo hard dat de toeschouwers tot en met de derde rij op de kopse kant van de baan op moeten passen.

Ik kijk ook naar de voetbalwedstrijd Zweden-Engeland. Het is een leuke, open wedstrijd waar waarschijnlijk niet het beste voetbal van Europa wordt gespeeld, maar er vallen vijf goals. Men laat elkaar redelijk heel, de Zweden verliezen uiteraard op het nippertje en de Engelsen denken waarschijnlijk echt dat ze een topploeg hebben, wat niet waar is.

Ik herinner me mijn eerste kennismaking met het Zweedse voetbal. Zwart-witbeelden in 1958: Brazilië-Zweden. Pelé was zeventien jaar oud en Vavá en Didi waren heilig, maar mijn vader had tegen me gezegd dat de Zweden zo 'sportief' speelden en dat dat misschien wel met de landaard te maken had. Ik herinner me nog de man die stijf rechtsbuiten speelde: Gren. Mooie trap, harde man. En de afmaker heette Hamrin. Brazilië won makkelijk, maar sinds die tijd heb ik iets met Zweedse sporters. Tijdens de wedstrijd hebben we het erover, want alleen naar het commentaar luisteren is ook zo wat.

Zweden waren lang niet altijd en bij iedere sport aanwezig, maar als ze er waren, zag je ze ook. Voorbeelden? Jan-Ove Waldner zag eruit als een keurige boekhouder, maar hij sloeg de hele wereld inclusief de gevaarlijkste Chinezen van de tafeltennistafel. Of Stellan Bengtsson, zijn tegenstander in die jaren. Vaster bestonden ze niet. We noemden ook de grote golf aan Zweedse toppers in het tennis: Stefan Edberg, Mats Wilander, Björn Borg, Thomas Enqvist, een zeldzame generatie. Ze hielden hun mond en speelden. De ene nog mooier en doelgerichter dan de ander. Of hoogspringer Patrik Sjöberg, die zijn broekje zo hoog optrok dat het leek alsof hij alleen uit benen was opgetrokken.

'Wie waren eigenlijk Zweedse topvoetballers?' vraagt mijn partner, terwijl Engeland fraai op voorsprong komt. Ik zoek en zoek en kan niets anders bedenken dan Glenn Hysén en Stefan Pettersson. Pettersson en Jari Litmanen waren de best Nederlands sprekenden bij Ajax ooit. Pettersson was niet alleen een goede voetballer, hij was een zeer apart mens; zo op het oog beschaafd en rustig. Volgens mij had hij veel meer andere interesses dan alleen maar voetbal. Ik noem nog Tommy Gustafson, de schaatser, een zeer welsprekend jongmens met wie ik het eind jaren tachtig zeer goed kon vinden en Karen zegt: 'Wat gek dat je alleen maar mannen noemt.'

Inderdaad, want ik weet nog wel wat ijshockeyers en ik herinner me ook nog autocoureur Ronnie Peterson, maar vooraanstaande Zweedse sportvrouwen? Waren die er? Zijn die er nog?

Zweden komt gelijk, eigen doelpunt en de wedstrijd blijft reuze aardig. Voor we het weten staan de Zweden zelfs voor, door goed en licht opportuun voetbal te spelen. 'Die zevenkampster,' zegt mijn vrouw ineens en ik begin in mijn grijze cellen te graven. Ik zie haar beeltenis voor me. Niet zo heel gek, want ze is opvallend mooi. Ze heet...

Engeland maakt gelijk, de wedstrijd wordt harder en soms even gemeen en Danny Welbeck beslist de partij voor Engeland met een wereldgoal. Achter zijn standbeen langs scoort hij, tien minuten voor tijd en nog steeds komt de naam van de zevenkampster niet bij ons op.

We gaan, ieder voor zich, het alfabet af en kijken met de beschikbare hoeveelheid aandacht nog naar het voetbal. Zlatan Ibrahimovic, die genialiteit in het veld koppelt aan een bijna merkwaardig soort verdwazing, misschien zelfs wel ongevaarlijke gekte of schizofrenie, schiet hard en fraai op het Engelse doel, maar doelman Joe Hart keert.

Maar hoe heet nu die Zweedse zevenkampster? We bespreken of er nog meer Zweedse vrouwen ooit op hoog niveau aan sport hebben gedaan. Zo hoog dat ze iconen in eigen land werden. Ik noem de zwemster Alshammar, van wie ik de voornaam niet weet. Karen zegt droog: 'Therese'. Ik herinner me nog de deelname van een Zweedse damesploeg bij een groot Europees hockeytoernooi in de midden jaren negentig in Amstelveen. De dames verloren vaak, maar trokken – blond en langbenig – veel bekijks.

De voetbalwedstrijd nadert zijn hoogtepunt; ik vind het zeker een van de aardigste confrontaties tot nu toe. Er wordt open en met inzet gespeeld en de Zweden halen weer niets. Ineens weet ik ook de naam van een skiester: Pernilla Wiberg. En hoe heet die Zweedse golfster nou toch ook weer? Iets van Sörenstam of Sörenström of zo. Opzoeken dan maar.

Als ik opsta, zegt Karen: 'Ze heet Kluft en is ze niet verspringster?' Ik verbeter: 'Ze heet Klüft.' Voornaam? Karen: 'Ik denk Sabina.' Google wijst uit: Carolina.

En zo blijven er, terwijl we aan tafel gaan, nog wat vragen open. Waarom handballen Noorwegen en Denemarken zo goed en waarom gebeurt dat niet in Zweden? En is Zweden niet wereldkampioen dames-ijshockey? En is Jesper Parnevik een topgolfer? En hoe heet die Zweedse voetballer ook weer die voor een bekend ondergoedmerk (Armani?) met zijn goddelijke lijf vrijwel bloot op vele posters in de hele wereld verscheen? Hij speelde bij Arsenal of Chelsea? Kom, iets van Ljungberg toch, Fredrik of zo. Later liet hij de meest affreuze tattoo ooit zetten, over bijna zijn hele lijf. De gek.

De avond blijft in het teken staan van de Zweedse sport. Ik roem nog, uit mijn hoofd, de fantastische doelman van de Philadelphia Phillies, Pelle Lindbergh en ineens zegt Karen: 'De leukste van allemaal is Larsson, Henrik Larsson. Ach, dat was zo'n snoepje. Speelt hij nog?'

Via Google vind ik de voornaam van de golfspeelster, Annika Sörenstam, en Ljungberg is inderdaad die man van het ondergoed.

En de Zweedse handbalploeg won viermaal de wereldbeker en Lindbergh, de fenomenale ijshockeydoelman, reed zichzelf in 1985 dood in een Porsche, toen hij in Voorhees van training terugkwam. Waarom ik me daar nog iets van herinner? Omdat ik het toen in *Sports Illustrated* gelezen had. Dat zijn ouders eerst uit Stockholm kwamen aanvliegen en met hun klinisch dode zoon geconfronteerd werden. Hoe die ouders beslisten dat al zijn nog goede organen voorzichtig uit het dode lijf gehaald moesten worden. Hoe zijn begrafenis in Zweden op de nationale televisie werd uitgezonden. Maf toch, dat een mens zich die zaken kan herinneren. Ik lees dat er een boek over Lindbergh is uitgebracht: *Behind the white mask.*

Ik sla de titel op. Aanschaffen als ik in een goede boekenzaak in de USA ben.

Later die avond snel naar het begin van de voetbalpraatprogramma's gekeken. Andere maskers dus. Jack van Gelder begint met de vraag: 'Hoe voel ik me? Eigenlijk gespannen. Gaan we het nog redden?'

Leuk pathetisch en licht vaderlandslievend.

Bij RTL leest René van der Gijp kranten en vertelt aan zijn maat Wilfred Genee: 'Hansie liep nog achter een herdershond op hoge hakken aan. Die neukte zoals hij speelde: hard en meedogenloos.'

Dat wil ik nou weten. Thank God it's Friday.

Zaterdag 16 juni

In de middag zijn er opnames in Hilversum voor de olympische uitzendingen tussen Tour en Spelen. We moeten helaas deze vorm gebruiken, omdat er anders geen (persoonlijke) mogelijkheden zijn om tot die drie programma's te komen. Van tevoren opgenomen programma's lopen altijd het gevaar dat ze door de tijd en onverwachte zaken ingehaald worden. Bekend is een Amerikaans programma waarin een opgenomen vraaggesprek werd uitgezonden met iemand die dezelfde dag een zwaar ongeluk had gehad en op het randje lag in een ziekenhuis.

Ik ben ook een fervent tegenstander van 'opgenomen' programma's en heb dat altijd hardop geroepen bij de NOS, maar vandaag kan het niet anders en dat begrijp ik ten volle. Ik werk, heb mijn voorbereidingen in de dagen ervoor gedaan en ik heb er lol in. Drie vrouwen aan tafel, genoeg te bespreken en hup met de geit. Ik houd rekening met een 'insert' later en probeer het idee dat het niet live gaat te vergeten. Voor ik er erg in heb, zijn we al klaar. We hebben, zo zegt de regisseur, 'bijna' de uitzendtijd al gehaald, misschien dat er ergens in een antwoord gesneden moet gaan worden.

Op de redactie wordt veel, naar mijn mening te veel, over 'de wedstrijd RTL-NOS' gepraat. Natuurlijk heeft iedereen recht op een mening, maar ik merk dat hier ook alweer papegaaiengedrag te bespeuren valt: men praat elkaar maar na.

Of ik vind dat je als NOS-medewerker ook pal voor het programma van Jack van Gelder moet gaan staan? Misschien naar buiten wel, maar je mag er wel een mening over hebben en als die mening afwijkend is van de gangbare, dan is dat niet erg. Wat me wel opvalt is dat journalisten van buitenaf graag een wig willen drijven als ze me bijna dagelijks bellen met de vraag welk programma nou 'beter' is. Het is nog steeds een hot item in de vaderlandse journalistiek. Ik verbaas me daarover.

Ergens zitten twee collega's te praten over 'hoeveel verder Van der Gijp nog kan gaan' nu hij het neuken van Hansie Hansie openlijk op de buis van karaktersferen heeft voorzien? Ja, er is smakelijk om gelachen, maar het gesprek gaat zo ver dat de vergelijking naar ons eigen personeelsbestand wordt doorgetrokken. Zou het zo kunnen zijn dat Van Gelder en Tom Egbers aan tafel in Polen het seksuele optreden van bijvoorbeeld Jan van Halst gaan bespreken?

Het antwoord is uiteraard duidelijk: nee, natuurlijk niet. Dat zit niet in het DNA van onze programma's. 'Waarom lachen we dan wel om de opmerkingen van Gijp, maar vinden we dat zoiets bij ons niet kan?' zegt iemand. Ik merk op dat dat een retorische vraag is. Het antwoord staat vast. Steeds meer ben ik ervan overtuigd dat nu zulke bijna extreme gespreksonderwerpen bij RTL ter tafel komen je de twee 'shows' niet meer kunt vergelijken. Het is braaf contra uitdagend. De basis voor beide uitzendingen is dan weliswaar hetzelfde EK voetbal, maar vandaaruit gaan de eventueel congruente gedachten toch behoorlijk uit elkaar lopen. 'Wat niet wegneemt dat ik vaak met plezier naar RTL kijk,' zeg ik en krijg op de redactie bijna stille bijval.

Het voetbalprogramma van de dag brengt twee wedstrijden waar je op voorhand niet voor thuis blijft of snel voor naar huis gaat. Polen tegen Tsjechië wordt snel en hongerig voetbal van beide kanten met vele mogelijkheden en weinig echte kansen, om de voetbalcollega's maar eens te persifleren. Waar ligt de dunne lijn tussen een mogelijkheid en een kans? Wie introduceerde ooit het verschil? Bestaat er een officiële formulering voor die ergens vastgelegd is? Verschilt dat van land tot land? Van commentator tot commentator wellicht? Ik moet altijd erg lachen als voetbalcommentatoren gaan zitten goochelen met beide begrippen: 'Dat was een beste kans zeg, of moeten we hier spreken van een mogelijkheid?' Kwatsj. Ook mooi is een NOS-collega die stelt: 'Dit is een honderd procent mogelijkheid.' Pardon, een wat?

De Tsjechen winnen, Polen huilt en dan is het wachten op de woorden van Dickie. Een avond eerder heeft men kunnen zien wat een bozige Dick Advocaat voor een vreemd beeld van zichzelf kan opwerpen. Hij was tijdens een persconferentie in Warschau puur narrig en gaf collega Ayolt Kloosterboer er verbaal flink van langs. Kloosterboer wilde weten hoe Dickie de rellen van een paar dagen eerder, na Polen-Rusland, had geëvalueerd. Toen wilde hij er niets over zeggen, maar misschien dat tijd raad had gebracht. Dickie reageerde als door een peloton horzels gebeten: 'Dit is toch niet voor een roddelblad, dit is toch voor een sportpro-gramma. U gaat me dat soort vragen stellen... Ja natuurlijk, u komt ook nog uit Holland.' Een vreemd, bijna sarcastisch lachje en de woorden 'ja, sorry' sloten die zin vol vergif af. Dick was not amused. En zijn aanspreekvorm van 'u' was ook over de top en gedrenkt in zoutzuur.

Rusland wordt er nu door Griekenland uitgeknikkerd. Het is een bedroevend slechte wedstrijd van de Grieken, die niet ge-komen zijn om te voetballen. Ze creëren chaos en ontregelen daarmee het spel van de Russen dermate dat die ploeg niet tot normaal spel komt en kansen en mogelijkheden om zeep helpt. De Grieken willen niet voetballen, maar een van die oliebollen schopt er toevallig eentje in: 0-1. Dag Dickie.

Advocaat stelt later bij Jack van Gelder: 'Griekenland kon niets en wilde niets,' en ik moet het geheel met hem eens zijn.

Als na twee minuten staccato Advocaat-gemopper Van Gel-der zijn tafelgenoten oproept tot wellicht nog een vraag, blijft het stil. Pijnlijk stil. Jan van Halst zegt zacht en voorzichtig: 'Hij kan beter tijd nemen en herstellen,' en dan bedenkt Aad de Mos de volgende weergaloze opening tot algemene wereldvrede: 'Kom maar bij mij in Eindhoven een bakkie doen, Dick.' Van Gelder riposteert: 'Ja, dát beurt hem op!'

Ik heb RTL niet kunnen zien voor het broodnodige lachen, maar ik neem aan dat Dickie daar geroosterd is. Met een knip-oog, wel te verstaan.

Zondag 17 juni

Op deze zondag kun je in Nederland naar de 80ste verjaardag van het Ouwehands Dierenpark in Rhenen, er is een oldtimers-bromfietsbeurs in Schiedam, in Vlijmen kun je terecht op rom-melmarkt 'De Mand', je kan 'koken met singles' in Amsterdam, er is een motorendag in Workum en het Overijssels Kinderkoren Festival vindt plaats in Haarle. En in Meppel kun je het pianocon-cert 'Beleving en verwondering' bijwonen.

In heel Nederland is in de late avond de echte opvoering van 'Beleving en verwondering' te zien en te ondervinden. De Nederlandse voetbalploeg wordt in Charkov op pijnlijke wijze het toernooi uit gekegeld. Eerloos, slap, niet alert, buiten adem, op het laatst scheldend en mopperend en vooral: zichtbaar zonder de nodige nederigheid verlaten de spelers het veld. Hun missie is mislukt. Zij beseffen dat zij collectief gefaald hebben. In het hoofd van velen moet het nu stormen.

Ik zit lekker thuis en rustig aan de wijn en luister naar Bert van Marwijk, die bij Jack van Gelder aan tafel zit. Jack zet in met de half hangende vraag of het hier een deceptie of een afgang betreft en Van Marwijk blijkt in staat direct behoorlijk goed te analyseren. Hij zegt onder andere: 'We hebben in alle drie de wedstrijden kansen gehad en ze laten liggen.' En: 'We hebben te makkelijk kansen en doelpunten weggegeven en dat kan niet op dit niveau.' En: 'Natuurlijk heb ik fouten gemaakt, want we hebben driemaal verloren. Ik heb daar de verantwoording over, maar of ik daar nu consequenties aan verbind? Nee, daar is het nu te vroeg voor.'

Van Gelder komt dan met een goede drietrapsvraag. Was de groep hongerig genoeg, gretig genoeg en fit genoeg? Van Marwijk denkt even na.

Dit zal de grote vraag blijven en als alle analisten deze kluif hebben afgekloven, zullen we het nog niet weten. Hongerig, gretig en fit. Van Marwijk denkt dat het met hongerig en fit wel goed zat. Gretig benoemt hij niet. Ik ben buitenstaander, lees kranten en kijk soms naar de televisie. Bij fit zet ik een groot vraagteken. Bij hongerig heb ik mijn twijfels. Bij gretig weet ik het zeker: nee.

Dat is geen aanbeveling om de tweede ronde van dit toernooi te halen, denk ik en luister naar het relaas van Youri Mulder en Jan van Halst. Tom Egbers zet beiden in een vrieskast met het prachtige, zacht aangeblazen: 'Tsjaaa.' Waarna een stilte valt en Van Halst zegt: 'Geknipt en geschoren.'

Dan wordt er verder gedelibereerd over voorste middenvelders die steeds verder terugvielen en dat door een tactische omzetting bij de Portugezen Ronaldo ontlast werd door niet steeds achter Van der Wiel aan te moeten lopen omdat Raul Meireles van links naar rechts werd gezet, en geef ik het kijken op.

De conclusie ligt voor de hand: niet goed genoeg. Het ontbrak de ploeg aan loopvermogen, tactisch vernuft en vanaf de vleugels kwam nooit een behoorlijke voorzet. Nadat driemaal de eerste twintig minuten redelijk goed begonnen was, werd er verder tempoloos gespeeld. De verdediging lag scheef, de doelman kende twee ongelukkige momenten, privé-ontevredenheid won het van sociaal gevoel en 'iets' binnen het elftal klopte er niet. Het was niet prettig om naar te kijken. Ploegen kunnen een sfeer uitdragen, spelers apart hebben dat minder, maar ploegen hebben het des te meer. Wat ontbrak hier? Warmte. Samenzijn. Onderling vertrouwen. Chemie. Sociale intelligentie.

Nederland gaat vannacht verward slapen. De nationale troetelbeer, de voetbalploeg van Bert van Marwijk, is naar huis gespeeld. Deel I van de heilig verklaarde Sportzomer 2012 eindigt in een deceptie. In de voetbalpraatprogramma's zal er nog heel wat doorgezaagd worden en zullen de kenners en pseudokenners struikelen over hun eigen meningen en die van anderen.

Het toernooi in Polen en Oekraïne gaat nog door tot 1 juli. Dat betekent dat er nog twee weken gezaagd zal gaan worden, want de kijkglazen bij de NOS en RTL moeten vol blijven. Al die uren aan te moeten horen en zien, zal een bezoeking worden. Ik ben benieuwd hoe de Nederlandse kijker zich zal gedragen de komende twee weken.

Zal ik nog even zappen naar ESPN voor een honkbalwedstrijd? Nee, ik ben solidair met een zwaar teleurgesteld volk en kies voor de slaap. Zoals Bob Spaak ons vroeger bij *Studio Sport* voorhield als er op zondagavond een collectieve teleurstelling te verwerken was geweest: 'Jongens, morgen is het maandag en begint de nieuwe week.' Iets dergelijks had ik in 1978, na de verloren finale tegen Argentinië, ook gezegd in mijn afsluiting. Die woorden zijn me nog jaren nagedragen door lieden die vonden dat ik te weinig gevoel en inlevingsvermogen toonde en het voetbal te makkelijk wegzette. Verlies vroeg meer empathie. Het was te koel en te weinig Oranjegezind. Ik nam te makkelijk afstand. Wat dat betreft ben ik sinds 1978 dus niet erg veranderd.

Deze ploeg was geen ploeg, deze spelers waren samen niet goed genoeg. Dat mag gezegd worden. Het aftuigen van ons oranje bestaan kan wat mij betreft direct beginnen.

Maandag 18 juni

Het is een spannende ziekenhuisdag. Het onderzoek verloopt goed. Het blijft indrukwekkend jezelf van binnen te zien.

In Hilversum vooruitgewerkt aan de Olympische Spelen. Opnames gaan redelijk lekker; soms wat stroeve momenten, maar dat kan gebeuren. Toch benieuwd of mijn ochtendbezoek aan het ziekenhuis daar mede op van invloed is. Het zou me niet verbazen.

De avondwedstrijden van het EK zijn niet erg uitnodigend. Spanje verslaat, lui spelend, Kroatië: 1-0 via een late goal van Navas. En de Italianen hoeven niet echt te transpireren om de amechtig hollende Ieren op 2-0 te houden. Balotelli krijgt er nog eentje in en viert dat zoals gebruikelijk. Alleen de laatste minuten van de tweede wedstrijd gezien en nog wel een deel van *VI Oranje* meegepikt.

Met een geniaal timende René van der Gijp die Tofik Dibi (die hij en passant Wibi en Didi noemt) verfijnd de les leest. De ex-voetballer vertelt over een confrontatie met de heftig in het nieuws zijnde politicus van GroenLinks. Gijp zag allemaal 'lekkere dingen', hij dacht uit de vijfde klas middelbare school, langskomen. Vraagt hij aan Dibi wie dat zijn. Is het antwoord: 'Dat is mijn campagneteam.' Gijp: 'Ja, rot op man. Dat kan toch niet!' Er volgt een enorme lachsalvo. Natuurlijk, het gaat niet over voetbal, maar deze scène mag er wezen.

Hansie Hansie dendert daar op zijn geheel eigen wijze overheen door aan studiogast Diederik Samsom (zonder das) te vra-

gen of hij 'die Pechtold ook zo'n engerd vindt'. Je ziet in een magistraal shot de PvdA-man schrikken. Wat moet hij nu zeggen
of doen? Beamen, de waarheid spreken of de gelikte politicus
spelen? Hij komt er net mee weg, maar de winnaars aan tafel
zijn de mannen naast hem, en niet hij. Zijn gezichtsuitdrukking
is goud waard.

Natuurlijk is hij 'lekker aangeschoven', want de verkiezingen
komen eraan en iemand binnen de partij heeft hem (waarschijnlijk) bijgepraat over de plussen en minnen van daar aan tafel te
gaan zitten. Samsom moet gedacht hebben dat hij dat wel zou
redden tegenover die piassen. Hij komt nog wel de series door,
maar in de finale wordt hij echt op de proef gesteld en op afstand
gezet. Van der Gijp kijkt hem schalks aan en zegt: 'Met al die
camera's in de Kamer zien we alles. Er komt een moment dat
we gewoon door jou heen prikken, want we zien je bezig, je non-
verbale taal, alles. We hebben je door.' Samsom heeft geen idee
wat hij daarop moet zeggen en accepteert dit tegendoelpunt als
een man.

Als Hansie Hansie het daarna nog over het op school gepest
worden van Pechtold gaat hebben, zie je langzaam het bloed uit
het hoofd van de politicus wegtrekken. Derksen demarreert daar
overheen door een anekdote te vertellen over het D66-hoofd,
waarna Gijp, nu geheel op stoom, de roestige degen pakt en de
boel vakkundig afmaakt: 'Hij zat een keer bij Pauw en Witteman,
na dat Lenteakkoord. Hij zat er met zo'n (maakt een gebaar voor
zijn kruis, MS) pielemuis. Die kwam tegen de onderkant van de
tafel aan.'

Je ziet weer het gezicht van Samsom in beeld. Er staat slechts
één gedachte op 's mans voorhoofd: dit is toch niet echt de be-
doeling. Klopt, maar het is wel erg leuk. Zoals gezegd, het heeft
allemaal niets met voetbal te maken.

Bij de NOS gaat ook niet alles over de lederen knikker. Gast
Edwin Winkels stelt vast dat de zogenaamde 'PIGS countries', de
Engelse benaming voor de landen Portugal, Italië, Griekenland
en Spanje, 'door' zijn in het toernooi. Hij vraagt zich af of dat wel-

licht met de economische crisis aldaar te maken heeft. Mau de Hond, ook daar, kan ons mededelen dat de uitschakeling van Oranje géén invloed zal hebben op de verkiezingen, maar dat die uitschakeling wel weer slecht is voor het consumentenvertrouwen in Nederland.

In de NOS-uitzending zitten een paar fraaie beelden: een van de vrachtwagen van Oranje waar hulpkrachten de koffers van de heren spelers in tillen, een shot van de spelers die met strakke gezichten hun hotel verlaten en naar de bus slenteren, en een beeld van de bondscoach die 'nog even' een paar handtekeningen bij de fans gaat zetten.

Het allermooiste beeld is de uit meerdere hoeken vertoonde actie van Cristiano Ronaldo, die een van verre op hem geplaatste bal op meesterlijke wijze controleert en langs de spartelende Gregory van der Wiel caramboleert. De schoonheid van het voetbal is hier prachtig gevangen in die ene beheerste beweging, uitgevoerd door een man die even later aan tafel voor egoïst, eikel en selfkicker wordt uitgemaakt.

Dinsdag 19 juni

In de middaguren zou er een belangrijke vergadering in Hilversum zijn, maar die wordt op het laatste moment afgeblazen. Het moest een vervolg worden op de samenkomst van 6 april, toen een veelheid aan ideeën en gedachten over tafel rolden en een kleine groep NOS'ers enthousiast was om iets te gaan maken van de wereldkampioenschappen wielrennen in eigen land. Ik was een van hen en ik heb een aantal A4'tjes klaargemaakt met ideeën en gedachten voor komende, leuke programma's. Ik heb inmiddels in Limburg al een plaats gevonden voor de *Limburgse Avondetappe*, zoals we het genoemd hebben, en ik heb een tiental onderwerpen uitgewerkt.

Ik had er zin in deze uitzendingenreeks in september mede te begeleiden en uit te voeren, en een lichte teleurstelling maakt zich van me meester als de afmelding van de vergadering komt.

Ik vraag of ik mijn ideeën nog moet verspreiden, maar krijg daar geen goed antwoord op. Het is net alsof het hele project in de ijskast is gezet. Niemand zegt of doet wat. Ik doe navraag bij Eric Ansems, een over het algemeen vrolijke, oertrouwe NOS'er die ik erg graag mag. Hij heeft bij de eerste vergadering de taak van 'secretaris' op zich genomen en alles wat die middag gebeurde heeft hij opgeschreven. Hij haalt zijn schouders op, hij heeft niets gehoord. Hij zegt dat te betreuren. Ik deel zijn mening.

's Nachts kijk ik naar Oklahoma tegen Miami. Het is wedstrijd vier, vaak een scharnierpartij in de NBA Finals. De onbekende, zelden gebruikte Norris Cole schiet er twee gewaagde driepunters in, waardoor de Heat in de buurt blijft als Oklahoma aanzet voor een tussensprint.

Grappig dat zo'n onbekende speler dat ineens kan. In de groep ego-kings (een woord dat ik geleend heb van Amerikaanse collega's) heeft hij natuurlijk niets te zeggen. De eerste ballen gaan naar LeBron James en Dwayne Wade en als hij al het veld in komt, dan moet Cole dienend spelen en eigenlijk de bal steevast inleveren bij de 'beslissers'. Dat is geen makkelijke rol als je van jezelf weet dat je eigen vorm goed is en als je op trainen hebt laten zien dat je schot goed valt. Cole zorgt met twee langeafstandsschoten voor 49-46 bij rust en dat is een andere doorstart dan 49-40.

In de tweede helft vallen alle dienende spelers van Oklahoma uit de boot. Scoren is nu weggelegd voor Dexter Westbrook en Kevin Durant en tegen deze twee mannen weten de toppers van de Heat wel te winnen. Voor een steeds enthousiaster wordend publiek trekken James en Wade de wedstrijd naar binnen; het gaat moeilijk, maar het gaat. Bij 104-98 is de partij beslecht. Oklahoma is leeg gespeeld en mist routine om op adem te komen. Tegen het einde van de wedstrijd gebeurt er wel iets opvallends. LeBron James lijkt zich te verstappen, hobbelt nog even mee, maar gaat dan met zichtbare pijn op de grond voor de spelersbank liggen.

Hij moet zijn been gestrekt houden, soms komt er een verzorger, soms een arts aan te pas, maar hij speelt niet. Ineens staat hij op, wordt in het veld gebracht, scoort een driepunter uit stand voor 97-94 en trekkebeent weer, gaat zitten en niemand weet precies wat er aan de hand is. Het levert prachtige televisie op; je ziet deze grote ster van het Amerikaanse basketbal in twijfel en in pijn. Hij neemt zo te zien een pilletje (een zoutpil tegen de kramp?), maar hij blijft op de grond liggen.

Later zal hij verklaren dat hij met geen mogelijkheid kon spelen. De kramp schoot zo diep in zijn dijbeen dat lopen noch springen mogelijk was. Dat hij nog het veld inkwam, was om zijn ploeggenoten te tonen dat hij hen, ten koste van alles, wilde steunen. En die score? James lachte het weg: vanaf zijn platte voeten, zonder te springen. Hem werd even wat ruimte gelaten en dit was zijn watermerk dat hij graag op deze wedstrijd wilde zetten.

Een enorme denkfout dus van tegenstander Thabo Sefolosha, geboren in Zwitserland uit een Zuid-Afrikaanse vader en een Zwitserse moeder en, basketbaltechnisch gezien, opgegroeid in de Franse en Italiaanse competities. Hij had James natuurlijk niet de ruimte voor heldendom moeten geven. Sefolosha liet James twaalf centimeter vrij staan en dat was voor The King genoeg. Zo besliste hij alsnog en met een duimendikke kramp in zijn linkerdijbeen deze wedstrijd en bracht hij de Heat in het voorportaal van de NBA-titel. Een kwestie van eer en beroepsernst.

Om zes uur slaap ik in. Om twee uur moet ik weer in Hilversum zijn: *For the Record* wacht.

Woensdag 20 juni

O, wat was ik graag in New York geweest, bij de Yankees tegen de Atlanta Braves. Major League-honkbal en wat een heerlijke wedstrijd moet dit geweest zijn. Het is 35° Celsius, snikheet, en de Braves winnen de wedstrijd. En wat zeggen de recordboeken dan meteen? Dat de Yankees ooit eens bij 37° hebben gespeeld, in Arizona. Het is maar dat we het weten.

Of het aan de hitte gelegen heeft, zal nooit duidelijk worden, maar deze confrontatie tussen Atlanta en New York wordt een waar homerunfestival. Je ziet niet vaak wedstrijden waar de verliezende ploeg (de Yankees in dit geval) vier homeruns slaan, maar het gebeurde. De lange klappen kwamen van Alex Rodriguez (zijn 640ste), Robinson Cano, Derek Jeter en Eric Chavez. Het was bij lange na niet genoeg om de wedstrijd te winnen.

De Braves sloegen er vijf uit, maar wel steeds met mensen op de honken. De hitters in dit 'slugfest' waren Freddie Freeman, Martin Prado, David Ross en twee voor Jason Heyward. Een krachtige uithaal van Atlanta-speler Jason Nix werd op miraculeuze manier boven het hek weggehaald door Mike Bourn.

Negen homeruns, een waar feest waar de 45.094 toeschouwers best van konden genieten. Verliezende werper Phil Hughes kreeg alle 'bommen' van Atlanta tegen. Hij was het gewend, want de laatste veertien wedstrijden had hij steeds ten minste één homerun tegen zich gezien. Yankees-manager Joe Girardi concludeerde doodnuchter: 'Hij zag de plaat vandaag waarschijnlijk te goed.'

De vier Yankees-homeruns werden ook opgegooid door slechts één werper: Tommy Hanson. Hij werd echter de winnende werper in deze opmerkelijke wedstrijd, die eindigde met een mooie ceremonie die helemaal niets met die homeruns van doen had. Men nam afscheid van de derde honkman van de Atlanta Braves. Ja, dat leest u goed. Op 20 juni, midden in het lopende seizoen, werd een speler van de Braves in het stadion van de Yankees bedankt voor bewezen diensten. De betreffende speler was niet eens opgesteld in deze wedstrijd, maar zijn waarde voor de honkbalsport in de laatste twee decennia werd door iedereen begrepen en dan zijn Amerikanen ineens anybody's fan.

Chipper Jones was aan zijn 19de en laatste seizoen bij de Braves bezig, maar had aangekondigd dat dit zijn laatste seizoen zou gaan worden. Daarna besloten alle ploegen waartegen Jones nog zou komen te staan een 'Chipper Jones Day' te organiseren. Wat dus nu in New York gebeurde. De Braves-speler werd naar voren gevraagd en kreeg een lange staande ovatie. Kippenvel!

Vervolgens stapten Derek Jeter en Andruw Jones (juist, onze Andruw, ooit ploeggenoot van Chipper Jones in Atlanta) naar voren en die haalden het derde honk van het New Yorkse stadion uit het gravel en boden dat aan Jones aan; een prachtig gebaar. Voor altijd voor hem.

Ik zit ernaar te kijken en bedenk dat zoiets toch alleen in Amerika kan. Heb ik dit ooit in de Nederlandse sport zien gebeuren? Ik geloof het niet. Maar misschien is het wel gebeurd, maar haalde het het nieuws niet. Ik weet ook niet of wij in onze benepen samenleving de grootheid van een speler van de tegenpartij kunnen erkennen. Zouden we als één man gaan staan, en overspoelen we zo iemand met applaus? Ik denk het niet. Nu kijk ik op duizenden kilometers afstand en ben geëmotioneerd. De aanblik van die enigszins saaie speler die Jones toch is, staande in dat stadion met al die applaudisserende mensen, raakt me. En dat na die gekke wedstrijd waarin nota bene negen homeruns werden geslagen.

Moet ik nog uitleggen waarom ik zo van deze sport hou? Nee toch!

Vandaag heb ik me niet beziggehouden met het EK. Ik ben eerst in Hilversum en werk aan de Tour, maak daarna bij de VARA de Franse special van *For the Record* en vervolgens verdrink ik in het honkbal.

Donderdag 21 juni

Hij staat al een tijdje op mijn verlanglijst, maar nu gaat het lukken: ik mag Gerrit Voorting in zijn aanleunwoning komen interviewen. De krasse baas praat over de zilveren medaille die hij tijdens de Olympische Spelen van 1948 in Londen won, over zijn gele truien en etappezeges in de Tour, de lage basissalarissen die er in de jaren vijftig betaald werden aan de renners. En hij blijkt in een zijkamertje van zijn huis ook nog wat plakboeken te hebben liggen. 'Ergens op een plankie jongen, kijk daar maar even als je wilt.'

Gerrit Voorting is de tachtig jaar al gepasseerd. Hij heeft lange tijd in Brabant gewoond, maar is terug in zijn Noord-Holland. In 1948 werd hij nog in een koets rondgereden in Haarlem. 'D'r mot nog ergens een foto van zijn,' zegt-ie met enige trots.

Sinds een fietsongeluk een jaar of wat geleden doen zijn benen het niet meer goed en is hij aan zijn looprekje gekoppeld. 'Dat vind ik vervelend, veel liever had ik nu nog kunnen fietsen. Dat ging tot mijn ongeluk nog heel goed. Ik trapte makkelijk, hoor. Ze reden mij er niet zomaar af.'

Ik vertel hem een verhaal dat Gerrie Knetemann me een jaar of tien geleden vertelde. Het speelde zich af in Brabant, in de buurt van Hoogerheide. De Kneet reed met een stelletje doortrappers en aan de einder verscheen een stipje: nog een renner. Het groepje passeerde de fietser op leeftijd, maar die man sloot na even aangezet te hebben achter aan en reed vrolijk mee. Omdat er voortdurend van plaats gewisseld werd, kwam De Kneet naast de oude baas te rijden. Hij gaf steeds meer druk op de trappers, maar de man bleef keurig naast hem rijden, terwijl er achter de twee flink aangezet moest worden. De twee lieten zich terugzakken naar de achterkant van het groepje en keken elkaar aan.

'Jij fietst een aardig stukje weg,' had De Kneet tegen de man gezegd. 'Wij rijden toch niet kinderachtig hier, maar jij blijft gewoon in het wiel.'

De oudere man had even gelachen en gezegd: 'Ik heb zo vaak goed in het wiel gereden.' De Kneet had de man vragend aangekeken. Pas tegen het eind van het tochtje ging De Kneet weer eens naast de man rijden. 'Misschien een gekke vraag, maar wie ben jij eigenlijk? Ik ben Gerrie Knetemann.'

De man had Knetemann, toen in de veertig, op de schouder geklopt. 'Jij hebt in het geel gereden en ik heb ook in het geel gereden. Ik heet Gerrit Voorting, in de jaren vijftig heb ik de Tour gereden. Paar keer gele trui, paar etappezeges. Maar dat is allemaal wel heel lang geleden hoor.'

De Kneet had hem een hand gegeven. 'Het is me een eer,' had hij gezegd. 'Jij rijdt ook nog behoorlijk,' had Voorting gezegd.

Gerrit Voorting bevestigt dit verhaal. 'Ze haalden me in met een groepie, maar ik reed toen nog goed hoor. Zo moeilijk was het dus niet om ze bij te benen. Maar al die gasten dachten natuurlijk dat ze zo'n oude knar er makkelijk af konden rijden. We zijn elkaar later nog weleens tegengekomen. Leuk gefietst hoor.'

Hij heeft koffie gezet voor ons en in een schaaltje liggen roze koeken. Speciaal laten halen, zegt hij, want 'mensen van de televisie komen hier niet iedere dag langs'.

Hij vertelt over de zoek geraakte zilveren medaille die hij haalde in de wegwedstrijd bij de Spelen van 1948 en verhaalt over zijn roze trui in de Giro. Ik mag in zijn plakboeken bladeren en vindt het jammer dat ik straks niet al zijn verhalen kan uitzenden. In de Tour en vlak voor de Spelen van Londen zullen korte stukjes over Voorting worden gemonteerd, maar het meeste materiaal dat Frank Dokter schiet, zal de prullenmand in gaan. De televisiewetten zijn keihard.

Dit soort mannen kan enorm beeldend vertellen, is me altijd opgevallen. Het zal met levenskunst te maken hebben. Zelfs als tachtig-plusser weet hij nog namen en koersen en uitslagen. 'Ik zal mijn best doen die zilveren medaille van u op te sporen,' zeg ik na enige tijd en hij lacht flauw: 'Ach ja, jongen, als dat kan zou het mooi zijn. Ik heb dat ding toen weggegeven aan een neeffie en die heb 'm ook weer weggegeven. Wisten we toen veel? Zo'n medaille was leuk, maar meer ook niet. Je kon er geen brood van kopen.'

Als we ingepakt hebben zegt hij staand achter zijn rollator: 'Nou, ik weet niet of ik dat filmpie wel kan zien. Ik ga altijd vroeg naar bed en jullie zijn altijd zo vreselijk laat met die programma's uit Frankrijk. Ik leg er gewoon om tien uur in.'

Ik vraag hem of hij het filmpje toch wil hebben. Gerrit Voorting twijfelt. Dan zegt hij: 'En wat moet ik er dan mee? Hoe kan ik dat dan zien? Kijk, die krantenknipsels en foto's van vroeger kan ik aanraken, die leggen gewoon in die plakboeken. Maar hoe ik met die beelden moet omgaan, daar weet ik niets van.'

Ik denk even na. 'U heeft gelijk,' zeg ik en geef hem nogmaals een hand. 'Misschien dat uw familie het leuk vindt,' probeer ik nog. Hij knikt: 'Kijk maar.' We bedanken nog een keer, vooral voor de koeken. Hij wil ons de overgebleven exemplaren eigenlijk nog meegeven. 'Voor onderweg,' zegt hij er lief bij. Op de gangen van het tehuis staan verschillende andere bewoners bij hun deuren te kijken naar al dat gedoe dat zich bij 'mijnheer Voorting' afspeelt. 'Komt-ie op de televisie?' vraagt een medebewoonster, een schattig oud grijsje. Ik knik en zeg: 'Tijdens de Tour de France en later bij de Olympische Spelen.'

Er wordt een beetje gelachen. Oud gelach, denk ik. Iemand zegt: 'Ik wist niet dat je zo beroemd was, Gerrit.' Ik zeg: 'Hij heeft nog een olympische medaille gewonnen.' Gerrit Voorting staat in de deuropening van zijn 'aanleunwoninkje'. Hij maakt een gebaar van 'laat toch' en hij zwaait naar ons: 'Dag mannen, bedankt hè.'

Vrijdag 22 juni

De gok pakt redelijk goed uit. Bij het bijna inslapen, iets door half een heen, heb ik even overwogen de wekker te zetten, maar ik vertrouw op mijn gevoel: ik wil graag rond vieren wakker worden en in alle stilte de televisie aanzetten.

Het is, zo verwacht ik, de laatste wedstrijd in de NBA Finals en ik wil zien hoe Miami kampioen wordt. De merkwaardig opgebouwde ploeg heeft in wedstrijden een riante voorsprong: 3-1 en tegenstander Oklahoma City Thunder kan al twee wedstrijden geen voldoende meer halen, zeker niet in het vierde kwart, als het er echt om gaat. Omdat er in The American Airlines Arena in Miami gespeeld wordt, moet de Heat deze zaak eenvoudig kunnen klaren. Denk ik.

Mijn sympathie ligt bij de Thunder. Miami is niet echt blingbling of volgehangen met onuitstaanbare spelers, maar het hoge Gloria Estefan-gehalte van het publiek heeft me altijd afgeschrikt, zelfs tegengestaan. Het stadion in Miami ruikt bijna zoals Ici Paris.

Om kwart over vier word ik met kramp in de linkerkuit wakker: business as usual. Ik knip voorzichtig de televisie aan en kijk naast me. Karen slaapt vast, maar zal na twee minuten met gesloten ogen aan me vragen: 'Hoeveel staat het?' Ook zij kan het niet laten: eens speelster, altijd speelster.

Ik zeg dat Miami tien punten voorstaat. Ze knort en slaapt verder. Voor haar is de wedstrijd dus gespeeld. In de loop van de nacht zal ze nog driemaal om de tussenstand vragen. Eenmaal reageert ze met: 'Makkie?' Ik antwoord raspend: 'Easy win!' Waarom ik me zo midden in de nacht van die Engelse term bedien, is me een raadsel, ik moet er zacht om lachen.

De Heat speelt als team sterk en veegt de jonge spelers van de Thunder letterlijk de zaal uit. LeBron James is de baas en de Amerikaanse televisie laat tot in het kleinste detail zien hoe blij dit grote kind is. Het wordt zijn eerste NBA-titel en verheugd doet hij een dansje met zijn eveneens kinderlijk blije ploeggenoten. De wedstrijd gaat voort, want beide coaches hebben, vanaf vijf minuten voor het einde, de bankspelers ingebracht omdat de Heat-zege niet meer stuk kan. Door een verschrikkelijk slecht derde kwart te spelen, hebben de mannen van de Thunder een achterstand van drie lichtjaren opgelopen, ik meen zelfs even 28 punten verschil. Sterspeler Kevin Durant kan helemaal niets goed meer doen en is geheel stuk gespeeld en ook de in de Finals zo verrassend goed spelende Dexter Westbrook komt niet meer in zijn oude rol; hij stapelt fout op fout. Als ploeg stelt de Thunder ineens niets meer voor; alle slordig en gehaast genomen driepunters vliegen van de ring af en het bloeddorstige Miami haalt krachtig en meedogenloos de trekker over.

Grote, goede ploegen winnen op deze manier. Net niet goede ploegen verliezen zo, dat staat er tegenover. Ooit Phoenix tegen Chicago en ook de Utah Jazz tegen Chicago zien spelen en verliezen? Het waren spannende confrontaties, maar toen het erom ging, was het verschil eindeloos. Zoals hier.

Ik zie dat Scott Brooks, de 'unheralded' coach van OKC, alleen zijn superveteraan Derek Fisher in het veld houdt, alle andere starters zitten al met een handdoek over hun hoofd op de bank en willen helemaal niet meer in de speelzaal zijn. De vernede-

ring van het loeiende publiek is gruwelijk en bijtend als salpeter-
zuur in een verse wond.

Fisher, de formidabele oude strijder en een speler voor wie
ik veel respect heb, sleept zijn tweede garnituur nog naar een
redelijke nederlaag, hoewel dat bespottelijk klinkt. Het wordt 121-
106 en er volgt een kwartier vol feestvierende profbasketballers;
mannen die knuffelen, lachen, huggen en danspasjes maken die
er niet om liegen. White men can't dance.

James springt en straalt om zijn eerste NBA-titel. MVP (meest
waardevolle speler) was hij al, maar het ging hem om de titel.
Eindelijk heeft hij het door: basketbal is een wij-sport. Een jaar
geleden verdween hij, in de confrontaties tegen Dallas, steeds
in het vierde kwart van iedere wedstrijd naar de kantlijn van het
bestaan. Hij leek niet te durven, hij verstopte zich, vroeg de bal
niet meer, maar van dat onvolwassen gedrag van toen is nu niets
meer over. Hij glorieert, speelt prachtig in een walsend ritme en
verdient de Finals MVP-prijs ten volle omdat hij sociaal speelt en
zijn ploeggenoten meetrekt.

Het loopt tegen zessen als de regisseur ter plekke in beeld
brengt hoe James zijn tegenstrever Durant op het speelveld ontmoet. De winnaar pakt het hoofd van Durant en omarmt hem
dan. Het is een bijna tedere dans van de twee misschien wel
beste spelers van de NBA. James praat in het oor van Durant, de
jongere speler luistert en knikt traag. Ik denk te weten wat James
zegt. De omhelzing duurt en duurt maar wordt niet klef.

Dan schakelt men door naar andere spelers, die op hun eigen wijze staan te feesten. De camera vangt de grote, blanke
Mike Miller, die ooit met het plakplaatje 'hippie' de NBA binnen-
kwam, ettelijke jaren geleden. Hij droeg toen wijde tuinbroeken
met sandalen eronder en had zijn haar in een staartje. Hij werd
de 'token white' genoemd, de 'excuus blanke', die waar hij ook
speelde zijn stinkende best deed en langzamerhand een vrijstaat
voor zichzelf ontwikkelde. De 'brothers' gingen hem accepteren
om wat hij deed (niet veel, maar zelden stomme dingen en hij
scoorde ook) en coaches zagen in dat een grote blanke speler met

ervaring een aardige katalysator in een moeilijke wedstrijd kon zijn. Deze wedstrijd knalde hij een bedwelmende serie van zeven driepunters raak en deed dat met een blessure die hem tot een soort hobbelpaard in het veld maakte. Eigenlijk waren alle goede blanken in de NBA aangewezen op een rol zoals deze. In de luchtduels kwamen ze tekort, qua lenigheid en vernuft moesten ze toekijken en dus deed Miller het enige waarvoor hij al die vette miljoenen betaald kreeg: hij scoorde.

Dwayne Wade, Mr. Cool in alles wat hij deed, omhelsde de 'white dude' intens en krachtig. Brothers in arms. Je zag dat de 'bro's' goed doorhadden dat deze 'white motherfucker', zoals hij ongetwijfeld door de Miami-kabel genoemd werd, een heel belangrijk onderdeel van de ploeg was.

Vlak voor de tweede inslaap vraagt Karen: 'Met hoeveel?' Grappig hoe taal verschraalt in een droomwereld. Ik antwoord: 'Met vijftien.' Een antwoord komt niet meer, ze draait zich om.

Aan het einde van de ochtend stel ik met een bijna slaperige kop NOC-chef de mission Maurits Hendriks in het Amsterdamse Amstel Hotel wat vragen voor de programma's van 22, 23 en 24 juli. Op weg naar het station word ik aangesproken door een traag langsfietsende Gerdi Verbeet. We houden beiden in, kletsen over het merkwaardige verschijnsel dat 'bekende mensen' zonder dat ze ooit iets met elkaar te maken hebben gehad, op een bepaalde manier makkelijk tot contact komen en zij vertelt dat ze naar de Paralympics zal gaan. We proberen een oplossing te vinden voor het feit dat de Paralympics bij het grote publiek de handen niet op elkaar krijgt, maar komen daar niet uit. Zij fietst verder, ik stap even later bij Concerto in de Utrechtsestraat binnen en ga mijn financiële boekje flink te buiten. Goede muziekzaken worden mijn ondergang, vroeg of laat.

's Avonds trein ik nog naar Heerlen. Ik lees over Leon de Winters nieuwe boek, los verrassend soepel en snel de *NRC*-sudoku op, eet een banaan, drink een stationskoffie als laat diner, en word pas echt slaperig na Eindhoven.

De erfenis van weer een NBA-seizoen. Een gevoel dat ik in de maand juni al zo veel jaren achtereen gevoeld heb. Het past in de maand en doet wel even pijn, maar als je bezeten bent van NBA-basketbal dan geeft het toch geen pas om de uitslag als ontbijt geserveerd te krijgen via internet. Vroeger luisterde ik zelfs naar de radio, alleen in een verstilde kamer zittend. Ik herinner me nog een zomerhuisje op Terschelling. 's Nachts met mijn oor aan het meegenomen radiootje. Boston en Phoenix. Of het gisteren is. Jumpshot van Garfield Heard. Willemien snapte me niet en zei 'ga toch slapen'.

Ik hoop dat er in Heerlen een taxi te krijgen zal zijn. Als ik daar uit de intercity stap is de voetbalwedstrijd Duitsland-Griekenland net klaar. Het is stil op straat. Pas in mijn hotel hoor ik de uitslag. Het laat me Siberisch. De vermoeid ogende man achter de balie noemt me bij mijn naam en wenst me een goede nachtrust toe.

Weer een hotelkamer, weer die leegte.

Zaterdag 23 juni

Hij staat schuin achter me als ik iets voor mijn computer wil regelen aan de balie van mijn hotel. Uit mijn ooghoeken heb ik hem zien binnenkomen. Ooit hebben we elkaar bij het verlaten en binnenkomen van een toilet (ik meen in Den Bosch) ontmoet: Frits Hoogerheide en ik. Hoogerheide is de nummer 100, de laatste dus, van de Tour van 1970. Dat feit staat al sinds de jaren zeventig in mijn geheugen gegrift.

Mooie naam: Frits Hoogerheide. Ik meen dat hij ook uit de buurt van dat Brabantse plaatsje kwam; het kan ook Ossendrecht zijn, maar wel daar uit die buurt. Tegenwoordig woont hij in het Belgische Essen, net over de grens.

Ik draai me om en schud hem de hand. Grijs haar en een beetje trieste oogopslag. Nette man, denk ik, en neem hem mee naar het terras voor koffie.

Hij heeft een jaren zeventig tasje bij zich en ik denk plakboeken te zien. Mooier kan niet; oud-sporters en hun plakboeken, een Eldorado voor televisiemakers. We kletsen en drinken koffie en ik val voor zijn verhalen, die hij tot in het kleinste detail vertelt. Slechts één maal reed hij de Tour en niet lang daarna moest hij naar eigen zeggen al 'gewoon gaan werken'.

Hij pakt een krantenknipsel en ik verdrink in de teksten van toen. Hij vertelt hoe hij met de trein gekomen is. Opgestapt in Roosendaal, via Eindhoven naar Kerkrade. Een enorme reis, maar hij heeft zich verheugd op deze dag. Hij mag weer eens over wielrennen praten, over zijn Tourjaar en ach ja, die laatste plaats, het is niet anders. Hij heeft het niet expres gedaan en hij heeft er geen extra startgeld aan overgehouden, dat bestond nog niet. Hij vertelt dat hij na de Tour met goede benen aan de start kwam in het criterium van Ulvenhout. Bescheiden, met zachte stem, zegt hij dat hij alle grote mannen uit het wiel reed. Hij won die dag, zijn grote dag.

Hij excuseert zich, hij is wat vroeg. Ik vraag hem hoe hij bij het hotel is gekomen. Hij wijst naar het oosten en zegt: 'Er is daar een klein stationnetje, de laatste twee kilometer heb ik gelopen. Door een park heen, mooie wandeling.'

Bijna beschaamd zwijg ik. Zo kan je dus ook leven, of misschien moet ik zeggen: zo moet je ook kunnen leven. Gisteravond heb ik vanaf station Heerlen een taxi genomen. Weliswaar met twee tassen bagage, maar toch.

Ik luister verder naar zijn verhalen. Over Ward Sels en De Pel, over de hongerloontjes van die dagen, over de manier waarop hij afgezien heeft, maar o wat is hij trots op zijn Tourdeelname. Hij zegt: 'Als je de Tour uitgereden hebt, ben je pas een echte coureur en dat kan ik dus van mezelf zeggen.'

Tweeënveertig jaar geleden reed hij de Tour dus uit. Hij is nu 68 jaar oud, leeft op zichzelf. Ja, hij heeft teleurstellingen meegemaakt. Op enig moment schiet hij vol. Na een korte stilte bestel ik meer koffie. En er valt nog een stilte.

Later komen Aad van den Hoek, Mathieu Hermans en John Talen langs. Van den Hoek, laatste in 1976, heeft zijn zoon meegenomen, een sterke beroepsmilitair. Als we later in een grote groep samen zitten vertelt hij over zijn gang naar Afghanistan. We luisteren allen. Dat is heel wat anders dan de Tour en we hebben het over bermbommen, angst en zijn vader zegt dat hij o zo gelukkig en blij was toen hij zijn zoon weer terug in eigen land had.

De televisieopnames gaan snel en prettig en we lunchen met een hele groep. Alleen Talen moet weg, zijn dochter rijdt immers het nationaal kampioenschap en daar moet hij bij zijn. Ik heb hem jaren niet meer gezien, maar de hernieuwde ontmoeting is warm en prettig. John is altijd een opmerkelijk buitenbeentje in het peloton geweest en over die positie hebben we het. Hij was de allereerste renner die een computer meenam naar de koers. Anderen vonden hem toen een vreemde snoeshaan en snapten hem niet. Hij vertelt een goede baan bij Shell te hebben. Als ik hem confronteer met zijn laatste plaats in de ronde van 1994, lacht hij alle cowboyverhalen weg: het raakte hem toen al niet en nu nog minder. Hij heeft er niet expres langzamer voor gereden of gekke trucs uitgehaald, hij reed in Italiaanse dienst en deed zijn werk, niets meer en niets minder.

'Denk je nog weleens aan die laatste plaats?' vraag ik.

Hij kijkt me bijna cynisch lachend aan. 'Wat denk je, natuurlijk niet. Nu komt het naar boven omdat jij dit een onderdeel van je programma maakt. Nee, ik denk daar echt nooit meer aan. Het is achttien jaar geleden man, het leven gaat verder.'

'Heb je het weleens met je wielrennende dochter besproken?' vraag ik toch. Hij schudt zijn hoofd. Natuurlijk niet. Talen koestert het verleden niet, hij kijkt naar de toekomst.

Als hij een kwartier later weg is, zegt Hermans: 'Die John kon zo hard een sprint aantrekken. Dan kwamen de sprinters achter hem er niet eens meer overheen. Die man was zo sterk!'

Dan verhaalt Van den Hoek over München 1972 en Hermans over zijn Spaanse etappezeges. Hoogerheide luistert en lacht soms zacht.

Als we opbreken zegt Van den Hoek dat hij zich over Hoogerheide zal ontfermen. 'Ik rijd je wel naar huis,' zegt de ene nummer laatst tegen de andere. Ik hoor het aan en voel dat het me raakt.

Laat in de middag ben ik aanwezig bij de presentatie van de zes Rabobankrenners die naar de Tour gaan. In een reusachtige Van der Valk in Heerlen zit de fine fleur van de Nederlandse wielerjournalistiek klaar als Richard Plugge, perschef van een der grootste en rijkste profwielerploegen ter wereld, kort het programma schetst. Hij wijst naar de zes coureurs en geeft het woord aan ploegleider Nico Verhoeven. Ik sta helemaal achter in het zaaltje en luister naar de sonore bromstem van Verhoeven. Hij zegt kort wat hij verwacht van zijn ploeg en ik observeer de zes renners en de omgeving. De renners luisteren en hebben hun gedachten op ver weg staan, dat zie ik meteen. Vinden ze dit leuk? Is het een opgelegde actie? Ik heb al jaren het gevoel dat het samenspel tussen de Rabobankploeg en journalisten niet optimaal is. Er hangt wantrouwen in de lucht, ook vanavond. Waarom?

In nauwelijks twee minuten is Verhoeven klaar en mogen de renners aan een tafeltje in de zaal plaatsnemen. Het is dan aan de journalisten om ergens 'aan te schuiven' en hun werk te doen.

Later drink ik een glas Franse Merlot en heb leuke gesprekken met manager Harold Knebel, renner Maarten Tjallingii en ploegleider Frans Maassen. Ik denk dat zulke ontmoetingen nuttig zijn voor alle betrokkenen. Ik vind de setting wel heel erg 'los'. Ontdaan van echte klasse misschien ook wel. Te vrijblijvend wellicht? Of is dit juist de manier waarop je in 2012 je public relations verzorgt?

Terug in het hotel waar de NOS-ploeg verblijft, krijgen we te horen dat een avondmaaltijd nauwelijks mogelijk is. Er is nog iets van een stukje vlees, maar keuze is er niet en voorafjes of nagerechten kunnen we vergeten, die zijn op. Het is vijf voor half negen. Nederland verschraalt. De jonge ober die ons te woord staat, bloost. Hij kan er ook niets aan doen, staat op zijn voorhoofd geschreven. Ik besluit te dineren met een gevulde koek en een flesje groene Spa.

's Avonds laat kijk ik twintig minuten naar Spanje-Frankrijk en verveel me snel. Ik ga lezen en val later in *VI Oranje* binnen en zie en hoor een overdreven luid aanwezige Bart Chabot meedoen met de onderbroekenlol van dat moment. Het gaat, begrijp ik, over hoe hij zijn bips afveegt. Omdat ik juist op dat moment het programma binnenval, heb ik geen idee waarover het eerder allemaal is gegaan. Iedereen lacht, Gijp als hardste. Die lach is zijn briljante watermerk. Mede daarom is hij zo populair. De lach als breekijzer in crisistijd.

Ik val in slaap. Morgen koers.

Zondag 24 juni

Ik moet me schikken in mijn nieuwe rol: presentator bij het NK op de weg voor renners met licentie. Dat is een beetje dwaze rol, maar het moet gebeuren. Ik begrijp het en als freelancer doe ik mijn best er een complete uitzending van te maken. Dat betekent met een aankondiging ervoor, een goed verslag van de collega's Herbert Dijkstra (verslaggever) en Maarten Ducrot (analist) en daarna, als de race erom vraagt, nog wat nababbelen met de betrokkenen.

Het is die ochtend nat en winderig weer in Zuid-Limburg. We ontbijten met een groep en nemen de koers door. Wat valt er te verwachten? Iemand roept: 'Let op Boom, ik heb gehoord dat de Rabo's hem gaan uitspelen.' Die kans is groot, denk ik. Anderen roepen nog namen als Tjallingii, Poels en Van Dijk, maar Boom wordt het meest genoemd en lijkt de logische nieuwe kampioen, tenminste als de Rabobankers het goed spelen.

We nemen nog meer koffie en wachten op het moment dat we naar onze werkplek kunnen gaan. Ducrot en ik lopen samen, een sportieve wandeling van een minuut of twintig. Onderweg komt het peloton langs; het is het fraaie geluid van zingende bandjes, gesnuif en gerochel van renners en gedempt gevloek in de wind.

De technische ploeg heeft een hoekje voor me ingericht waar het net niet inregent en waar de wind vrij spel heeft. Daar praat ik, als de uitzending begonnen is, naar een bandje toe en leg het kijkerspubliek uit waar men naar gaat kijken. Ik wens ze veel plezier.

Dan heb ik ruim pauze. Ik ga in een leeg commentaarhokje zitten en hoor naast me de collega's aan het werk. Soms loop ik even binnen en leg eenmaal een briefje met een aantekening tussen hen in.

Ik besef dat dit een vreemde situatie is en zij zullen wellicht dit gevoel delen. Vanaf 1973 (weet je nog wel oudje...) heb ik het commentaar bij het NK wielrennen gedaan. Ik heb potdorie Dries van Wijhe nog zien schitteren. Ik heb bijna veertig jaar dit vak uitgeoefend en nu, op deze vreselijk ongezellige, regenachtige en vooral tochtige middag, zit ik naast het commentaarhok en luister mee. Dat wrikt een weinig, ik denk ook vooral voor die twee, en ik loop het bouwwerkje uit, de regen in.

De koers vordert en Niki Terpstra komt alleen aan de leiding te rijden. Achter hem verbrokkelt de grote groep en omdat het echt slecht weer wordt, houden veel renners het voor gezien. Ik verwacht uit de achterhoede een Rabobanktrein aan te zien komen, maar dat valt tegen. De mannen in het oranje werken wel, maar de duivelse Terpstra heeft er zin in en blijkt geweldige benen te hebben. Hij zal een flink uur lang solo voor de rest uit rijden en de titel op prachtige wijze winnen. Op twee minuten achter hem komen Lars Boom en Bert-Jan Lindeman binnen. Kapot, uitgereden, nat en vies.

Terpstra laat zich schoonwassen en trekt schone, droge kleding aan. Hij glimlacht van oor tot oor. Hij heeft solo de gehele Rabobanktrein gesloopt en als er iets is dat op zo'n zondag van het kampioenschap telt, dan is het dat wel. De gezamenlijke concurrentie is er altijd blij mee als zoiets lukt en zal bij een eventuele jacht geen vinger uitsteken om de mannen in oranje te helpen. Zo zijn de regels, zo moet het gespeeld worden.

Met een koptelefoon op mijn hoofd dring ik mij tussen de verzorgers, fotografen en omstanders door en stel wat vragen aan de betrokkenen. Terpstra zegt dat hij zich geweldig voelde vandaag en Boom heeft op nette wijze de schurft in. Als ik voor hem sta, is hij bezig met het aantrekken van een nieuw hemmetje. Hij hoort dat ik met de regie spreek. Ik zeg in mijn microfoon: 'Ik wacht even tot hij klaar is.' Hij knikt me toe en zegt: 'Dat is netjes van je.' Ik neem het als compliment aan.

Een kwartier later is de straat schoon geregend en doet helemaal niets meer denken aan een zojuist verreden wielerkampioenschap. De klanken van het Wilhelmus zijn Limburg in gewaaid, de hekken worden kletterend opgeruimd en Ducrot en ik lopen terug naar ons hotel.

Het regent flink, langskomende fietsers groeten, eentje stopt voor de broodnodige foto en dan rijden we een half uurtje later na een bak warme koffie noordwaarts.

Maarten Ducrot was vroeger een tamelijk eigenzinnige renner en dat zei ik in die tijd ook tijdens reportages. Nadat hij gestopt was met koersen, dwaalde hij wat rond in de wereld, zocht een plaats en ergens in het begin van de jaren nul, toen duidelijk was dat Erik Breukink de NOS op stel en sprong verliet om bij de Rabobankploeg aan boord te komen, vroeg de NOS Ducrot als analist. Dat is een moeilijk vak, maar ik dacht dat hij daar niet zou misstaan.

Hij ontwikkelde zich tot een groot romanticus achter de microfoon, een man met oog voor detail en een ware liefhebber. Niemand 'leed' meer bij het zien van een valpartij dan juist hij. Terwijl ik daar zakelijk over kon spreken, lukte hem dat niet. De renner zat nog naast me.

Zoals de renner nu nog naast me zit. Hij heeft een leuke job, probeert 'bedrijven op te doen leven', wijst op broodnodige verbeteringen en hoe mensen zouden moeten denken en handelen en daar praten we veel over. Eigenlijk is hij ondernemer in veranderingen. We kletsen hoe dan ook over van alles. 'Wiellullen' noemen we dat, een term die Karen bedacht heeft, met uitstapjes naar onderwerpen als familie, muziek (graag) en 'het leven'. We beschouwen elkaar als vrienden.

Op het station van 's-Hertogenbosch gooit hij me uit zijn bolide. We geven elkaar een hand, zoals altijd na een wielerweekend. 'Doe de groeten aan Yvonne,' zeg ik. Hij zwaait: 'Jij aan Karen.' Zo zijn onze manieren.

In het station koop ik eerst een kaartje, dan een koffie, een halfwarm broodje, een Cola Zero en wacht vervolgens op de trein naar het westen. Op het perron spreekt een man mij aan, met een zeer directe vraag: 'Heeft Terpstra die koers vanmiddag gekocht?' Ik schrik van de benadering, denk even na en zeg: 'Dat weet ik niet... ik denk van niet.'

De man antwoordt: 'Hoe kan je in je eentje van zeventien renners van een andere ploeg winnen in deze sport? Afspraak?'

Ik knik: 'Goede vraag, maar ik denk en hoop niet dat Niki dat gedaan heeft,' zeg ik terug.

De man is een volhouder: 'Heeft u nog weleens wat van Armstrong gehoord?'

Ik schud mijn hoofd en zeg: 'Ik heb hem in geen jaren gesproken, in 2009 voor het laatst.'

De man: 'Ik zou u graag weer eens tegenover hem willen zien zitten. Ik vond uw gesprek van toen wel heel mooi. Wat denkt u, komt het er ooit nog van?'

Weer schud ik langzaam het hoofd: 'Ik betwijfel het. Hij wil niets meer met het wielervolk te maken hebben en hij zit in een wat roerige tijd van zijn leven, zoals u weet.'

De man knikt: 'Ze moeten hem verder met rust laten, net zoals al die andere renners die in het verleden dingen hebben gedaan die eigenlijk niet mochten. Laat ze toch.'

De trein loopt binnen en ik zeg: 'Ik denk niet dat dat gebeurt. Er zal zijn hele leven lang jacht op hem gemaakt worden.'

'En als ze iets bij hem vinden?' vraagt hij.

'Dan moet hij hangen, zoals iedereen,' zeg ik en pak mijn tas op.

De man slaat me zacht op mijn schouder. 'Prettige reis nog, mijnheer Smeets.'

Ik stap in, eet mijn nu koude broodje en tuk langzaam in.

In Amsterdam haal ik de aansluiting naar Sloterdijk, waar ik de trein uit moet vanwege een baanvakstremming. Karen staat echter met de auto al klaar nadat ik voor Amsterdam gebeld heb: good girl. Haarlem bereiken we in tien minuten en dan volgt een goed glas wijn en ze heeft nog een lekker stukje lam voor me bereid.

In een hoek van de andere kamer missen Young en Cole penalty's. Het beeld staat aan, het geluid is uit.

Een half uur later snappen we dat Italië door is en in de halve finale van donderdag gaat spelen. Spanje-Portugal en Italië-Duitsland. 'Veel knoflooklanden,' lachen we beiden. 'Veel crisislanden ook,' zeggen we bijna in koor. Hebben knoflook en crisis iets met elkaar van doen?

Ik kijk nog even naar ESPN en hoop op een vroege nachtwedstrijd live. Dat is niet het geval. Dan overwint een kardinale slaap.

Maandag 25 juni

Ik kan het niet weerstaan: er is honkbal op ESPN en dus kijk ik. College World Series. Ja, dat zijn oudere schooljongens. Ik zal van mijn leven niet naar juniorenvoetbal of -hockey gaan kijken, maar hier ga ik voor zitten: laat maar komen. Collegehonkbal heeft precies datgene wat me dik dertien jaar geleden met Tjerk, mijn zoon, naar Amerika bracht.

Tjerk wilde graag in Amerika zijn honkbalopleiding doen en we reisden via grappige omwegen naar Nashville waar Randy Wiel, een oude vriend uit de basketbalwereld, ons ophaalde. We keken een paar dagen rond in Murfreesboro, een klein stadje op drie kwartier rijden van Nashville. De daar gevestigde universiteit, MTSU (Middle Tennessee State University), had een leuke honkbalploeg en een zeer gedreven coach. Tjerk maakte ogenblikkelijk zijn keuze; hij is een man van weinig woorden en wat eenmaal in zijn kop zit...

Het werd MTSU en vanaf toen ging ik ook collegehonkbal volgen. Ik reisde naar Tjerk, zag hem soms spelen en ik was trots op hem. Als Amsterdamse jongen van nauwelijks achttien jaar was hij toch maar in zijn eentje naar Tennessee afgereisd. Hij had er de 'deans list' gehaald, ten teken dat hij voldoende studeerde, hij was er langzaamaan een behoorlijk goede catcher geworden, een man die kon slaan en hij was eerst man en toen mens geworden: een prachtmens wel te verstaan.

Tot het moment dat hij ineens midden in onze Nederlandse nacht opbelde en vroeg of ik het een bezwaar zou vinden als hij terug zou komen: voorgoed. Hij had het gezien daar, hij leerde niets meer en ging verder met zijn leven in Holland. Universiteit, honkbal, een kleine etage in Amsterdam, honkbal, een vriendin, honkbal en we zagen elkaar zeer regelmatig.

Het gekke was dat ik naar collegehonkbal bleef kijken. Zeker naar die befaamde World Series voor de studenten, een toernooi dat altijd plaatsvond in Omaha, in de staat Nebraska. Altijd rond deze tijd van het jaar. Het was enthousiast, jeugdig, maar wel goed honkbal dat door ESPN heel serieus genomen werd. De beste commentatoren zaten ook hier te werken en de uitzendingen leverden precies dat beeld op dat ik me herinnerde van de wedstrijden die ik in de USA had meegemaakt. In Alabama, in Nashville, in het thuisstadion van MTSU, het veld waar ik nog eens een stuk van het outfield had gesponsord met een niet-aftrekbare gift van 1000 dollar.

Ik was de eeuwige fan, de romanticus, de kleine jongen die vasthield aan zijn idealen, aan de beelden die ik bij me bleef dragen en omarmd had en koesterde.

Murfreesboro was ook mijn stadje geworden. Ik keek naar de site van de school en ik was er in al die jaren toch een behoorlijk aantal maal geweest. Ik kende er de weg inmiddels, ik was er met Karen, Nynke en Tjerk samen geweest bij een Home Coming Saturday, ik was in 2007 nog met Tjerk erheen gereisd. Ik had het stadje zien groeien, maar steeds weer werd ik aangetrokken door de contouren van dat honkbalveld. Ik wilde Tjerk daar in de jaren dat hij er verbleef, veel zien. Gewoon omdat mijn vaderlijke instinct me dat ingaf. Dan kon er gebeuren wat er gebeurde, maar ik moest en zou naar Tjerk toe. Ik vloog de halve wereld over, maar ik wilde bij hem zijn, samen biefstukken eten, T-shirts kopen, ik wilde in de kamer kijken die hij met een andere student deelde, ik wilde hem zien honkballen.

Deze avond vind ik ineens het antwoord op lastige vragen aan mezelf. Ik kijk naar Arizona en South Carolina: er wordt een flinke honkslag geslagen. Ik zie de actie, maar wat belangrijker is, ik hoor het geluid van een met een aluminium knuppel geslagen honkslag: peng. Een scherp, prachtig geluid. Peng, blikkerig bijna, met resonans. Peng.

En ineens weet ik het. Ik zit alleen in de kamer en ik word zacht. Tranen wellen op. Ik zak terug in mijn herinneringen en zie mezelf lopen. Er was schaatsen geweest in Milwaukee en op maandag had ik een vlucht naar Detroit genomen. Daar was ik overgestapt op een klein American Airlines-toestel naar Nashville, Randy had me opgehaald, ik had snel mijn spullen weggezet en was in mijn eentje naar het honkbalveld gelopen. Het was kil weer met een waterig februarizonnetje. Langs het pad waar ik liep, groeide een hoge heg. Daarachter lag het honkbalveld. Het was een stille middag, ik schat rond drie uur. Ik hoorde honkbalgeluiden van achter de heg. Peng... peng... peng, en ook gelach. Batting practice: peng... peng... precies hetzelfde geluid dat nu uit mijn televisie kwam. En verrek, ik hoorde een hoge uithaal van een jonge mensenstem: Tjerk.

Ik weet nog hoe ik het hek rondde, om het clubhuis heen liep, mijn pas versnelde, want ik wilde hem snel zien, en toen ineens op de veranda van dat clubhuis uitkwam. De spelers van MTSU waren aan het trainen en de spelers zagen me. Elders werd geslagen: peng... peng.

Een van de spelers riep, ook voor mij hoorbaar: 'T... your Daddy's here!' en iedereen keek in mijn richting. Tjerk stond op dertig meter afstand en stak lachend zijn hand op. Hoi pap. Hij maakte eerst zijn oefening af.

Ik sta nu alleen in de kamer en jongleer met mijn gevoelens. Het is 2012. Alles botst en ik voel mijn emoties draaien en naar een plaats zoeken. Alleen dat snerpende 'peng' heeft me in deze staat gebracht.

Ik laat het donker worden in de kamer en kijk en luister naar Arizona en South Carolina. Het is goed zo. Ik heb vreselijk de behoefte om Tjerk en Nynke te gaan bellen, maar doe het niet. Ze zijn waarschijnlijk al naar bed. Ik laat de voetbalpraatprogramma's aan me voorbijgaan. Met genoegen.

Dinsdag 26 juni

Hoe luidt het gezegde ook alweer? 'Achter de geraniums gaan zitten.' Juist, wat een flauwekul. Ik begin met het nogmaals nalezen van de eerder die nacht geschreven GPD-column, ik stap om half tien op de trein naar Hilversum, ik heb daar een afspraak met mijn baas, Maarten Nooter, voornamelijk over 'what to do next'. Dan volgt een uiterst efficiënte en weldoordachte Londenvergadering met de hele crew erbij, een snelle lunch in de onvolprezen NOS-kantine, waarna de Tourmensen met elkaar nog een keer de lijsten van gasten en onderwerpen doornemen en is er een presentatie in het bijzijn van persmensen. Over de Tour.

Vervolgens verkas ik van het NOS-gebouw naar de VARA waar Leo Blokhuis al lachend klaar zit. *For the Record*. We stoeien met onze muziek (Nederlandse pop van vroeger) en weten dat we de volgende dag nog vier uur bij elkaar moeten zitten.

Als ik op het stationnetje van Hiversum-Noord sta, krijg ik telefoon. Een nette collega die een stuk aan het schrijven is over de voetbalkampioenschappen en die mij vraagt wat ik tot nu toe van 'het duel RTL-NOS' vind.

Ik probeer uit te leggen dat ik televisiemaken nooit als wedstrijd tegen een ander heb gezien, alleen als een duel met jezelf.

Toch wil de jongeman, die overigens zeer correct zijn vragen stelt, een gepeperde mening van me optekenen. Ik zeg hem dat ik dat begrijp, want dat is de reden dat zovele collega's me de afgelopen dagen hebben ondervraagd. Iedereen hoopt op die ene leuke uitglijder waarmee dan weer gescoord kan worden.

De jonge vent lacht terug: 'U kent uzelf goed!'

Ik bevestig dat en zeg hem dat ik lang niet alles gezien heb (de waarheid) en dat ik een paar aspecten van de show van RTL erg verfrissend vind. Natuurlijk moet ik dat dan weer uitleggen. Ik definieer het ongeveer zo: 'Er zit een makkelijke lach in hun programma en die lach ontbreekt soms bij de NOS. Daar wordt bij tijden te cerebraal over "verdedigen met de punt naar achteren" of over "de controleur" gepraat.'

De collega vertelt me dat hij de kijkcijfers heeft opgevraagd en ook zelf heeft bijgehouden en dat het op een bijna gelijkspel uit zal draaien. Ik zeg: 'Kijkcijfers zeggen niet alles over de kwaliteit van een programma.' Op het moment dat ik die woorden uit-spreek, besef ik dat je zoiets ook als 'arrogant' kan interpreteren. Ik bedoel te zeggen dat sommige popie-jopie televisieprogram-ma's een massa kijkers trekken, terwijl een prachtig gemaakte documentaire het met een knuistvol mensen moet doen.

Hij vraagt me wat ik van Johan Derksen vind. Ik zeg: 'Goed ingevoerd, eerlijk in zijn mening, tegen het pijnlijk eerlijke aan zelfs. Soms totaal zijn hand overspelend, maar wel de man rond wie dit programma draait. Ik ben het vaak met zijn meningen eens.'

'En als u Jack van Gelder zou moeten karakteriseren?'

Zonder aarzeling antwoord ik: 'Voetbaldier, prettige vriend, gaat te veel op in zo'n kampioenschap, maar zo is hij. Ongebrei-deld enthousiast en goed ingevoerd, veel beter dan de meeste vakbroeders in ons land. Savoir vivre, geestig.'

'Deelt u iets met beiden of een van de twee?'

Ik denk even na: 'Derksen en ik delen een diepe liefde voor een bepaalde stroom in de muziekwereld. Jack en ik zijn al ma-tjes sinds de jaren zeventig van de vorige eeuw. Weet je wat dat betekent?'

De jonge man zegt ja. Hij wil nog één ding van me weten. Of ik denk dat 'het duel' vanaf komend weekend in de Tour de France en wellicht later in Londen, bij de Olympische Spelen, zal worden voortgezet.

Uit de grond van mijn hart zeg ik: 'Ik hoop het niet, maar zal mijn naïveteit hier moeten verlaten. Het zal ongetwijfeld gebeu-

ren. Weet je, wij makers hebben het er niet of nauwelijks ove\
Het komt eerder uit de sferen waar u zich in bevindt. Het is toch
zo dat juist die berichtgeving lekker scoort, of niet?'

Hij bevestigt dat en zegt mijn woorden met zorg op te zullen
schrijven. Of ik het nog wil lezen? Ik zeg: 'Ik weet wat ik gezegd
heb, veel plezier met het uitwerken.' En ik druk het gesprek weg.

Ik ben en blijf een bijna onverbeterlijke naïeve optimist. Ik
moet altijd die teksten willen teruglezen, bedenk ik als de stop-
trein optrekt.

Hoeveel interviews heb ik de afgelopen weken gegeven? Misschien wel twaalf of vijftien. Lange, korte, met fotograaf, met een
visagiste erbij, met en zonder bandopnameapparaat, met koffie,
met wijn, prettig, gehaast. Alles gebeurde rond de Sportzomer en
daarnaast, bijna parallel eraan: mijn bestaan als pensionado.

Soms voel ik me een soort bezienswaardigheid, soms moet
ik namen als Ben de Graaf, Bob Spaak en Martijn Lindenberg
spellen of vertellen wie dat zijn of waren. Om werkelijk stekende
koppijn van te krijgen.

Ik word gefotografeerd voor mijn huis, blij, omhoog kijkend,
op de brug, zittend, lachend of uiterst serieus kijkend. De meest
bespottelijke vraag? Wat mijn lievelingskost is. Na die vraag sta
ik langzaam op. Het blijkt, zo zegt de vragenstelster, dat de lezers
dat leuk vinden om te weten. Ik zucht. Deze wereld is langzaamaan gek aan het worden. Moet ik nu echt iets zeggen van 'Lamsbout, gebraden in eigen honingbouillon, blaadjes fijne tijm met
wilde spinazie en in de schil gebakken, jonge aardappeltjes uit
Zuid-Beveland'? Er is een mooi stil moment gevallen en ik heb
dat antwoord inderdaad gegeven. Met een stalen gezicht, zonder
een spier te vertrekken. Ze heeft me aangekeken met een groot
vraagteken op haar gezicht. Ze moet gedacht hebben 'ouwe, se-
niele zak' of zoiets. Ze heeft helemaal niets gesnapt van ons gesprek, lees ik later. Helemaal niets.

Die avond pak ik mijn koffer en tassen en krijg ik nog twee tele-
fonische interviews te verwerken; allebei aangekondigd, ik meen

zelfs bij de NOS-persdienst. Met eerlijke, heerlijke en puur onnozele vragen word ik verrast. Of ik kan vertellen wie de Tour gaat winnen?

Natuurlijk kan ik dat niet, denk ik en zwijg even. Karen kijkt me van enige afstand streng aan: 'aardig blijven' spreken haar ogen en ik leg uit dat dat vrij moeilijk is. We moeten immers nog drie weken gaan fietsen. 'Let u maar op het duo Wiggins-Froome,' zeg ik voorzichtig. De stem aan de andere kant van de lijn zegt: 'Kunt u die namen even voor me spellen?'

Woensdag 27 juni

Qua muziek maken is het een topdag. Ieder jaar weer maken Leo Blokhuis en ik voor de maand juli en begin augustus onze nachtelijke radioprogramma's vooruit. We blokken een aantal dagen in juni en werken hard aan wel zeven of acht dubbele uur-programma's voor de rest van de zomermaanden. Dat gebeurt al twintig jaar zo en voor ons is het niet belangrijk hoe lang we erover doen, hoeveel uren we erin steken en of we niet helemaal op tijd voor het avondeten thuis zijn.

Voor deze zomer hebben we een aantal thema's gekozen waarbij we beiden naar hartelust kunnen kiezen uit onze cd-kasten. Op 30 mei hebben we die lijst opgesteld. Voor de zomer van 2012 zullen we 'specials' maken van muziek van The Beach Boys, Bob Dylan, Nederlandse pop en rock, vrouwen, Frankrijk, The Beatles en The Stones en vandaag zijn we dus vier uur met de Stones en de Beatles aan het stoeien.

Als ik thuiskom, ben ik nog vol van de opnames van de late middag. We hebben bekende songs van volkomen onbekende artiesten gevonden, ik zit er vol vuur over te vertellen en ben zelfs nog van plan enkele nummers aan Karen te laten horen als zij, zittend achter haar laptop, zegt: 'Goh, die Van Marwijk gaat weg bij Oranje.'

Er blijft ineens niets meer over van het muziekplezier, want nu wil ik natuurlijk *Nieuwsuur* en later de Jack Show zien; ik wil weten wat er gebeurd is en wie van de analisten daar iets verstandigs over weet te zeggen. Beelden van de halve-finalewedstrijd tussen Spanje en Portugal laat ik voor wat ze zijn, maar ik zie wel de penaltyreeks die Spanje wint.

Jack van Gelder zit in *Nieuwsuur* op Nederland 2 en houdt zich aan de feiten. Van Marwijk blijkt twee evaluatiegesprekken met de vertegenwoordigers van de KNVB te hebben gehad en toen zijn gedachten opnieuw geschikt te hebben. Hij moet snel ingezien hebben dat verder gaan met deze groep spelers geen zin zou hebben; de gapende wonden van het EK staan immers nog open.

Natuurlijk wordt er direct gevraagd wie hem moet opvolgen en dat is nou precies zo'n vraag waar we weer zestien miljoen antwoorden op kunnen verwachten.

De namen gieren meteen al rond, maar zijn voor mij niet van belang. Ik wil op deze avond precies weten wat er aan de hand is, waarom Van Marwijk deze beslissing genomen heeft en ik wil Bert van Oostveen namens de KNVB horen en een terdege analyse van de sterkste man van stal tot me nemen.

Tussen *Nieuwsuur* en de start van *Studio Sportzomer* denk ik even na. Van Marwijk moet tot in het diepst van zijn ziel geraakt zijn door de onwillige, dwarsliggende, verwende voetballers in Oekraïne; dat kan niet anders. Hij is gestruikeld over de onwil van de heren iets voor elkaar over te hebben, hij heeft de rotte plekken waarschijnlijk te laat herkend en er dus niets mee kunnen doen en hij is er op tactisch vlak niet in geslaagd een Plan B door te voeren toen de vedetten van Zuid-Afrika niet thuis gaven. Dat mag je de bondscoach aanrekenen.

Maar wat is nu de druppel geweest voor de over het algemeen toch evenwichtige coach? Hoe gefrustreerd moet hij niet geweest zijn toen er (dat is nu wel zeker) een onderhuidse muiterij binnen de selectie uitbrak? Wie waren die flinke jongens die saboteerden en daarmee het groepsproces van Van Marwijk wisten te ontwrichten?

Ik hoop dat ik daar vanavond antwoord op krijg, maar dat is niet zo. Ofwel blijven de rangen bij de direct betrokkenen toch steviger dicht dan gehoopt, ofwel kiezen de meesten nu ineens eieren voor hun geld en kopen ze een slot op hun mond. Ooit hoor ik wel van Kees Jansma wat er werkelijk gebeurd is, want Kees moet over de campagne van dit jaar een werkelijk angstaanjagend mooi boek kunnen gaan schrijven.

Als het studioprogramma begint, met Jan van Halst, Edwin Winkels, Peter Bosz en Foppe de Haan als aangeschoven gasten, is Van Gelder de eerste die de naam van de nieuwe coach mag of wil noemen. Zonder omwegen noemt Jack de naam 'Van Gaal'. De tafel blijft stil.

Later zullen ook nog de namen van Rijkaard, Hiddink, Guardiola, Olsen en Adriaanse vallen en neemt iedereen zijn stellingen in. Pas als de naam van Cruijff valt, zeggen allen dat dit een prikkelend idee is. Winkels wimpelt het idee echter eenvoudig weg: 'Cruijff mag van zijn vrouw nooit zeven weken achter elkaar weg.'

In onze kamer valt een plechtige stilte. Pardon? Winkels schetst de situatie vrij precies en ik schiet in de lach.

'Ik heb lang getwijfeld, maar ik heb toch besloten dat ik deze stap moest maken,' dat is de hoofdzin van de summiere berichtgeving uit het kamp van de nu ex-bondscoach, lees ik even later in een persbericht. Ik begrijp dat Van Marwijk geen telefoon opneemt en er bestaat geen video waarop hij iets verklaart of zoiets. Weer ergens anders lees ik later die avond dat hij 52 wedstrijden op de bank zat. Hij verloor slechts acht wedstrijden, waarvan zes keer in de laatste zes maanden. Dat laatste is veelzeggend.

Van Marwijk, die ik graag mag, moet in de afgelopen maanden de regie over zijn selectie geheel verloren hebben. De niet welwillende spelers binnen de selectie hebben de ploeg, zonder dat ze het misschien zelf snapten, uitgehold en kapot achtergelaten. De lastige heertjes waren niet in vorm, voelden dat ineens en waren blijkbaar sociaal niet in staat de meubels heel te houden. Belangrijker nog was dat Van Marwijk de moeilijke situatie niet kon ombuigen. Het dwarsliggende collectief van verwende voetbalkinderen bleek sterker.

Evaluatiegesprekken tussen coach en bestuur kwamen al op straat te liggen en daarom kan ik de beslissing van Van Marwijk wel billijken. Het moet hem flink pijn gedaan hebben, maar hij hield de eer aan zichzelf. Van Marwijk moet ongelofelijk gebaald hebben dat hij die lastige heertjes niet in het gelid kon krijgen, dat kan niet anders.

Wat me wel bevreemdt is dat er direct over de opvolging van Van Marwijk wordt gepraat, zonder dat de pit uit de rotte vrucht is gehaald. Waarom niet eerst de juiste conclusies trekken?

Vlak voor het slapengaan schieten de tonen van 'You can't always get what you want' van de Stones door me heen. Prima lied. Ik heb vanavond met veel plezier naar de NOS-uitzendingen zitten kijken. En toch had ik, zo zegt mijn tweede ik, meer inside berichtgeving willen horen. Dat neem ik Jack niet kwalijk, maar de complete redactie van *Studio Sport* die een maand heel dicht bij het vuur heeft gezeten daar in Polen en Oekraïne.

Donderdag 28 juni

Waarom heeft een mens altijd het idee van alles te vergeten als hij of zij ongeveer 129 meter van huis is en de auto vol geladen is met veel te veel. Mijn moeder zei vroeger altijd na drie minuten: 'Heb ik het gas wel uitgedaan?' waarop mijn vader, zonder een spier te vertrekken, omdraaide, de auto voor het huis parkeerde, naar boven liep, terugkwam, de auto weer startte en knikte: het was in orde.

Nu zeg ik tegen mijn buurvrouw, nog voor het eerste stoplicht: 'After shave vergeten en een schaar en een Pritt.'

'Dat hebben ze ook in Maastricht,' is het logische antwoord. Ze is aardig, ik had gerekend op: 'Er liggen er nog zes in het bureau.'

De rest van de reis gaat goed. Om morgen in Luik rond te kunnen hangen, wil ik vanavond geïnstalleerd zijn in ons hotel. Ik wil knippen en plakken en heb nog voor dagen leesvoer. Morgenochtend de Vlaamse wielerkranten kopen, met al die mooie voorstukken en lijstjes, iets waar ik me nu al op verheug. Nu ga ik snel de straat op om kantoorbenodigdheden aan te schaffen: schaar, Pritt, opschrijfboekjes, tekstkaartjes, gelijnde schriften. Allemaal mooi en zeer nodig.

Eenmaal in de kamer pakken we helemaal uit, om aanstaande zondag weer helemaal in te pakken. Dat zijn ook traditionele Tourzaken. Per week een herpak. Al die jaren zo gedaan.

We drinken een glas wijn, eten goed in het restaurant van het Kruisheren Hotel omdat we moe zijn en de straat niet op willen en ook voetbal willen kijken. We zitten als echte fans om kwart voor negen naar Duitsland-Italië te staren.

Ik ben licht voor Duitsland. Er waren twee wedstrijden waarin deze ploeg mooi en modern voetbal speelde. Verzorgd, goed geföhnd voetbal. Toch weten de Italianen dat bijna-automatisme bij de Duitsers te ontregelen en ze doen nog wat: ze intimideren de Duitsers. De Italianen gaan 'groter' spelen dan ze zijn en dat doen ze verrekte knap.

En dan is er natuurlijk die gek van een Mario Balotelli. Zelden heb ik ze gekker gezien. Hij scoort eerst met de kop en ramt er vervolgens eentje van afstand keihard in. Dan trekt hij zijn shirt uit en tovert een grimas op zijn gezicht waar je alleen maar heel hard om kan lachen. Ik hoor bij wijze van spreken hier in Maastricht René van der Gijp in Scheveningen gieren. Het is ook zo potsierlijk, zo bestudeerd dom en primair dat het weer leuk wordt. Hij neemt de gele kaart en is de held van zijn land. Ploeggenoten die eerder in wedstrijden ernstig aan hem twijfelden en dat ook best lieten blijken, komen hem nu omhelzen. Hoe lang is de houdbaarheid van zo'n voetballer? Wie kan zo'n man intomen?

De Duitsers komen laat in de wedstrijd op 1-2, maar missen ineens de geestelijke kracht om te gaan overheersen. Hun snelle, soms bijna gladde spel waarin er in enen wordt doorgeschakeld van defensie naar aanval, stokt nu. Waarom? Omdat de Italianen storen, het spel ophouden en ontregelen. Ze doen dat niet met steenhard of louter gemeen spel, maar met kleine trucs, harde charges met een glimlach ingezet zien er bij deze boeven nooit zo vervelend uit en vertragen hebben zij tot kunst verheven.

Het imponeren van de Italianen gaat door; ze pakken als kerels hun gele kaarten, ze accepteren dat de Duitsers veel meer in balbezit zijn, maar ze geven werkelijk geen grasspriet cadeau. De Italianen zijn ook meer macho, hoor ik naast me, meer man, meer boef.

Na de wedstrijd zie ik dat de Duitsers veertien corners mochten nemen en de Italianen geen eentje. Wat dat betekent? Dat de meest professioneel spelende ploeg hier gewonnen heeft. De angst die de Duitsers ook laten zien voor Balotelli is tekenend. Je mag zo'n speler natuurlijk nooit laten denken dat hij de zaak kan gaan beslissen. Niemand speelt lijfelijk hard op de Afrikaanse Italiaan; de Duitsers denken waarschijnlijk dat ze hem met goed gestructureerd verdedigend voetbal kunnen afstoppen in hun zone.

De Italianen spelen nog altijd goed uitgedokterd voetbal. Ja, ze hebben wat geluk, maar ik heb wel vrede met hun verrassende winst.

De beide praatshows laten we achterwege. Morgen vroeg op, dat is een andere sport, die discipline heet. We slapen beiden meteen in.

Vrijdag 29 juni

Ik volg de kogelstoter en discuswerper Rutger Smith al vele jaren en heb hem ook weleens de hand geschud. Ik waardeer zijn manier van sportbeoefening, maar wat weet ik eigenlijk van hem? Groningen is zijn habitat en van daaruit trekt hij zijn kleine wereld over. Hij traint, stoot, gooit en ademt. Dat is zijn leven.

Hij wordt zo nu en dan tweede bij een groot kampioenschap, haalt een nieuw persoonlijk record bij een wedstrijd in Japan en is af en toe geblesseerd. Ik heb geen flauw idee of je kunt leven van kogelstoten én discuswerpen samen. Levert dat voldoende op om de kachel te laten branden? Wat doen kogelstoters en discuswerpers door het jaar heen? Hoeveel wedstrijden gooien ze? Tien, dertig of vijfenvijftig? Geen idee. Het zullen er niet veel zijn. Dit soort sporters is eigenlijk eeuwig aan het trainen voor een volgend groot toernooi.

Waarheen moet Smith reizen om tegenstanders en wedstrijden te vinden? Ook zoiets. Zijn er trainingskampen voor die mastodonten? Wat doet een kogelstoter of een discuswerper als hij niet stoot of werpt? Hoe lang trainen ze per dag? Waar, met wie, onder leiding van wie? Of klooit Rutger een beetje in zijn eentje in een half verlicht sportschooltje in Leek? Geen idee.

Ik kijk naar de televisie en zie hem weer. Hij wordt tweede bij de Europese Kampioenschappen in Helsinki. Hij wint knap zilver. We leven op twee maanden van Londen en dit is uiteraard een aanmoediging om nog strakker en beter voorbereid naar de Spelen te gaan.

Hoe lang volgen we hem nu al? Ik herinner me 2008, het jaar dat zijn grote doorbraak moest zijn, maar in Beijing haalde hij de finales niet, net als in 2004 in Athene. In Londen mag hij het weer gaan proberen. Dan lijkt me deze zilveren medaille een behoorlijk zetje in de brede rug. Na Athene wilde hij met een sportpsycholoog gaan praten. Hij zei er toen bij: 'Zelfs voor een nuchtere Groninger kan dat misschien weleens goed uitpakken.' Hij had gemerkt dat zijn denken rond de wedstrijden nogal negatief geladen werd en dat stond zijn prestaties in de weg. Ik zie hem bezig in Helsinki en denk alleen maar: als dat verder maar goed gaat. Waarom weet ik niet.

Datzelfde gevoel heb ik ook als ik Robert Lathouwers aan het werk zie. Hij haalt de finale en wordt daar zesde. Ik begrijp van de atleet dat hij tevreden is. Wie ben ik om daar vraagtekens bij te zetten?

Het zien van een volkomen apatische Arantxa Rus op Wimbledon maakt me ook niet vrolijk. De frêle vrouw wordt er in notime afgetikt door de Chinese Peng Shuai, 6-1, 6-2. Zelden zag ik iemand sneller geestelijk onder de douche plaatsnemen dan Rus. De partij zal nog geen drie kwartier geduurd hebben. Kansloos, terwijl ook zij toch soms zo leuk kan tennissen. Wat is dat toch, dat mensen zo terug kunnen vallen?

Al met al een matig Oranjedagje op de sportbuis, stel ik vast als ik in een Maastrichts hotel mijn Tourboek inricht.

Zaterdag 30 juni

Eerste Tourdag. Dat is altijd spannend. Vooral de vraag: werkt alles? Acht jaar geleden stonden we ook hier in Luik, ook voor de proloog. Toen won een jonge renner in het shirt van Fassa Bortolo. Hij heette Fabian Cancellara en hij was Zwitser. Hij praatte in een grappig dialect. Zwietserduuts. Dat was uitgerekend op de dag dat de allereerste gele Armstrong-bandjes in het peloton kwamen. Het was toen onbestemd weer.

Het is nu 2012. Dat gele bandje draag ik nog steeds. Het feit dat Armstrong wellicht een valsspeler is, heeft niets te maken met de gedachte achter Livestrong, maar ik ben wel aan het twijfelen geslagen.

Feit is dat het wederom een winderige zaterdagmiddag is en dat bijna hetzelfde parkoers als toen wordt gereden, een kleine 200 meter langer, de finish is licht verlegd. Het is 6100 meter lang en een deel ervan gaat over glad geworden steentjes.

In 2004 was de uitslag: 1. Cancellara 2. Armstrong op 2 sec. 3. Gutierrez op 8 sec. 4. McGee op 9 sec. 5. Hushovd op 10 sec. Beste Nederlander toen: Bram de Groot, 37ste plaats, achterstand 24 tellen.

Vandaag staat er: 1. Cancellara 2. Wiggins op 7 sec. 3. Chavanel op 7 sec. 4. Van Garderen op 10 sec. 5. Boasson Hagen op 11 sec. Beste Nederlander is Lieuwe Westra. Hij wordt 24ste op 20 seconden.

In 2004 reed de winnende Zwitser, op wellicht iets drogere ondergrond, 6.50. Vandaag doet hij het in 7.13. Grappig: twee verschillende Noren op de vijfde plaats. Mijn oog valt ook op de tijden van George Hincapie. Die is vandaag tien seconden trager dan in 2004. Dat is opvallend, hij moet dus goed zijn. Hiermee houdt het vergelijken op. Van zo'n proloog is toch niet veel te zeggen. De verschillen staan er en zijn klein.

We rijden na de uitzending Luik uit en zetten koers naar Maastricht, naar ons hotel. We doen vanavond een late late-night-show en als we klaar zijn, zal het al zondag zijn. We eten dus op het gemak, wat in de Tour niet meer zal voorkomen. Om zo laat te beginnen is altijd een gek gevoel. We hebben ooit aangedrongen op een vroegere starttijd voor dit programma, maar dat is er nooit van gekomen. Of het onwil is van andere netbewoners weet ik niet. We krijgen relatief veel klaagpost over het late tijdstip. Ik herinner me een brief: 'Wat denkt u mijnheer Smeets dat je doet als je om kwart over vijf moet opstaan om te gaan werken?' Hij voegde er nog een grappige zin aan toe: 'U kunt de hele ochtend uitslapen, maar ik behoor tot de werkende klasse in Nederland. Dus vraag ik u, begin aub een uurtje eerder.'

We zijn nu na half een klaar. Michael Boogerd en Peter Winnen hebben hun zegje gedaan en ik heb tafelheer Bert Wagendorp via zijn magistraal geschreven boekje *De Proloog* kunnen voorstellen aan het publiek. Hij zei, als verklaring: 'Daarin kon ik dingen opnemen die ik als journalist bij *de Volkskrant* niet in mijn krant kon plaatsen.' Daarover hebben we het later op een groot en vol terras, waar ook de leden van Ocobar en JW Roy zich komen melden. We zijn namelijk begonnen met muziek, een song van de nu al befaamde Sint Willebrord Sessies, liederen over de wielersport, opgenomen in het befaamde Brabantse fietsdorp, gezongen door vele bekende artiesten, ondersteund door een koor van bekende renners. En dat allemaal voor het goede doel, dat maakt het nog beter.

Ik tik af om twee uur, anderen trekken nog door en rijden een wel erg stevige proloog. Als Jan Stekelenburg en ik elkaar passeren, hebben we het even over de uitzending. 'De toon was behoorlijk ontspannen, eigenlijk wel goed,' zegt Jan nadenkend. 'Iets aan te merken?' vraag ik. Jan denkt even na: 'Ja, dat rottige aanvangsuur, maar dat wisten we. Nee, laten we zeggen dat we mooi en rustig begonnen zijn. En een zingende, bijna rappende Peter Winnen in je uitzending, misstaat toch zeker niet.'

Jan zegt dat hij er nog eentje neemt. Deze middag heb ik aan een bekende uit Limburg uitgelegd dat *De Avondetappe* onder anderen gemaakt wordt door een 65-jarige presentator en een 70-jarige eindredacteur. Perfect dat je op die leeftijd nog de geestdrift, de rust ook, maar zeker het doorzettingsvermogen én de geestelijke lenigheid hebt om dit werk te doen. Met hem samen te werken is een gunst. We begrijpen elkaar, hij kan me intomen, ik kan aan zijn kop zeiken met mijn hang naar het verleden en de wil ouderwetse televisievormen in te voegen en we komen toch altijd samen bij het eindpunt.

In al die jaren hebben we weleens meningsverschillen gehad, maar boven alles was er vriendschap en respect voor elkaars werk en leven. En zo moet het blijven, vind ik. Mijn lakmoesproef? Als mijn dochter Nynke hem tegenkomt, gebeurt er iets leuks. Zij is een grote meid en slaat dan haar armen om hem heen en zegt slechts: 'Hoi Stekel,' en dan lachen ze elkaar toe. Ooit waren ze rector en leerlinge. Dat blijft, denk ik.

Zondag 1 juli

Ja, ik sta deze zondagochtend in een Maastrichtse sportschool, met een stuk of twintig andere vroege vogels. Er klinkt licht dreunende muziek en we werken ons in het zweet. Dat geeft een goed gevoel toch? Ik fiets, step een beetje en trek aan gewichten. De meeste anderen zijn begin twintig, studenten of jonge professionals, sommigen Brits of Amerikaans, ik ben die te zware, te ronde, te veel buiten adem zijnde middenzestiger die zo te zien ruzie met zijn eigen lichaam heeft. Ik werk een uur en ben tevreden.

Dan zoek ik mijn wielerspullen bij elkaar, lees, knip uit, plak in en kijk met anderhalf oog naar de middagreportage van de etappe. Peter Sagan heeft zeer goede benen en rijdt makkelijk weg bij Cancellara en Boasson Hagen. Ik noteer de uitslag en ga door met het klaarmaken van mijn 'plakboek', wat natuurlijk geen echt plakboek is, maar ik houd de hele Tour op deze manier bij. In diverse kranten kom je leuke of wetenswaardige zaken tegen en die lees ik eerst, onderstreep zo soms een paar regels, knip dan de tekst uit en plak het in. Daar ben ik in de jaren tachtig mee begonnen en ik doe het nog steeds, zelfs in de Vuelta, later in het sportjaar. Die boeken gaan dan de kast in, staan rustig in de rij en soms zoek ik er iets in op.

Het is een merkwaardige dag eigenlijk. 's Middags wordt er vol gefietst en laten we dat goed zien. De echte sportliefhebber wacht echter op de finale van het EK voetbal. Nu de Nederlandse ploeg al tijden geleden compleet eerloos het strijdveld moest verlaten, heerst er (gelukkig) een rustige EK-sfeer in ons land. Het Oranjegedoe is compleet uit het straatbeeld en bij de grootgrutters en de rest van de middenstand verdwenen. Dat Spanje en Italië in Kiev om de titel gaan voetballen, lijkt ons niet meer zo te raken. Restaurants, bioscopen en toneelzalen lopen 's avonds weer een beetje voller en de enorme druk van die Oranje lolligheid is het afvoerputje in.

Ik ga vanavond zeker naar de finale kijken, want ik ben geïnteresseerd, daar kom ik graag voor uit. Ik ben ook licht op de hand van Spanje, hoewel mijn favoriete speler bij Italië rondloopt: Andrea Pirlo. Hij heeft dat mooie onverzettelijke van een doorgewinterde Italiaanse prof. Hij is echter niet zichtbaar gemeen en meedogenloos, maar speelt sociaal, heeft humor en een acceptabele viriliteit: macho zonder George Clooney-trekjes.

We eten tussen Tour- en voetbaluitzending in en doen ook nog, zoals eindredacteur Jan Stekelenburg het zegt, 'een wel heel losse redactievergadering'. Is het omdat het hoogstwaarschijnlijk al maandag zal zijn als wij vanuit Maastricht aan de beurt zijn op Nederland 1? Nee, we voelen ons niet achtergesteld, noch vergeten. Ik vind zeker dat je het voetbal 'netjes' dient af te maken, dat is onze (NOS-)taak. Vanavond zet je een streep onder het voetbal en dan is de Tour aan de orde van de dag. Die Tour mag nu even op de achterhand staan, dat lijkt me volkomen logisch.

Aan tafel wordt er nog wel over gedebatteerd of je ergens tussen twaalf en een op zondagavond nog wel vol enthousiasme moet gaan beginnen met een *Avondetappe*. Wie doe je daar een plezier mee? Hoeveel mensen zullen hun toestel nog aan hebben? En de hamvraag: kan je er met die wetenschap nog wel met 100 procent inzet en enthousiasme een programma uit persen?

Met plezier kijk ik naar de voetbalfinale. De Spanjaarden zijn nou eens niet voortdurend en priegelend aan de bal. Als de finale voorbij is en er 4-0 op het scorebord staat, lijkt het op een vette afstraffing en roept iemand dat doelman Buffon eigenlijk een gewone 'grabbelaar' is. Wat me het meest opvalt, zijn de cijfers die bij 'balbezit' staan: Spanje 46% en Italië 54%. Dat verbaast licht omdat de Spanjaarden voortdurend gespeeld hebben met die macramé-opstelling waarin snel doorschuiven balbezit inhield, maar nog geen doelgericht voetbal. We noemden het tikkie-tikkie voetbal. Er waren al stromingen in de sportwereld en zeker ook bij de fans, die geïrriteerd raakten door dat spelletje dat zo typerend voor FC Barcelona, maar blijkbaar ook voor de Spaanse nationale ploeg was. Het idee erachter was: als jij balbezit hebt, kan de tegenstander niet scoren. Dat lijkt op een 'Cruijffje', maar de logica is duidelijk. Maar veel balbezit maakt een ploeg ook kwetsbaar, namelijk bij balverlies en de omschakeling. Juist op dat vlak was Barcelona sterker dan de Spaanse ploeg, maar zover ging het deze avond niet; de Italianen counterden niet op tempo.

De Spanjaarden speelden gevarieerd, met een 4-3-1-2 opstelling en de Italianen (4-1-3-2) holden eigenlijk alleen maar achter de feiten aan, temeer daar de vroege 1-0 (14de minuut, Silva) de wedstrijd al bijna op slot deed.

De spanning was er in de tweede helft al af, in ons hotel zaten de meesten te kletsen over aardse zaken, zonder dat ze nog écht naar de schermen keken. En naar de huldiging in Kiev met alle toestanden daaromheen kijkt al helemaal niemand van ons in Maastricht meer. We maken ons op voor onze uitzending, waarin Bert Wagendorp en Michael Boogerd even later beiden verklaren dat ze al een tijdje 'klaar zijn met het voetbal' en dat zij vandaag meer geïnteresseerd waren geweest in de eerste Touretappe met die verrekt lastige aankomst in Seraing. Peter Sagan won daar. Met overtuiging. Hij was goed naar de Tour gekomen, dat jonge bolletje vergif van Liquigas.

Als ik op mijn kamer terugkom, na opgeruimd te hebben en nog een glas met de crew te hebben genuttigd, krijgt onze uitzending van Karen de kwalificatie 'saai' mee. Zij heeft op de kamer naar de televisie zitten kijken. Ze spreekt dat woord 'saai' zeer geprononceerd uit. Dat ik het goed begrijp.

Morgen naar Frankrijk, bedenk ik om half drie, vlak voor het inslapen. Morgen ook geen voetbal meer. De Tour gaat echt beginnen.

Maandag 2 juli

Het wordt gelukkig een korte verplaatsing, na de korte nacht. Dat kan fnuikend zijn, weet ik uit ervaring. Slaaptekort in het begin van de ronde opgedaan, werk je bijna nergens meer weg.

Om even voor half een in de middag, net na het ronden van Brussel, weet ik welke kleren ik in het Kruisheren Hotel heb laten liggen. Ik bel met Maastricht en er zal over gewaakt worden. Als ik de volgende keer kom (ik schat bij de WK op de weg in september) dan zal ik ze oppikken, zeg ik. 'Dan hangen ze voor u klaar, mijnheer Smeets, nog een fijne etappe,' zegt een vrolijke stem. Service heet dat.

Ik kan mijn lichte spilzucht kwijt bij de FNAC (cd's en twee wielerboeken) en zie in de loop van de middag steeds meer NOS-auto's voorzichtig door het centrum van Lille op zoek zijn naar de plaats die aangegeven is als uitzendlocatie. Waar waren we vroeger zonder TomTom of Garmin of hoe die dingen ook allemaal heten? Toen konden we waarschijnlijk nog kaartlezen en vroeg je ook weleens de richting aan een passant. Maar digitalisering lijkt ook te ontsocialiseren.

Omdat de grote zendwagen nog niet 'werkklaar' is, kunnen we niet ter plekke naar de etappe kijken. Ik ga snel naar mijn hotelkamer, kijk en zie waar ik zelfs op naam en plaats goed op ingezet had: 1. Cavendish 2. Greipel 3. Gross. Tot nu toe gaat de Tour uiterst voorspelbaar.

Van Cavendish konden we dit statement verwachten. De kleine Brit, die steeds sympathieker begint over te komen, heeft al voorzichtig geroepen dat hij zo lang mogelijk in de Tour zal blijven. Natuurlijk is zijn grote doel de wegrit om de olympische titel van 29 juli, dat weet iedereen, maar om de kuiten goed geladen te krijgen, moet hij hier in Frankrijk flink doortrekken en vooral harde kilometers gaan maken. Een sprintje winnen volstaat niet, het gaat om de moeilijke, zware kilometers die hij tegen de max aan moet zien te volbrengen. Deze zege heeft hij alvast, dat maakt het rijden voor de volgende weken wel wat makkelijker, dat weet hij ook.

In de avond hebben we de drie 'bazen' van de drie Nederlandse wielerteams uitgenodigd, met die aantekening dat niet Harold Knebel namens Rabobank aanzit, maar Erik Breukink, de technisch directeur. Ik heb hem in het voorbijgaan weleens plagerig gevraagd: 'Wat nou technisch...?' waarna steevast een flauwe glimlach terugkwam. Naast De Breuk, de geuzennaam van de ex-coureur, zitten Daan Luyckx (uit het wielerdorp St. Willebrord) namens Vacansoleil DCM en Iwan Spekenbrink van Argos Shimano aan.

Wat betreft die twee sponsornamen; ook vandaag krijg ik van meegekomen PR-mensen het verzoek toch 'de volledige naam' te willen noemen als ik het over de ploeg heb. In het normale commentaarverkeer zijn de eerste namen 'Vacansoleil' en 'Argos' redelijk ingeburgerd en worden de tweede namen niet of nauwelijks erbij genoemd. Dat komt door onze historie. Twintig jaar geleden mocht ik helemaal geen commerciële naam van een ploeg noemen en paste een beschrijving: Panasonic was de ploeg-Post, Buckler de ploeg-Raas, TVM was de ploeg-Priem. Daar kreeg je, gaande de lange etappes, allerlei kleine variaties op: de ploeg van de gebrilde ploegleider, de Postbodes, de Raasdonders, de Priemgetallen, Carrera werd 'de Boifafanezen' (genoemd naar ploegleider Boifafa) en Super U (van Fignon) werd 'de Franse kruideniers'. Op het noemen van sponsornamen stonden bij de publieke omroep boetes. Vanaf zeker moment kwam de oekaze dat één maal was toegestaan, in het begin van de etappe en dat daarna omschrijvingen moesten volgen. Het was aan de commentatoren om hun eigen spitsvondigheid aan te spreken.

Door de jaren heen zijn die wetten waarschijnlijk vergeeld of naar de derde la van onderen in het bureau van een onbelangrijke ambtenaar verdwenen, want nu noemen we 'gewoon' alles bij naam. Ik merk echter dat ik met rudimentaire overblijfselen uit het verleden worstel, want ik om- en beschrijf veel en snel. Het is net of die strenge ambtenaar die voor mij geen gezicht of naam had, nog steeds achter me staat.

Ik doe dus mijn best eraan te denken dat het Vacansoleil DCM en Argos Shimano is. Dat lukt en de betreffende PR-mensen die op de achtergrond meekijken en -luisteren zijn dan ook weer even blij. Wel vraag ik aan tafel, als we het programma doornemen met Jan Stekelenburg en Maaike van den Broek, wat precies DCM is. We kijken elkaar aan. 'Iets kunststofferigs toch?' zegt Maaike. Jan en ik denken dat het goed voor de tuin is. 'En wat verkoopt Argos?' vraag ik. We komen op energie, transportdiensten en olieproducten. Shimano weten we alle drie: fietsspullen uit Japan, maar we leren vandaag dat het ook vis- en roeigerei is.

Dit wordt geen goede uitzending en dat komt doordat er geen ware chemie aan tafel is. Komt dat door mij? Geef ik de mensen niet voldoende ruimte? Jan zegt later: 'Juist wel, maar op een of andere manier namen de gasten de aangeboden vrijheid niet over.' Inderdaad, het leek net alsof ze in hun cocon bleven praten en er nauwelijks uit durfden te komen. Tafelheer Bert Wagendorp merkt dat meteen na de uitzending ook op: 'Waarom durfden ze zich niet in de gesprekken van anderen te mengen?' De Breuk is sowieso geen 'initiatiefnemer' in een gesprek. Hij luistert graag en veel en kan dan ineens goed uit de hoek komen. Luyckx, de Brabander, heeft van nature wel de drang om te gaan vertellen en doet dat vanavond ook wel, maar Spekenbrink is een echte Tukker (waar helemaal niets mis mee is) en wacht ook graag op de achterhand af.

We vragen ons ook af of deze lieden elkaar eigenlijk wel liggen. Het zijn drie vertegenwoordigers van drie Nederlandse ploegen. Vinden Luyckx en Spekenbrink bijvoorbeeld niet dat Rabobank veel te veel in het nieuws staat? Ook bij ons? En vindt Breukink weer niet dat de Nederlandse pers zijn ploeg en zijn renners te hard aanpakt? En vindt hij dat ook van ons? Ik kan oprecht zeggen dat er bij ons programma geen enkele vorm van overdreven sympathie of ernstige antipathie bestaat tegen wie of wat dan ook. Het is mij volstrekt om het even wie er wint, goed rijdt of afstapt; ik ben slechts verslaggever en geen fan.

Maar dan die terugkerende vraag: laten ze als ze samen zitten zoals vanavond wel het achterste van hun tong zien? Mogen ze elkaar? Hebben ze iets gemeenschappelijks? Steekt er iets? We denken van niet, maar zeker zijn we er niet van. Feit is dat het geen soepel lopend gesprek was. Ik moest trekken aan woorden, zinnen en onderwerpen en de heren hielden langere tijd de handrem erop.

Vlak voor het slapengaan, suggereert Karen: 'Misschien ben jij wel te overheersend in zo'n gesprek. Ik vond vanavond van niet, maar je komt vaak wel massaal over, vergeet dat niet. Voor mensen die niet iedere dag aan zo'n tafel zitten is het toch het spelen van een uitwedstrijd.'

Daar denk ik lang over na. Jan en ik hebben juist afgesproken dat we dit jaar gaan proberen de gesprekken op te laten zetten door de gasten. Op het moment dat er iets van samenspraak komt, dat men elkaar gaat interrumperen of verbeteren, dat er dus een levendig gesprek ontstaat, moet ik terugleunen en luisteren. Daar was vanavond in ieder geval geen sprake van. Ik geef mezelf een dikke onvoldoende en ga slapen.

Dinsdag 3 juli

We verblijven in een Frans kustplaatsje, Saint-Valery, aan de monding van de Somme. Bij eb kantelen de bootjes op hun zij. Toeristen op leeftijd wandelen langs winkeltjes waar je schipperstruien en 'leuke' kaplaarzen kunt kopen. Hier is niets van de grote stad te voelen, de zee ligt verderop, het waait hier vaak.

Een eeuw of tien geleden moet Willem de Veroveraar hier met zijn schepen gelegen hebben. Hij wachtte op goed weer om die verwenste Britten aan te gaan vallen. De kerk waartegenover we in de avond uitzenden heet de Martinuskerk; ik zit dus onder mijn naamgever.

Ons hotel is heel leuk ingericht, hypermodern en toch gezellig. Ik kijk er naar de Franse televisie. Over het algemeen zenden zij wel het internationale signaal uit van de koers. Soms wijken ze af omdat ze extra materiaal in de wedstrijd hebben. Dat kan weleens problemen opleveren als ik in mijn contacten met Hilversum om 'dat en dat shot' vraag, maar het heeft dan niet in onze aanbieding gezeten en de betreffende beeldbander zoekt zich scheel. Dat gebeurt vandaag weer. Jammer, maar niets aan te doen.

Peter Sagan haalt weer geweldig uit. Nadat hij in Seraing al idiote hoogten had bereikt in het wegtrappen van wattages (die dingen publiceert men tegenwoordig meteen) in de laatste 140 seconden van de race, doet hij dat vandaag weer.

Ik heb een merkwaardige herinnering aan de kleine Slovaak. Hij was in november 2011 op het eiland Curaçao en was daar, zoals ik begreep, geheel zichzelf. Leo van Vliet wilde hem graag in zijn Amstel Curaçao Race laten opstappen en Sagan had bedongen dat zijn (ook bij Liquigas rijdende) broertje Juraj mee mocht komen en nog een Slovaakse vriend annex drinkebroer. De drie mannen deden ook bijna niets anders. Geheel volgens nationaal gebruik begonnen ze de ochtend aan de bar met drie volle bellen cognac als ontbijt. Vervolgens tilden ze in flink tempo cognac en bier weg. Tegen twaalven in de ochtend was hun tafeltje afgeladen met lege glazen. Dat was het teken voor een eerste siësta. In de middag schakelden ze over op Amstel Bright. Na weer een volle tafel, veel gelach, gezang en gebral, zochten de drie Slowaken voor een late-afternoon slaapje hun kamer op, om midden op de avond redelijk fris weer in de piste te verschijnen. Ober, schenk nog eens in. Totdat het licht weer langzaam verdween.

De jonge renner leefde er heerlijk op los. Dat fietsen niet helemaal lekker ging op zaterdag, toen de koers plaatsvond, mocht de pret niet drukken. Hij, Peter Sagan, zette op Curaçao de bloemen niet alleen buiten, hij besprenkelde ze ook in ruime mate. Als ooit duidelijk mocht zijn dat de riem er even af moest, dan was het hier wel.

Sagan is, zo bleek in 2012, geen kleine jongen, hoewel hij pas 22 jaar oud is. Hij reed een zeer acceptabel voorseizoen. Hij werd 4de in Milaan-San Remo, 2de in Gent-Wevelgem, 5de in Vlaanderen en 3de in de Amstel Gold Race. Toen begon het Grote Winnen. In de Ronde van Californië won hij vijf etappes, in de Ronde van Zwitserland wist hij niet alleen de proloog vóór Fabian Cancellara te winnen, maar zette daar nog drie andere zeges naast.

Hij kwam dus met een tas vol zeges naar de Tour, maar had voordat hij aan die klus begon een zakelijk etentje met de sponsorbaas, Paolo Zano. Sagan wist de zakenman zo gek te krijgen dat ze samen een grote weddenschap afsloten. Als Sagan opgesteld zou worden (niemand twijfelde daaraan) dan zou hij in Parijs aankomen met de groene trui en zou hij zijn handtekening onder ten minste twee etappes hebben gezet. De zakenman keek de sporter aan, knikte en ze werden het eens over de inzet: een Porsche, een grote, nieuwe, dikke vette Porsche.

Ik zie in mijn hotelkamer dat Sagan de helft van zijn weddenschap met Zano al binnen heeft. Nu moet hij nog in het groen Parijs halen. Dat zal geen makkelijke opgave zijn.

's Avonds, voor de uitzending begint, heb ik het over Sagan met Robbie McEwen, de Australische sprinter die nu sprint-adviseur is bij GreenEdge en met Niki Terpstra, de meest aanvallende renner die we hebben en die niet in de Tour rijdt. Zijn tijd moet nog komen, vindt iedereen. In Londen en in Valkenburg. Beiden vinden Sagan een klasbak, beiden denken dat we in de toekomst nog veel meer van dat gedrongen baasje gaan zien. Dan vertel ik in het kort het Curaçaoverhaal. 'Dan moet ie opletten,' zegt McEwen streng.

Het wordt een grappige uitzending. Helemaal als ik tegen de Aussie zeg dat een door mij uitgesproken zin 'een tegeltjeswijsheid' is. Robbie kijkt me vragend aan. Hij heeft de laatste twee decennia heel goed Nederlands-Vlaams leren spreken, maar wat is dan toch 'tegeltjeswijsheid'? 'Ja, ga dat nou eens lekker voor 'm vertalen,' zegt Terpstra met een guitige blik in zijn ogen.

In het hotel, om een uur in de nacht, trekt de gerant nog wat mooie flessen open. Buiten waait het. We drinken op Sagan en op een kleine Terpstra, die in de winter moet komen.

Woensdag 4 juli

We moeten in de buurt van Rouen zijn, maar de stad lijkt min of meer hermetisch te zijn dichtgebouwd; overal 'Déviation', tot je er een puntsik van krijgt. Ik wil de beelden van de etappe erg graag zien, maar we verliezen tijd, raken verdwaald in een voorstadje en dat vraagt meteen om een draconische oplossing. Ik zeg: 'Pak de eerste de beste snelweg, we gaan naar de andere kant van de stad en proberen het zo wel.'

Karen kijkt me aan met een blik van 'weet wat je zegt!' Ik kan echter vrij goed kaartlezen en ik heb ergens een merkwaardig dubbel lijntje over de rivier de Seine getrokken gezien. Ik denk dat dat de route van een pont of veerboot is, maar helemaal zeker weet ik het niet.

We rijden weer naar het westen, nemen inderdaad een stuk snelweg in de richting waar we een uur geleden vandaan kwamen en slaan rechtsaf en komen ineens in een verrukkelijk stiltegebied uit. Soms rijdt er een landbouwtrekker, soms een verdwaalde fietser. Na zeven kilometer rijden zie ik de afbeelding van een bootje, plus een pijl naar rechts.

Licht triomfantelijk wijs ik naar de wallenkant. Hier trekt een klein pontje in twee minuten over de brede en opmerkelijk snel stromende Seine. We wachten even tot het bootje aangelegd heeft, rijden dan voorzichtig het pontje op en ik zoek naar kleingeld in mijn broekzak. De langslopende, jonge schipper schudt zijn hoofd: hoeft niet. Gratis.

Aan de andere kant van de rivier rijdt Karen voorzichtig de

kant weer op, we slaan linksaf, komen in een volkomen verstild dorpje aan dat Jumièges heet en waar alleen de plaatselijke kruidenier nog open is en ineens staan we voor ons hotel: Les Clos des Fontaines. Eureka!

De koers, die al het verkeer dertig kilometer westelijk en noordelijk van ons afsnijdt, komt hier pas tegen vieren langs. We nemen het ervan, halen een lunch met een flesje wijn bij de buurtsuper, want met geen mogelijkheid kunnen we tot in Rouen komen, de Tour laat alles dichtslibben. Geduld is nu helemaal een schone zaak.

Het wordt weer een massasprint, met dien verstande dat Cavendish in een gekke stuiterpartij zit en zich makkelijk laat uitbollen en dus niet meesprint; hij houdt stijf zijn kaken op elkaar en zal later in de teambus bij Sky de verf van de wanden schreeuwen. Vijfendertig man lopen vandaag averij op en nemen er ook meteen hun gemak van. Tijdverlies doet er nu al niet meer toe.

André Greipel wint, voor de oude, geslepen Alessandro Pettachi en Argos-man Tom Veelers, die twee dagen geleden, in Tournai, al vierde was. Breekt deze Tukker nu door als krachtsprinter? Het heeft er alle schijn van. Hij durft mee te doen en komt maar net tekort. Waar Petacchi de pest in heeft, zie je Veelers groeien. Tweemaal achtereen bij de besten, dat loont. Bij Argos zijn ze blij en Veelers laten we 's avonds vrij uitgebreid zien.

De uitzending komt uit het centrum van Rouen. We staan vlak bij kroegen, winkels, restaurants, een theater en terrassen. We zetten de praattafel op een plein neer, auto's kunnen nauwelijks geparkeerd worden en of dit nou een gelukkige zet is?

Het krioelt op dit plein van de junks; mensen die goedkoop bier zitten te drinken, die blowen en die vervelend worden naarmate de avond vordert. Het zijn veelal Fransen, maar ook Duitsers en Belgen; jonge mensen, slecht gekleed, licht beneveld, sommigen begeleid door honden en een enkele kat, die zich ineens aangevallen voelen in hun bestaan. Dit is hun hangplek, hier doen ze hun ding, hier vervelen ze dagelijks passanten, hier bedelen en gappen ze wat en daar komt nu ineens een televisieuitzending vandaan van buitenlanders die ze niet verstaan en al helemaal niet begrijpen. Ze worden ineens verdreven uit hun o zo coole junkenbestaan. Ze raken ingesloten in hun eigen wanorde en zien geen uitweg meer; ze muiten, worden boos, schelden, geven ons de vinger, gaan nog meer proberen te stelen.

We spannen rood-wit band langs onze auto's en zitjes, zetten de laptops weg, letten op onze rondslingerende telefoontjes en opladers. We zetten flessen frisdrank weg, letten op openstaande deuren van wagens. En iemand roept dat de code 'oranje' van toepassing is.

Ik kan me wel iets van het recalcitrante gedrag van de junks indenken. Dit is de vrije straat voor hen, dit is hun republiek, daar waar ze samenkomen en waar ze zich veilig voelen. Zij zijn hier altijd belangrijk geweest. Wat doen dan die grote auto's, die camera's en die lampen hier? En die grote meneer met dat keurige jasje aan? Merde alors!

Er zijn jonge dronken mannen bij die vervelend worden. Dronken en opstandig schelden ze de vrouwen in ons gezelschap uit, het woord 'putain' valt net te vaak om leuk te zijn. We hebben als voorzorg wel mensen van een beveiligingsdienst ingehuurd en deze mannen in het zwart met enorme tattoos op de armen doen hun best de sfeer prettig te houden.

Tijdens de uitzending lukt het twee, tamelijk dronken, jonge vrouwen om langs de beveiligers te glippen. Ze lopen ostentatief en brutaal door beeld; zoiets van 'ons kan je niets maken'.

Gasten aan tafel zijn de voor het Nederlandse publiek onbekende profrenner Brian Bulgac, die toevallig ook ploeggenoot van etappewinnaar Greipel is. Dat levert een merkwaardig kort filmpje op. Bulgac toont na afloop zijn blijheid bij zijn ploeg, maar we hebben bij nader bestuderen niet de indruk dat Greipel meteen weet wie die jongen is die hem daar zo hartelijk feliciteert. Curieus.

De andere gast is Filemon Wesselink, die voor een goed doel Alpe d'Huez is opgereden (en deels ook gelopen) en die met een draaiende televisiecamera naast zich de volgende volzin debiteert: 'Jezus, wielrennen is kut, kut, kut... pfffff, o wat was dit zwaar.' Einde citaat. Er zal geen tegeltje van verschijnen en het zal ook geen T-shirttekst worden, maar het is wel gezegd door de Bekende Nederlander Filemon Wesselink, die als radiocollega het keiharde vak van Tourjournalist aan het leren is.

De sfeer aan tafel is goed, zoals je het eigenlijk wenst: het is een mix van grote verwondering (Bulgac), kleine verwondering (Filemon) en ervaring (Bert Wagendorp). En dus komen er momenten dat ik achterover kan gaan leunen. Bert verhaalt over de renners Jacques Anquetil en Ercole Baldini, helden van vroeger, de beste tijdrijders van hun generatie. Ooit besloten ze de Grand Prix de Nations dopingvrij te rijden, wat ongewoon was in die dagen. Het tovermiddel was toen amfetamine en dat was breed geaccepteerd in het peloton. Wagendorp verhaalt. De Italiaan en Fransman nemen dus beiden niets, Anquetil wint de tijdrit en loopt dan op Baldini af. 'Zullen we dit nooit meer doen?' vraagt Anquetil. Baldini knikt. Ze zullen in het vervolg gewoon weer 'pakken'.

Bulgac en Wesselink zitten de veteraanjournalist met enige verbazing aan te kijken: waren dit de geldende mores van vroeger? En kan je daar zo vrijuit over spreken zoals Wagendorp nu doet? Ja, dat kan. Dat moet zelfs, of beter gezegd: het maakt het praten over het verleden van het wielrennen wel makkelijker. Het ontkennen of juist niet erover praten, doet veel meer afbreuk aan de toch al breekbare waarheid achter deze sport. Dat wil 'het oude wielrennen' maar niet begrijpen.

Om een uur rijden we in colonne naar ons hotel. De wegen zijn verlaten en nat en glad. De bar van het hotel is dicht. Er beweegt niets. In bed ga ik liggen lezen in Nico Dijkshoorn. Ik geef het toe, vreemd, maar het gebeurt. *Nooit ziek geweest.*

Donderdag 5 juli

Ik ben vroeg op. *Nooit ziek geweest* ligt over mijn benen, het licht is nog aan. Ik hoor mijn telefoontje en stap voorzichtig uit het warme bed. In het passeren zet ik mijn laptop open: blauw licht.

Achter me in bed blijft het rustig. Ik lees de highlights en schrik me rot: er is een wielrenner overleden, gast van een televisieprogramma. Ik lees en houd mijn adem in.

De renner, Rob Goris, die gisteravond nog bij collega Karl Vannieuwkerke aan tafel zat, is in de vroege ochtend dood in zijn bed gevonden. Ik sta perplex en lees het bericht nog een keer.

'Is er wat?' zegt Karen. Blijkbaar zendt een mens golven uit in zulke situaties, want ik weet zeker dat ik stokstijf stilstond toen ik las. Ik knik en lees de tekst voor. Ik hoor haar met toegeknepen stem 'vreselijk' zeggen.

Wat moet je doen als je een televisieprogramma in de Tour maakt en een van je gasten wordt dood in bed aangetroffen? Doorgaan of de boel inpakken? Ik zou het nu niet weten en ben verward. Ik ga snel douchen en als ik terug ben, probeer ik Karl een mailtje te sturen. Onhandig zoek ik zijn mailadres en kan het niet vinden. Merde.

Dan gaan in concert telefoontjes en e-mails ineens geluid maken: ping, ring, dzing. Het zijn berichten over de Armstrong Saga die losbarst. Over ontwikkelingen rond renners die al dan niet 'gelekt' hebben tegenover mensen van Usada, of zijn het rechters? Het is of de hele wereld ineens reageert. Ik ga zitten lezen. Zijn er advocaten bij betrokken? Hoe hebben de betrokken renners hun getuigenissen afgeleverd? Onder druk? Wat is hun beloofd? Mogen ze vrijuit gaan na wellicht een mini-schorsing van pakweg drie maanden? Zijn dat niet dezelfde renners die niet lang geleden al afzegden voor de wegwedstrijd en de individuele tijdrit van de Olympische Spelen in Londen? Voorgekookte kost dus?

Aan de ontbijttafel in het restaurant, dertig meter van onze kamer, overheerst bij het merendeel van de aanwezigen verbazing over de dood van Goris. Verbazing is er ook over de methoden die de Amerikaanse autoriteiten zouden hebben gebruikt tegen Armstrong.

Met dieven vang je dieven, zo luidt het gezegde en dat doet

hier opgeld. Maar al snel roepen fietsmensen in de Tour: wacht eens even. We hebben hier dus te maken met mannen die hun kloten afgedraaid hebben voor The Boss, die daarvoor zeer goed betaald zijn en die met alle mensen binnen hun ploegen een verbond vormden. Een broederschap. Een vriendenclub. Een band. Een omerta.

Voor de betrokkenen telt dat blijkbaar niet meer. In Nederland meldt Raymond Kerckhoffs het in *De Telegraaf*. In het buitenland zijn er collega's die met hetzelfde komen: *El Pais* in Spanje, *Het Nieuwsblad* in België en in Italië de roze *Gazzetta*. De verhalen zijn simpel en identiek: in ruil voor immuniteit hebben de renners Levi Leipheimer, George Hincapie, Christian Vande Velde, David Zabriskie en oud-renner en thans manager Jonathan Vaughters geklikt. In een eerder stadium hadden ook de ex-renners Tyler Hamilton en Floyd Landis berichten over dopinggebruik van hun voormalige kopman en ploeggenoot losgelaten. Die woorden waren wel raak aangekomen in de wielerwereld, maar niemand had daar ooit officieel iets mee gedaan, zo leek het. Sterker: de openbare aanklager, Jeff Novitzky, had de verklaringen van Hamilton en Landis wel opgenomen in zijn 'case' tegen Armstrong, maar blijkbaar wilde geen rechter daarmee aan de slag gaan. Te wankel? Te veel 'hear say' en te weinig echt bewijs? Dat zou kunnen. Niemand die dat wist.

'Hoe gaan we hier iets aan doen?' zegt Jan Stekelenburg. Goede vraag. We stellen direct vast dat het goed journalistiek werk van de betrokken wielerjournalisten is geweest. Ik plak daar de vraag aan vast: wie bij Usada is gaan lekken? Waarom nu? Antwoord: de Tour de France is net op gang; het is heerlijk nieuws voor de wieler- en de sportwereld. Maar toch: waarom? Om het afzeggen van de Amerikaanse renners voor de Spelen te dekken? Om reuring te kweken in de internationale wielerwereld? Om duidelijk te maken dat Usada wel kan wat de beroemde federale rechercheurs niet konden? Om aan te geven hoe perfide de wielerwereld en vooral die rond Lance Armstrong in elkaar zat? Om duidelijk te maken dat Armstrong een grote leugenaar is? Om de projecten rond Armstrong kapot te maken? Om de eigen lelieblanke onfeilbaarheid te bewijzen?

We vinden dat Usada snel met goede bewijzen naar buiten moet komen. Daar hebben ze anderhalve week de tijd voor, want na afloop van de Tour gaat de sportwereld naar Londen kijken en zal de aandacht afnemen en het speelveld voor Usada alleen maar kleiner worden.

Terwijl we nog meer koffie laten inschenken, zeg ik: 'Ze moeten deze week dus al met geweldige getuigenissen afkomen. Als die duidelijk zijn, zwart-op-wit of op video, dan is dat de guillotine voor Armstrong. Dan moet zijn kop er dus af.' Ik heb altijd gesteld dat mensen die de boel bedonderen gestraft moeten worden.

Een kwartier later krijg ik telefoon. Een redactrice van een Hilversums radioprogramma. Ze vraagt me te reageren op wat er in *De Telegraaf* staat. Ik ken immers Armstrong goed. Hij is toch mijn vriend?

Ik zeg: 'Nee mevrouw, hij is mijn vriend niet. Ik ken hem.'

Aan de lijn blijft het even stil. Dan zegt ze: 'Ik heb net gehoord dat u zijn vriend bent, dat zeiden mijn collega's hier.'

Ik leg nogmaals uit dat ik hem ken en dat ik weleens met hem gesproken heb. En dat de bewijzen van die gesprekken terug te vinden zijn in een aantal vrij lange, in de achter ons liggende jaren opgenomen televisieportretten.

'Dus u komt niet vaak bij hem thuis?' zegt de jonge vrouw.

Geheel naar waarheid zeg ik: 'De laatste keer was in 2009.'

'En u heeft hem sinds die tijd ook niet gesproken?' vraagt ze.

Ik: 'Nee, mevrouw. Hij heeft me verleden week wel de groeten laten doen door een gemeenschappelijke kennis.'

De vrouw praat even achter haar hand, waarschijnlijk met een ander lid van de redactie. Dan hoor ik: 'Mogen we u dan straks nog even bellen, we gaan even ruggespraak houden.'

Ik zeg: 'Vragen staat vrij.' En druk Hilversum weg.

Het desbetreffende meisje laat niets meer van zich horen, maar binnen een uur heb ik wel vijf andere medewerkers van radioprogramma's aan de lijn. Ik noem het meteen 'Armstrong Gate' en ik hoor alle vragen en vooral misverstanden aan. 'U bent onlangs nog bij hem geweest,' zegt een redacteur. Met gevoel voor verhoudingen zeg ik: 'Dat had ik graag gewild, dan had ik een filmpje kunnen maken waardoor u niet deze vragen had hoeven stellen.' Maar de boodschap komt niet over. 'U bent toch zijn vriend,' zegt een ander en 'U hebt toch vaak contact met hem?' kirt een vrouw die helemaal van niets weet en ook denkt dat Armstrong als gast in de Tour aanwezig is.

In alle rust, rijdend om Parijs heen, beantwoord ik de meest stupide en ook heel terzake doende vragen. Het is nu eenmaal een hoofdlijn van het nieuws van vandaag. De vraag is wat wij er zelf aan toe kunnen voegen; dat vooral houdt me bezig. Ik denk aan de UCI, aan een statement van Pat McQuaid vanuit Aigle of waar hij ook is. Ik draai zijn nummer, maar krijg zijn voicemail. Ik denk dat ik niet de enige ben die een verklaring van de fietsbaas wil. Ik zet een gesprek uit naar Hein Verbruggen, maar krijg de ex-voorzitter van de UCI pas vroeg in de avond aan de lijn. Hij vertelt me over situaties en langzaam wordt me meer duidelijk: er is hoog boven onze hoofden een enorm machtsspel bezig, waar wij stervelingen de achterliggende gedachten niet eens van kunnen raden. Het gaat om macht en om ego's.

Als we in Châlons-en-Champagne gearriveerd zijn, moeten we ons overgeven aan de manieren van de eigenaresse van Le Manoir Montfambert; een getikte vrouw van begin zestig. Zij heeft hier een rustieke champagneboerderij en zij verwacht dat alle Nederlandse televisiemensen die hier nu binnendruppelen, vooral in haar Manoir en zeker ook in het goudgele vocht geïnteresseerd zijn. Dat is een vergissing.

De paniek waardoor de internationale wielerwereld nu bevangen is, laat ook ons niet onberoerd en we proberen overal nieuws vandaan te krijgen. In deze oude hotelmeuk zitten dus overal mensen op slecht werkende laptops te kijken, lopen anderen te bellen op de binnenplaats (ontvangst elders zeer slecht) en staat de eigenaresse boven alles uit te gillen over de afdronk van haar champagne uit 2005, die een zilveren medaille gewonnen heeft op dat en dat concours. Het is meer dan komisch wat er allemaal gebeurt in de Manoir. Ons originele plan om vanuit de schitterend gelegen tuin voor het kasteel te werken, vervalt om vijf uur als lichtflitsen van kilometers lengte langs de donkerblauwe lucht trekken. Een alternatief is de fraaie cour met een tentje boven de tafel, maar als er regendroppels ter grootte van eendeneieren vallen, verwerpen we ook dat idee.

In de Manoir zelf is iedereen bezig. Als drie mensen een glas witte wijn bestellen komt de eigenaresse met een fles aanlopen die ze ontkurkt en in haar handen laat draaien. Iedereen werkt door als ze een verhaal van zeven minuten afsteekt. Naam, druivenras, pluktijd, rijping, vaten, vervoer, prijs, kwaliteit. Het hoort wel zo, maar dit is om gek van te worden. Martijn Hendriks, onze redacteur-met-gekke-invallen, zegt tussen neus en lippen door: 'In dit soort kasteeltjes vinden ze toch weleens lijken van ouwe wijven en dan weet niemand wie het gedaan heeft...'

In die sfeer gaan we eten. Er is geen reactie van de UCI, anders dan een voorgelezen bericht van de perschef. Ik heb nog een lang gesprek met Verbruggen en hoor wel aardige dingen, maar kan die niet visueel maken. Het eten is te weinig, aan de lauwe kant, en opgediend in een tempo dat past bij een rusthuis. De wijn is formidabel, dat zeker.

Om tien uur hebben we wel goede ideeën, maar geen geschikte beelden over 'Armstrong Gate', anders dan een ijzersterke bijdrage van onze jongens uit Rouen. We zien de genoemde renners en horen hun nietszeggende verklaringen. Hincapie en Leipheimer draaien om de brij heen: ze praten wel, maar zeggen niets. We zitten in de Tour en moeten daar toch aandacht aan besteden.

Greipel wint overigens weer vandaag, voor Gross en Haedo. Het is een uitslag die ver weg zal worden opgeborgen in de archieven van de fietsdag 5 juli. Hulde aan Greipel, maar de hele bups aan journalisten kijkt vandaag, vanavond en waarschijnlijk ook nog morgen naar Austin, naar Armstrong en naar Usada. Dat is de Amerikaanse poot van WADA, een zwaar (door de overheid) financieel ondersteund bureau dat zich, vanuit Colorado Springs, bezighoudt met dopinggerelateerde sportzaken die Amerikaanse burgers aangaan, voor zover die burgers lid zijn van instanties die instemmen met de politieke en gedragsregels van Usada. De grote profbonden (NBA, NFL, MLB en NHL alsmede de politiek sterke NCAA-organisatie (verenigde college-sporten)) vallen bijvoorbeeld niet onder de regels van Usada. Wielrennen, voetbal en zwemmen weer wel, evenals de Olympische Spelen, de Paralympics en de Pan Amerikaanse Spelen.

Dat soort gegevens kon ik verzamelen in de uren voor de uitzending, maar als we eenmaal begonnen zijn, blijkt Rob Harmeling niet makkelijk te stoppen in zijn vloed aan gedachten en woorden die op totaal ongerepte wijze door elkaar lopen. Kerckhoffs, de *Telegraaf*-man, zit erbij en kijkt ernaar. Hij is de meest geïnterviewde man in de Tourkaravaan van vandaag. Het gesprek is zeer levendig. Bert Wagendorp en Harmeling botsen op leuke wijze, Rob wil dat we ophouden met over doping te praten, wij verbeteren hem, hij dwingt ons tot een andere manier van denken en zo schieten we door de uitzending heen; inhoudelijk een van de beste van de afgelopen jaren.

Kerckhoffs noemt de hele gang van zaken in Amerika een heksenjacht, Harmeling schreeuwt uit dat we met al die onzin moeten stoppen en zo denderen we de nacht in. Robbie praat nog over de blues en zo wordt het laat en komt de medaillewinnende champagne toch nog op tafel. De eigenaresse praat nu volkomen onzin, we lachen, toosten en weten met zijn allen dat we een zeer geslaagde uitzending hebben gemaakt.

Gaat de Tour scoren door Armstrong? We zitten nu op de miljoen kijkers, krijg ik te horen. Buiten regent het hard, binnen blijft het ook niet droog. Harmeling doet me een verzoek: of ik alsjeblieft niet wil stoppen bij de NOS. Iedereen lacht. Ik weet dat hij serieus is. Ik weet ook waarom hij het zegt. Robbie is heel slim en hoort en ziet veel.

'Plop,' hoor ik in een andere kamer. Dan volgt applaus. En dat na deze dag.

Vrijdag 6 juli

Metz blijft een fraaie stad om te bezoeken. Om er makkelijk binnen te komen met de Tour in de buurt is wat anders, maar het lukt allemaal net. Voor het eerst in jaren loop ik weer eens een kerk binnen: deze kathedraal heeft wel heel mooie ramen. Ik heb een bijna plechtig moment van contemplatie alvorens ik me over ga geven aan de koers van vandaag. Ik doe dat in mijn hotelkamer met een Cola Zero.

Lange, smalle wegen vormen het decor voor een kopgroep van vier man met Karsten Kroon daarbij, de veelgeplaagde David Zabriskie (die steevast vragen van journalisten beantwoordt met een flauwe glimlach), Malacarne de Italiaan in Franse dienst en de Waalse Belg Zingle, die ook voor een Franse ploeg rijdt. Niets aan de hand, zou je zeggen. Totdat, met rugwind, de renners in de grote groep onzeker worden. De vaart neemt toe, er wordt wat gewrongen en schouders raken schouders. De valpartijen zijn heftig en massaal. In het midden van de grote groep schuiven renners onderuit, anderen rijden het talud in, weer anderen vormen menselijke piramides; fietsen liggen verbogen en gebroken op de weg en gekerm is hoorbaar. Sommigen geven op (Astarloza, Vigano, Danielson en Poels), anderen rijden bloedend, balend en brommend door. Vooruit rijden de 61 vrijgemaakten van deze ronde. Alles daarachter is vanaf vandaag kansloos voor een hoge klassering. De weg ligt tweemaal bezaaid met gekleurde shirts; twee maal proberen helpers nieuwe fietsen te brengen, geblesseerden op te rapen en schroot mee terug te nemen. Pas in de avond van Metz kan de schade worden opgenomen.

In deze toch vrij rustige etappe (op papier althans) wint Peter Sagan alsof er niets aan de hand is. Hij klopt (de eerder gevallen) Greipel en Gross. Kenny Robert van Hummel scoort een ereplaats.

De schadeformulieren leveren het volgende overzicht op: de Rabobankploeg is werkelijk alles kwijt. De tien dagen eerder met trots aangekondigde twee kopmannen, Bauke Mollema en Robert Gesink en ook de eventuele schaduwkopman, Steven Kruijswijk, verliezen tijd, zijn allen geraakt, gekneusd, bebloed en komen op achterstand binnen.

Op 2.09 komt een groep binnen met onder anderen Schleck, Mollema, Rolland, Vanendert, Boasson Hagen, Valverde en Martin. Op 3.31 rijden Gesink en Kruijswijk zwijgend over de streep. Op 6.02 zien we De Kort, Timmers, Veelers, een heftig balende Cavendish, Popovitsj, Weening, Hoogerland, Voeckler, Freire en Sánchez. Niemand van hen zegt wat. Op 13.24 komen de mannen binnen die lang moesten wachten, die opgelapt moesten worden, die artsenbezoek kregen, die in het gras bleven zitten en die wellicht aan opgeven dachten. Eenmaal rijdend was deze groep, precies veertig man groot, niet meer tot snelheid aan te zetten. Bij hen: Kessiakoff, Vinokourov, Westra, Karpets, Porte, Vande Velde, Ten Dam, Hesjedal, Millar, Farrar, Ruijgh en Tankink.

Op 16.12 komt, geheel alleen, het shirt en de broek gescheurd, bebloed en zwijgend de Belg Van Summeren als sluitwagen van deze etappe binnen.

Honderdvijftig man lijden schade. Er is een tekort aan pleisters en opbeurende woorden; de Tour krijgt vandaag een ferme klap.

Veel renners wordt gevraagd naar de oorzaak. Velen halen de schouders op: geen idee. Ja, er wordt ineens gedrongen en het komt van achteren. De wegen zijn te smal en de kopmannen willen allemaal tegelijkertijd naar voren.

Het is een hel bij de twee grote valpartijen. Er liggen tientallen renners over elkaar, fietsen liggen zeventien meter verder in een vlasveld, er wordt in negen talen gevloekt, doktoren rennen af en aan, Wout Poels wordt eerst in een ziekenwagen gelegd, stapt dan weer op de fiets en komt toch weer in een EHBO-wagen te liggen: van binnen is hij zwaar beschadigd. Scheuren in belangrijke organen, helse pijnen ook. Ze leggen hem die avond meteen op de intensive care.

De volgende dag zullen Txurruka, Hesjedal, Hunter, Dupont, Freire, Wijnants, Erviti en Gutiérrez niet van start gaan. Ze zijn te zwaar geblesseerd, hebben ledematen gebroken, interne kneuzingen en kunnen niet eens op een fiets zitten, laat staan de trappers bewegen.

De etappe Épernay-Metz over 205 kilometer, verreden op een doodnormale donderdag, wordt het einde van de dromen van de Rabobankrenners. De ploeg Garmin valt geheel uit elkaar. De winnaar van de Giro d'Italia is foetsie, Vacansoleil DCM is zijn klassementrijders kwijt, de wereldkampioen tijdrijden, Tony Martin, loopt een langdurige blessure op, mannen van de (papieren) top-tien als Valverde, Popovitsj, Rolland, Vino, Porte en misschien Schleck, vallen weg uit het klassement; de Tour is onthoofd en verdoofd.

's Avonds laat praten Lars Boom (met een nieuw kapsel, gecreeerd door kapper Rob Kommer in Vlijmen) en Addy Engels (met grote nuchterheid) over het vak van wielrenner. Ja, het is inderdaad een vak van vallen en opstaan, daar komen we samen wel uit, maar waarom was het zo heftig vandaag? Boom denkt dat er een enorm brok zenuwen in het peloton huist. Het lijkt erop dat iedereen in treintjes voorin wil komen.

'Niets voor mij,' zegt de kalme Drent Engels en definieert zijn eigen rijden: 'Ik kon goed sturen en meed de drukte meestal. Ik ben niet vaak gevallen.' Hij en Boom reizen een paar dagen later naar de Ronde van Polen. Ze hopen dat het daar wat rustiger aangaat. Boom relativeert dat hij niet bang is in het wringen en duwen, maar dat hij rond de geboorte van zijn kind, niet lang geleden, veel eerder in de remmen kneep.

Bert Wagendorp, die zich in de middag ineens meer liefhebber dan journalist voelde en baalde van al die kapotte renners, legt ons te midden van al die verhalen van ellende ook nog de andere ernstige zaak van de dag voor: de dood van Gerrit Komrij. Wagendorp noemt hem een enorm leuke, aimabele, intelligente man die mooie cynische essays kon schrijven. Ik memoreer dat Komrij mij eens staande hield en vroeg of hij niet eens een etappe in de Tour kon meemaken. Dat leek hem een bijzondere dagpassering, zoals hij letterlijk zijn. Hij wilde ook de magie van die 'praattafel' met die wielermannen weleens meemaken, zei hij toen.

Jammer dat hij niet meer kan aanzitten. Wij kunnen nog wel zijn boeken lezen.

Zaterdag 7 juli

Zelden een uitzending gedaan met statig rondlopende ooievaars bij onze tafel. We zijn in een zogenaamd eco-museum, 18 kilometer boven Mulhouse, een didactisch verantwoorde speelplaats voor Groenen, maar ook voor kinderen die er kunnen zien hoe men een eeuw geleden leefde. Het is een soort Openluchtmuseum, maar dan wat kleiner en echt Frans. Dat Nynke de Jong, de Nieuwe Nederlandse Nuchtere Meid in krant en op televisie, Herman Wijffels, ooit de grondlegger van de Rabobankwielerploeg, Bert Wagendorp en ik in de gezonde avondlucht van dit opvallende museum over fietsen moeten gaan praten, is komisch. Is het onze bijdrage aan een schonere wereld? Laten we het erop houden. Leerzaam is het wel en ik had nog nooit ooievaars patat uit de hand zien eten.

Het beeld die avond is wondermooi. In de lange reeks van kastelen, mooie hofjes, stadspleinen en boerderijen moet dit museum ook kunnen, maar hoe we hier terechtgekomen zijn weet ik niet als we om elf uur in de avond beginnen.

Het is de dag dat Christopher Froome, de Brit, zijn eerste handtekening onder een etappeoverwinning in de Tour zet. De man die een paar jaar geleden als pelotonvulling in La Grande Boucle aantrad, is uitgegroeid tot een ronderenner van jewelste. Het trainingsprogramma van Sky heeft hem gemaakt tot een van de beste klimmers van het peloton en tot een topper in klassementswedstrijden. Ook in een tijdrit staat hij pal. In de eerste etappe naar Seraing reed hij lek en verloor een minuut en vijfentwintig seconden op de andere toppers. Het zal moeten blijken hoe kostbaar die 85 tellen zijn.

Froome is een man met een verhaal. Geboren in Kenia, opgeleid in Zuid-Afrika, opgevangen als fietsende jongeling bij een kleine ploeg, Barloworld, kreeg in 2008 ineens een startbewijs voor de Tour. Froome, die een jaar in Zuid-Afrika bij een professionele ploeg had gereden (Konica Minolta), reed een onopvallende eerste Tour, werd 84ste in het eindklassement.

In die jaren was zijn verhaal leuker dan zijn uitslagen. Grootouders van moederskant wonen al lang in Kenia en bestieren een grote boerderij. Zijn vader is een Britse avonturier die zich ook in Afrika settelde. In 1999 verhuisde Froome met zijn ouders naar Johannesburg. Of de politieke ontwikkelingen in Kenia ermee te maken hadden? Hij laat zich daar niet over uit. Hij vertelt wel over zijn middelbare-schooltijd in Johannesburg (St. John College) en zijn langzaam oplaaiende passie voor de racefiets. In Kenia reed hij op een crossfiets en kon daar goed mee uit de voeten; men zag toen al dat hij talent had.

In 2006 haalde hij de kleine regeltjes in de sportpers toen hij bij het WK tijdrijden voor amateurs in Salzburg vlak na de start een official vol aanreed: renner en official bleven even versuft op de grond zitten, beiden krabbelden op, Froome kwam niet meer op gang. Mensen die het voorval zagen, zeiden direct: zo'n Afrikaan kan niet sturen. Daarna vroeg hij een Britse fietslicentie aan en ging in Europa wonen en trainen.

Zijn eerste Tour in 2008 reed hij geheel naamloos, met een redelijk goede beklimming naar Alpe d'Huez (31ste) als uitschieter. Een jaar later werd hij 36ste in de Giro en in 2010 kwam hij nauwelijks vooruit: hij had in Afrika een virus opgedaan. De ziekteverwekker heet Bilharzia, een beestje dat je in stilstaand water binnen kunt krijgen. Froome reed nog wel naar de tweede plaats tijdens het Britse tijdritkampioenschap, maar in grote rondes was hij niet te zien; hij had geen enkele kracht meer. In 2011 tekende hij voor de tweede plaats in de Vuelta, nauwelijks een kwart minuut achter winnaar Cobo en had hij in klimetappes heel mooi werk laten zien. Hij leek door te stoten naar het hoogste echelon van klassementsrijders, maar veel zagen we de kalme Brit niet. Het leek net alsof hij afgeschermd werd.

Vandaag wint hij de etappe en kijken we naar een geheel Engels sprekend podium. Cadel Evans wordt tweede en Wiggins derde. Van Nederlanders is geen spoor te bekennen; gevolg van de valpartijen van een dag eerder.

Bert Wagendorp noemt Herman Wijffels de beste premier die Nederland nooit kreeg. De evenwichtig pratende Zeeuws-Vlaming heeft de wielerbacil opgelopen via Jan Cottaar en de *Gazet van Antwerpen* en heeft als directeur van de Rabobank die andere Zeeuw, Jan Raas, aan zijn kant gevonden bij de oprichting van de wielerploeg. Hij is altijd fan gebleven. Hij signaleert een veranderende wielercultuur en ziet dat de ploeg soms onder vuur ligt. Hij is zo correct om zijn opvolgers niet te beschimpen, nu hij buitenstaander is. Ja, hij zou het wel anders doen, maar hij laat het aan die opvolgers bij de bank over om al dan niet op te treden.

Zo denkt en handelt hij ook binnen de politiek. Ik vind hem een bezonnen man, een niet-voor-zijn-beurt-prater, iemand die zeer geschikt zou zijn om een Nederlands zakenkabinet te leiden. Mensen van die statuur hebben we niet veel; zijn politieke voorkeur (CDA), zijn geloof (katholiek) en zijn levensvisie zijn niet zo belangrijk, hij is vooral wijs en evenwichtig. Ooit zei hij: 'Ik geloof in de macht van het idee.' Mooie uitspraak.

Zijn partner voor deze dag is een heerlijke flapuit, zonder poeha. Met als basis kaatsen en basketbal heeft Nynke de Jong een mening over vele sporten en omdat ze die mening op frisse wijze voor ons neergooit zijn er nogal wat media-outlets die van haar diensten gebruik willen maken. Fris scoort zeker in Hilversum, uitgesproken helpt je in de kranten- en dagbladwereld en daarom zit ze vanavond ook bij ons aan. Ze blijkt ook wielerzaken goed te begrijpen; een kwestie van nuchtere instelling.

Als de etappezege en de relatief onbekende loopbaan van Froome besproken wordt, zegt Wijffels: 'Laten we niet vergeten dat hij met een genadecontractje bij Sky werd opgenomen. Niemand wilde hem meer. En kijk nu eens naar vandaag.' Mooi woord: genadecontractje.

De Jong mijmert: 'Ik kon Froome in mijn Tourploeg nemen, maar sukkel die ik ben, heb ik hem er op het laatst toch weer uitgegooid. Met hem was ik dik van de laatste plaats in ons klassement af, maar ja, ik zag het toch niet in hem zitten. Stom toch?' Wijffels knikt. Hij had hem altijd in zijn ploeg gehouden.

Zondag 8 juli

's Avonds komt, via via, het bericht door dat Taeke Taekema voor de tweede maal de deur is gewezen is door de coach van de nationale mannenhockeyploeg, Paul van Ass. Ik schrik als ik het lees. Hoewel volger op afstand ben ik licht op de hand van Taekema, een kerel die ik zeer acht. Of hij nou een hockeyspeler of strafcorner-inrammer is, daar ben ik nooit uitgekomen. Ik vond zijn robuuste optreden vaak sympathiek overkomen.

Hoe was het ook alweer? Hij was buiten de deur gezet met die andere veteraan, Teun de Nooijer. Van Ass had ze vergeleken met hoge bomen die ervoor zorgen dat de 'lagere struikgewassen en plantjes' te weinig zon krijgen. Daar kon ik Van Ass nog wel in volgen, hoewel zijn woordkeus komisch was. Ik vroeg daarna aan twee bevriende kenners of Taekema in de Indian Summer van zijn loopbaan was of al in zijn late herfst. Beiden twijfelden. Eerder Indian Summer, meenden ze. Ik vroeg: meenemen naar de Spelen? Beiden zeiden: voor de strafcorner, ja. Maar over de verdediger Taekema hadden ze twijfels. Een moeilijke beslissing dus. Op zeker moment vroeg Van Ass Teuntje en Taeke weer terug. Beiden trainden weer mee. De rimpelingen leken uit de vijver, niemand gooide nog steentjes.

Maar nu, vier weken voor het begin van de Spelen in Londen, mietert Van Ass alsnog Taekema eruit en houdt hij vast aan Teuntje. Ik zit in de Tour en lees de tekst van Taeke. Hij heeft lang getwijfeld of hij zijn gevoel in een soort persbericht moest neerleggen. Hij is boos en zegt in best nette taal wat hij van dit alles vindt. Hij laat het belang van het team voorgaan.

Wie heeft hier gelijk, of bestaat er geen gelijk in zo'n situatie?

Ik vind dat de coach soeverein moet kunnen beslissen over zijn selectie. Bij de eerste verwijdering uit de selectie vond ik Van Ass' redenering verkeerd geformuleerd. Ik was best blij toen de twee mastodonten terug konden komen in de trainingsgroep.

Dat Van Ass Taeke er nu weer uit gooit omdat hij 'toch niet in het speltype' past, is moeilijker te begrijpen. Deze selectie speelt al twee jaar op deze manier hockey. Was Taekema wellicht vervelend binnen de ploeg? Had hij sterallures? Zat hij in zijn eentje hamburgers te eten, terwijl de rest van de ploeg aan tafel zat? Was hij asociaal? Nee toch? Of was hij niet meer in staat gaten in de verdediging dicht te lopen of snel op te komen op de zwakke zijde van de tegenstander? Of wil Van Ass de selectie wakker schudden met deze actie? Ik noem maar wat.

Ik heb er ambivalente gevoelens over. Ik vind het niet chique gedaan. Zo ga je niet met mensen om en zeker niet met (voormalige) grote steunpilaren van de nationale ploeg. Maar de coach heeft gekozen en *rightly so*. Dat is namelijk zijn pakkie-an. Van Ass zal straks in Londen moeten bewijzen dat dit speltactisch de juiste beslissing is geweest.

Ik kijk op een betaalkanaal in mijn hotel naar Federer tegen Murray en zie de Zwitser soeverein winnen. Murray huilt zijn verlies weg. In de koers wint de jonge Fransman Thibaut Pinot. De Franse commentatoren schreeuwen zich een weg naar de finish. 's Avonds zitten Marianne Vos en Annemiek van Vleuten aan tafel. Van Vleuten heeft net haar sleutelbeen gebroken. Vos is als winnares van de Giro voor vrouwen op doorreis naar huis. Voor beiden lonkt Londen. Voor Murray en Federer ook, voor Van Ass evenzo. Voor Taekema dus niet. Dat idee knelt omdat ik niet weet waarom Van Ass zo heeft gehandeld.

Maandag 9 juli

We worden wakker met het geluid van een loeiend brandalarm in ons hotel in Belfort. Toch draai ik me om. Dit moet een oefening zijn. Karen pakt haar tasje en vertrekt. Ze is tien minuten later terug; slechts drie anderen van onze crew van 22 waren naar de lobby van het hotel gekomen. Slechts een had al zijn bagage mee-genomen. Slordig, onnadenkend of moe?

Als de meesten moe en onuitgeslapen tegen tienen de ontbijt-zaal binnenkomen hebben we buiten de waardin gerekend. Een pittig Frans dametje wijst op haar horloge. Het spijt haar, maar ze kan helaas niets meer voor ons betekenen. Regels zijn regels. Tien uur gaat de deur dicht. Nee, ook geen koffie meer: c'est fini.

O ja? Vijf minuten later staat de hotelmanager zijn excuses aan te bieden en komt er van alle kanten hulp in het restaurant. Later worden ook onze spullen naar de auto's gedragen en verla-ten we, bedolven onder excuses, dit drieënhalfsterrenhotel; een ouwe keet waar het vroeger rijk toeven moet zijn geweest.

We rijden een stuk en komen weer in een bouwwerk met enige geschiedenis uit, ons volgende hotel, Chateau de la Dame Blanche. Ook hier is de service bedroevend. Ook hier krijgen we van de eigenaar alle mogelijke excuses. Net als in Belfort ligt het aan de mentaliteit van de jonge, Franse bevolking. Goed perso-neel is niet meer te krijgen, vertelt men.

We lunchen en bekijken de paardenstal waaruit we gaan uit-zenden. Omdat ik vroeger met paarden opgevoed ben, ga ik mak-kelijk met de grote viervoeters om. Of het vanavond met lampen en al in de stal ook lekker rustig zal blijven is maar de vraag. De afwisseling in uitzendplekken blijft groot; ook hier kan ik weer bij glimlachen.

Ik ga naar de tijdrit kijken en stel vast dat het klassement voor Parijs al bijna gemaakt is. Als er in de komende dagen niet aan-gevallen wordt, kan dit weleens een lange Tour zonder hoogte-punten worden. Bradley Wiggins en Chris Froome zijn keurig een en twee geworden en zelfs de nog immer lachende Fabian Cancellara moet een minuut op Wiggins inleveren. De uitslag bevat geen enkele verrassing. Nederlanders kom je nauwelijks te-gen en met de 17de stek van Lieuwe Westra moeten we het doen.

Het wordt voor onze 'stukjesmakers' rond het peloton ook

per dag moeilijker om leuk, enigszins spontaan en verfrissend nieuws bij de Nederlandse renners weg te halen. Uit ervaring weet ik dat een dip van deze orde zijn weerslag heeft op de kijkcijfers. Jan Stekelenburg en ik zitten er in de late middag over te kletsen. 'We komen op deze manier niet echt spectaculair over de grens van de miljoen heen,' zegt Jan. 'Als het zo blijft is dat ook de bovengrens,' zeg ik.

Gisteren keken bijna een miljoen mensen, terwijl we toch laat begonnen, maar een spectaculaire stijging krijg je alleen maar bij Nederlandse etappewinst of een grote rel. Dat zit er vandaag niet in. De Sky-overmacht legt de ronde lam. Het lijkt erop dat er geen grote verschillen meer gemaakt kunnen worden. Er zijn geen gestroomlijnde aanvallers en durfals meer. De tijd van de Ricco's is goddank voorbij, maar nu de laboratoria hun werk zo goed doen en de renners beduidend voorzichtiger zijn geworden, zie je dat terug in je uitslagen. Behalve de renners van Sky steekt niemand zijn kop boven het maaiveld uit en dat verbaast me.

Cadel Evans blijkt al dagen boven zijn limiet gereden te hebben en dat gaat hij terugbetalen. Vincenzo Nibali, de stoere Italiaan, heeft geen tweede adem en alleen nieuweling Tejay van Garderen zorgt voor enige reuring. Bij hem kan je tenminste nog een klein verhaaltje gaan halen; voor de rest lijkt de Tour ineens volkomen plat geslagen.

Bij een borrel bespreken we hoe we de Nederlandse renners nu moeten gaan opvoeren. Moeten we bijvoorbeeld de 17de plaats van Westra opblazen en mooier maken dan het is? Ik ben ertegen, Jan ook. Westra verliest 2.45 op Wiggins, die hem ook in Paris-Nice in de tijdrit klopte. Toen was Westra tweede, vandaag 17de.

Uit de Rabohoek blijft het vandaag angstig stil. De klap van de valpartijen is verwoestend aangekomen. Laurens ten Dam is de best geklasseerde Raborenner: veelzeggend. Gesink doolt rond op goed vijf minuten, Kruijswijk is een zucht sneller en Mollema moet meer dan zeven minuten toestaan. Hun verhalen zijn helemaal uit.

'Naar Van Garderen dan maar,' zegt de eindredacteur als ik hem vraag waar hij me op de rustdag naartoe gaat sturen. Samen met Martijn Hendriks, Jan en de nieuwe tafelheer Thijs Zonneveld, bespreken we de crisis bij de Rabobankploeg. 'Tegen pure pech is niets te doen,' zeg ik en zie geknik om me heen.

Toch, zo voelen we allen, wrikt er iets binnen die ploeg. Rabobank lacht niet. Ook niet toen het nog goed ging. Er hangt een grimmige sluier over alles wat die renners doen. Zonneveld concludeert: 'Ze leven te veel met wantrouwen.' Er komen nog meer axioma's los: bij Rabobank denkt men dat de Nederlandse pers de tegenpartij is. Rabobank heeft al jaren geen evenwicht in de Tourploeg. Niets is fnuikender dan altijd maar in de verdediging gaan. En iemand roept: 'Is het toeval dat er zo veel van die jongens in die grote valpartijen lagen?' 'Ze gaan er niet expres bij liggen,' zegt Stekelenburg. 'Maar ze liggen er wel,' antwoordt Zonneveld.

Later sluiten zich ook de gasten van het avondprogramma, inspanningsfysioloog Adrie van Diermen en wielerprofessor Maarten Ducrot, bij ons gesprek aan.

Iemand zegt: 'Waarom liggen Wiggins en Froome er dan niet bij?'

Uit drie hoeken: 'Omdat Sky altijd bij de eersten in de voorste groep te vinden is. Dat is moeilijk rijden hoor, dat kan niet iedereen.'

Ik zeg: 'Je kunt niet met 200 man vooraan rijden.'

Zonneveld riposteert: 'Geluk dwing je af in het peloton en pech onderga je.'

Ducrot: 'Juist, en de Rabobankrenners ondergaan te veel en dwingen te weinig af. Daar hebben we het dagelijks over in ons commentaar.'

Ik: 'Ton Boot, de basketbalcoach, noemde dat ooit reactief koersen. Bij die ploeg wordt vaak gereageerd op wat er gebeurt, terwijl je juist dient te ageren. Je moet aanvallen, je moet wegrijden, je moet via een plan met de wedstrijd bezig zijn.'

We komen er niet uit en gaan gezamenlijk eten. We zitten in een grote zaal met kroonluchters en damast. Geen echte chique, maar wel decorum. Het eten bestaat uit lekkere liflafjes, lauw opgediend en te weinig, zeker voor de jongens van de technische ploeg.

Na het programma ruimen we razendsnel op. De wagens staan vlak naast de paardenstal. De dieren hebben zich keurig gehouden. Ik hoop de mensen ook. Voor enen in bed, een unicum.

Dinsdag 10 juli

In het verleden kon je op een rustdag echt uitkijken naar de mosselpartij van TVM in de Tour. Ad Bos (ook wel d'oude Bos genoemd) nodigde dan vrienden, misschien ook wel vijanden, zakenrelaties, journalisten, BN'ers en meelopers uit in een vaak lommerrijke omgeving. Uit Zeeland kwam een truck met mosselen gereden en dan werd het smullen, drinken, ongelofelijk ouwehoeren en heel gezellig. De NOS-radio organiseerde een discussieprogramma, er liepen vele gasten rond, er was reuring en er werd gelachen. Na de mosselparty hoefde je 's avonds niet meer te eten. Uitbuiken was het devies, en nadenken over wat je net allemaal gezien, gehoord en meegemaakt had.

Een zo'n middag staat me nog altijd heel helder voor de geest. Het was ergens in de buurt van Saint-Etienne, in een hotel in de buurt van veel beton: snelweg en huizen. Arjan Bos (de jonge Bos dus) had de honneurs van zijn vader overgenomen. Wij van de NOS hadden eerst hard moeten werken voor het *Tourjournaal* en kwamen bij het scheiden van de markt binnen. De ontmoeting met de gastheren was warm en voor we het wisten hadden we een vol glas en een schaaltje mosselen in de hand.

Er liep een flink deel Bekend Nederland rond, uit de politiek en het bedrijfsleven en een van de hoofdgasten was Anton Geesink, IOC-lid en voormalig judokampioen. Terwijl ik van ruimte naar ruimte schoof en nog eens ingeschonken kreeg, maakte ik het staartje van een merkwaardig, op hoge toon uitgesproken gesprek mee waarin Geesink het woord nu voerde. Anton had mij waarschijnlijk niet de ruimte zien binnenkomen. Hij riep: 'Het is slecht voor de Nederlandse sport dat de NOS bestaat.'

De jonge Bos zag mij, legde zijn arm op mijn schouder en verontschuldigde zich met zachte stem. Misschien een slokje te veel op, ik moest het vooral niet persoonlijk opnemen. Dat deed ik ook niet. Het gesprek bleek te gaan over de manier waarop de NOS-televisie de Nederlandse sport de afgelopen veertig jaar had behandeld. Ik zei tegen de kleine Bos: 'Iedereen mag zijn mening toch geven?' Maar junior wilde het graag rustig houden en streefde naar een snelle vrede.

Anton stond iets later op van zijn stoel, kreeg wat begeleiding mee en ik had de indruk dat men hem probeerde te kalmeren. Ineens klonk een dreun en door de mensen heen zag ik dat de judoreus omgevallen was en op de grond lag. Eerst schrok ik, maar toen ik hem zag bewegen, moest ik lachen.

Later hoorde ik dat hij in straf tempo bier had zitten drinken, wat hij goed kon. Ik had hem weleens meegemaakt als hij liters in zijn geweldige lijf gooide. Hij bleef toen behoorlijk bij de pinken, maar nu dus even niet. Mensen van TVM hesen de mastodont omhoog en toen hij weer stond, werd hij keurig weggeleid, waarschijnlijk naar een hotelkamer. Ik trok het me niet aan, at nog wat mosseltjes, dronk nog een glas en we verzamelden na enige tijd de troepen weer omdat we nog honderd kilometer moesten rijden naar ons hotel.

In de ochtenduren mag ik op pad van de eindredacteur. Ik ga langs bij de BMC-wielerploeg. Hoewel Cadel Evans daar nog altijd de grote meneer is, teken ik in voor een kort gesprek met Tejay van Garderen, een van de weinige lichtpunten in deze ronde. We moeten ergens midden in het land zijn. Cadel spreekt ons op zijn bekende nerveuze, bijna hinnikende wijze toe, lange tijd met zijn zoontje op schoot en dan mag ik, zittend naast een vijvertje met middelgrote goudkarpers, mijn 'ding doen'. Opa aan het werk, denk ik als de jonge Amerikaan me een hand geeft.

Van Garderen verhaalt over zijn vader, een Amsterdammer,

en over zijn 'Nederlandse gevoel'. Ooit kwam hij als talentje naar de Rabobank-opleidingsploeg. Hebben ze daar toen ingezien hoe goed hij kon gaan worden? Hij is een aardige, ietwat bleue jongen die in zijn verhaal nog wat Nederlandse woorden gebruikt.

Eind van de middag sta ik in het stadje Tournus, in het voorportaal van een museumpje waar wij gaan werken. Er komt een man in fietskleding op me af. Hij stelt zich keurig voor en vraagt of hij wat mag vragen. Ik knik.

Hij blijkt een echte liefhebber te zijn, hij volgt het fietsen en de Tour al jaren en informeert bij me wie het personeel van de NOS selecteert. Ik voel al aankomen waar hij heen wil en houd de boot af. Hij drukt echter door en zegt, dik tien jaar na de woorden van Geesink: 'Wat de NOS doet is niet goed voor de wielersport.'

Achtereenvolgens krijg ik te horen dat het trio Dijkstra-Ducrot-Boogerd er een te veel is, dat onze uitzendingen veel te snel stoppen ('Want de Belgen gaan nog zeker twintig minuten door'), dat onze avonduitzendingen 'veel te laat beginnen' en dat de keuze van mijn tafelheren gekleurd is. Hij zegt: 'Wat doet zo'n *Volkskrant*-jongen als Wagendorp nou zeven dagen naast u? Dat is toch politiek kleur bekennen? Dat mag de NOS helemaal niet!'

Voorzichtig zeg ik dat nu *NRC*-man Thijs Zonneveld naast me zit en volgende week *AD*-freelancer Edwin Winkels komt, maar de man heeft zijn aanval goed voorbereid. Deze conversatie wil hij graag winnen. Dan wordt hij persoonlijk: 'Vindt u zelf niet, mijnheer Smeets, dat het zo langzamerhand ook wel tijd is om op te stappen? U gaat er oud uitzien, weet u dat? En u kan hier toch wel tegen, of niet?' Ik knik en zwijg. Hij is duidelijk, dat zeker, en ik kan ertegen.

Ik schat hem een vroege veertiger met een goede baan, wonend in het westen van het land, Audi of BMW, fan van Robert Gesink en zelf een dure Cervélo onder zijn gat, en ga serieus met hem in discussie. Over ons bestel, over onze mensen in Frankrijk en hij trekt zijn keutel een weinig in. Hij vindt nu ineens Thijs een jonge betweter en geeft toe dat ik wel rustiger ben geworden, maar hij valt dagelijks over de term 'oud wielrennen' bij Ducrot. Hij denkt dat de koers bij de Belgen 'eerder' begint en heeft niets met, zoals hij dat noemt, 'die lullige spelletjes in de late avond'.

Ik vraag hem of hij nog wel iets goed vindt bij de NOS en hij zegt: 'Ja, Dalida, daar sneuvel ik voor.'

'En qua inhoud?' vraag ik bot.

'Dat gaat, dat kan ermee door, maar waarom mogen we bij de NOS nooit de truienceremonie zien? Waarom zijn de samenvattingen bij u aan tafel zo kort en voorspelbaar? Waarom nodigt u die vreselijke man van een Moszkowicz uit? Dat gebeurt toch allemaal van mijn centen.'

Ik bied de man een drankje aan en zeg lachend en bestraffend: 'Bent u klaar? Mijnheer Moszkowicz komt pas volgende week.' Hij kaatst direct terug: 'Maar de NOS maakt nu al reclame met zijn naam. Ik kan die vent niet uitstaan.'

'Alles gezegd nu?' vraag ik.

Hij knikt: ja, hij is klaar. Hij legt uit dat hij hier in de buurt met vrienden aan het fietsen is. Studievrienden van weleer. Hij zag de wagens van de NOS staan en besloot zijn jarenlang opgekropte gram eens te gaan halen.

'Dat is dan gelukt,' zeg ik.

Dan loopt Jan Stekelenburg achter me langs, hij gaat naar de redactieruimte. De man kijkt Jan na en zegt tegen me: 'Hebben jullie Johan Stekelenburg vanavond in het programma?' Nu is het mijn beurt om even diep adem te halen. 'Nee, wij hebben Michel Cornelisse en Michael Boogerd. De man die u langs zag lopen is Jan Stekelenburg, onze eindredacteur.' De man kijkt me verbaasd aan: 'Ik zou toch zweren...'

'Wilt u mij nu excuseren,' vraag ik op etterig beleefde toon. Mijn specialiteit.

'Sorry dat ik wat fel was,' zegt hij als hij zijn glaasje wegzet. Hij draait zich om en stoot zijn hoofd keihard tegen een balk. Hij valt meteen om en pas vijf minuten later is hij weer bij de les met een flinke bult op zijn kop. *L'histoire se repête*, denk ik. Ik zie in de verte Anton Geesink weer omdonderen.

Iemand naast ons roept dat de quiz bij de NOS-radio gaat beginnen. 'Ook dat nog,' zegt de man en beent aangeslagen naar buiten.

Ik loop door het sympathieke, kleine museum heen en zie vele mooie en speciale wielertruien aan de muren hangen. Ik denk nog steeds aan de woorden van die man van net. Wat een felheid, wat een onzin soms ook, maar wellicht ook rake en ware dingen.

Dan ineens sta ik voor een oud, wollen Raleigh-shirt. Het kaartje naast de trui maakt melding van het feit dat Gerrie Knetemann persoonlijk deze trui hier afgegeven heeft. De Kneet zei ooit tegen me: 'Martje, je kunt beter over fietsen lullen dan dat ze over je lul fietsen. Laat ze toch allemaal doodvallen, al die kankeraars.'

Dan gaan we eten. Jan Stekelenburg vraagt me wie die man was met wie ik zo druk in gesprek was. Ik zeg 'een Nederlandse passant' en laat het erbij.

Woensdag 11 juli

We verblijven in een hotel op hoogte. Stijlvol, mooi en rustig. Aangepast aan een van onze gasten: Dries van Agt, voormalig minister-president. Ik schrijf dat er maar bij, want we hadden dit jaar een tafelgast in de Tour die nog nooit van Van Agt had gehoord.

De oude Meester vliegt in via Genève en komt na lunchtijd binnen. Een heer op leeftijd, snoeischerpe scheiding in het haar, jasje en dasje. We vragen hem of het goed gaat. Hij kijkt ons met die typerende Van Agt-glimoogjes aan en zegt: 'Ach, goed? Laat ik zeggen dat alles onder de broekriem niet meer zo goed functioneert, daarboven gaat het me formidabel.'

De toon voor een waanzinnige avond is gezet. We eten lekker en gezellig nadat we 's middags de etappe in ons hotel hebben gezien. Het is een halve bergetappe met de Col du Grand Colombier als echte reus midden in het parkoers. Nog nooit verreden in de Tour. Ik merk dat ik een sterke voorkeur heb voor een van de renners in de grote kopgroep: Jens Voigt. Over het algemeen heb ik dat niet en ben ik schrikbarend onpartijdig. Er zijn sporters die ik sympathieker vind dan anderen, maar ik kan zonder mezelf geweld aan te doen onpartijdig verslag geven, analyseren of er later aan tafel over praten.

Bij Voigt lukt me dat vanmiddag niet. Ik heb niet alleen een zwak voor zijn rijden, maar ik zie in hem de ultieme krijger in het peloton. Hij valt niet alleen aan, hij scheurt ook wedstrijden open, blijft attaqueren, komt kapot te zitten, maar vindt altijd een tweede paar longen en benen. Wielrennen is voor hem een groot, wild avontuur. Hij wil nog steeds van zichzelf winnen.

Hij fietst ook niet lullig, hij profiteert niet en dat neemt de mens Voigt voor me in. Nog altijd herinner ik me een etappe in de Giro van ik meen 2006, waarin Voigt en ploeggenoot Bobby Julich in een grote kopgroep uitkwamen. De twee, die de roze trui van hun kopman Ivan Basso verdedigden, kwamen nooit op kop en reden de hele ontsnapping lang achter in de groep mee. In de laatste kilometer van de etappe zag Juan Manuel Gárate, die de hele dag gewerkt had, ineens Voigt als enige naast zich verschijnen. Tot ieders verbazing liet Voigt de Spanjaard rustig de etappe winnen. Gárate dankte de Duitser, en Voigt ging dat ook nog op zijn gemak staan uitleggen. In een etappe waarin hij geen moment mee op kop gereden had, waarin hij alleen maar verdedigend gereden had, vond hij het niet passen om laf in de sprint een van de hardste werkers van die dag te verslaan.

Ik zie dat Voigt in de zware klim gelost wordt, maar minuten later zien we hem terug. De mannen op kop mogen dan een of anderhalve generatie jonger zijn dan hij, Jens Voigt besluit terug te vechten. Als hij na de ziedende afdaling weer aansluit en ik mijn aantekeningen zit te maken, krijg ik dat gevoel van opperste partijdigheid. Ik gun hem nu ongegeneerd ook de etappezege. Dat gebeurt niet. Dries Devenyns maakt slim gebruik van een moment van onachtzaamheid bij Voigt (Thijs Zonneveld zal later zeggen: 'Voigt reed als een nieuweling') en rijdt vlak voor de finish weg. Voigt kan zich niet inhouden en springt nog een keer. Thomas Voeckler ziet dat en beantwoordt slim: in het wiel en eroverheen.

Voigt blijft steken op de derde plaats, de Nederlanders zijn in geen velden of wegen te bekennen (Laurens ten Dam is de beste en kan wat mij betreft nu zijn goddelijke gang gaan) en wat heeft deze eerste bergetappe een hoop plezier opgeleverd. Er gebeurde van alles en als je Voigt op deze manier aan het werk ziet, kan je alleen maar veel respect hebben voor deze man. Zonneveld zegt aan tafel: 'Hij vindt fietsen ontzettend leuk, dat is de basis.'

Dries van Agt geniet van zijn wielrennende tafelgenoten. Hij vertelt over zijn jeugd, over het feit dat hij wel kon fietsen waar hij met hockey en voetbal moest passen en dat hij altijd voor zijn plezier is blijven fietsen. Zoals Voigt dus eigenlijk.

De ex-premier is nu 81 en neemt de complimenten over zijn zichtbaar goede conditie dankbaar in ontvangst. Als Zonneveld hem vraagt wat zijn keuze zou zijn geweest: minister-president of liever Tourwinnaar, twinkelen zijn oogjes. Hij neemt voldoende bedenktijd om met een goed antwoord te komen. 'Broeders,' zegt hij, 'er zijn heel wat meer ministers-presidenten in ons land geweest dan Tourwinnaars.' Gelach trekt door de kille avond en echoot terug van de bergen rond ons. Het is een gezegend moment. Gewoon praten met en over mensen die graag fietsen.

Eenmaal terug op mijn kamer na een flink uur met vele handen te hebben opgeruimd, besluit ik nog even achter de laptop te gaan zitten. Ik besef dat ik niet weet hoe Voigts jongensjaren eruit hebben gezien. Ik dacht dat hij nog een Ozzie was geweest, maar zeker ben ik daar niet van.

Dus zit ik aan een klein, schaars verlicht bureautje en lees dat hij inderdaad uit de DDR stamt. Geboren in Grevesmühlen in Mecklenburg-Ober-Pommern. In het noorden van de DDR dus, op het platteland. Als amateur reed hij voor de TSC Berlin, het befaamde opleidingsinstituut waar alle jonge DDR-renners ooit 'intern' zaten, mannen zoals Jan Ullrich en Andreas Klöden. Waar begon Voigt eigenlijk zijn profloopbaan? Ik denk dat het ergens in Frankrijk moet zijn geweest, midden jaren negentig. Tot mijn verbazing is het een Australische ploeg: ZVVZ-Giant-Australian Institute of Sport. Nooit geweten. Ik sla het op en ga laat slapen. Buiten ruisen de bomen en hoor ik een uilenkreet.

Donderdag 12 juli

Het is wel deftig als je kan zeggen dat je die avond bij Jan Janssen slaapt. In Valfréjus is dat, vrij moeilijk te vinden en het chalet is eigenlijk van zijn dochter maar Nederlands eerste Tourwinnaar loopt daar toch maar mooi rond.

Ik heb het vaak moeten uitleggen aan buitenlandse vrienden en collega's, maar wij in Nederland lopen niet meteen met onze sporthelden op de schouders. We schrijven hun namen niet in chocoladeletters in kranten, we lopen ze op straat gewoon voorbij. Ze krijgen bij ons in Holland bepaald geen behandeling zoals ik weleens meemaakte met bekende voetballers en trainers in het buitenland. Gullit, Van Basten, Hiddink: ze kwamen een restaurant binnen, werden direct gefêteerd en hoefden uiteraard niet te betalen. Niet dat ze dat zo wilden, maar zo was de cultuur in de landen waar ze werkten. Het respect voor hen was groot, anderen gedroegen zich bijna onderdanig. Weleens geprobeerd om met Ard Schenk door de binnenstad van Oslo te lopen? Weleens gezien hoe mensen in Pakistan met Teun de Nooijer omgaan? En heeft u weleens meegemaakt hoe Rintje Ritsma soms behandeld werd in 'zijn' Thialf? Hij had een keer geen kaart om zijn nek toen hij naar zijn analistenplaats liep. 'Jij komt er niet in,' zei de bullebak bij de poort. De man had geen idee. Zo zijn onze manieren.

We zijn dus in Valfréjus. De mensen weten dat hier een Tourwinnaar woont. 'Ah, oui, c'est Jan Janssen, c'est un vrai bonhomme,' zegt de verkoopster van de supermarkt. Als we later de weg vragen, al klimmend van terras naar terras, wijst een Franse metselaar die bij een huis bezig is naar boven. 'Pour Jan Janssen, c'est plus haut, deux minutes et plus,' zegt hij en zwaait spontaan.

Kom daar eens om bij ons onwetenden en horken. Ooit stond ik voor ongeveer 65 studenten van de Johan Cruyff University in Amsterdam. Allemaal sportmensen met hersens. Ik vroeg of zij die niet wisten wie Ard Schenk was hun hand wilden opsteken. Diegenen die het wel wisten protesteerden hoorbaar: dat kon toch niet... Een stuk of vijftien lieden stak de hand op.

Ik heb eens meegemaakt, bij een koers in Nederland, dat een brave diender Jan Janssen, die net als gast was uitgestapt, toevoegde: 'En hedde gij een kaart? Anders wegwezen, hè.' Ik stond erbij en suste. Ik zei tegen de man: 'Dit is Jan Janssen, de vroegere Tourwinnaar, hij is hier op uitnodiging van de organisatie.' De man aan het hek keek me aan en zei nors: 'Wat maakt mij dat uit? Jij heb tenminste een kaart om. Ik ken jou wel, jij doet het voetbal.'

Ik ben blij dat ik Jan zie. Een dag eerder heeft hij, met pech onderweg, af moeten bellen. Nu komt alles voor elkaar. We zitten samen naar de koers te kijken. Jan heeft geen rust in zijn kont. Hij staat op, loopt weg, is vijf minuten later weer terug en staat af te geven op het rijden van de Nederlandse renners. 'Johnny is ook geen schijn meer,' zegt hij.

Dan gaat hij een boodschap doen, komt terug, kijkt weer vijf minuten, vraagt waar de renners nu zitten, drinkt een glaasje mee en vertrekt weer. Zijn dochter regelt de andere zaken. Ineens staan er grote wagens op de berg, ineens komt de Nederlandse televisie een programma verzorgen, vlak voor het huis waar Cora en Jan Janssen slapen. Er moet nog gebeld worden met de traiteur, Karin Janssen vraagt zich af of het vanavond wel droog blijft en is er voldoende witte wijn? En hoe laat gaan de eerste mensen eten? Ze schiet heen en weer en wij blijven op het gemak naar de koers kijken.

Jan, een van de grootste sportmensen die wij in de vorige eeuw voortbrachten, loopt nerveus door het huis. Hij wijst naar het televisiebeeld. Dan komt ie naast me zitten: 'Kijk, bij Rabobank hebben ze nu alleen nog maar die Ten Dam die mee ken komen. Dat is dus... wanbeleid.'

Gelieve deze zin op zijn Haags/Nootdorps uit te spreken. Met die lange ei-klank. Jan kijkt me aan: 'Drie kopmannen en dan die mannen dicht bij elkaar laten rijen in een etappe waar de wegen smal zijn. Wie bedenkt dat? Nooit doen, nooit je goede renners achter in het peloton bij elkaar zetten. Beginnersfout, vreselijk. Mart, het is kapitaalvernieling, het is een schande dat het zo gegaan is. Je kopman zit altijd van voren, altijd. Hoor je: altijd. En daar zet je dan een knecht bij in de buurt. Dat principe is al zo oud. Nu vallen de drie kopmannen en is de ploeg naar de kloten. Dat kán toch niet, dat... kán... toch... niet.'

Hij staat op en wijst naar het televisiebeeld. 'Waar zie jij nou een renner van de Rabo's? Waar is Hoogerland? Zeg het maar, waar? Ik zal je wat zeggen, die komen op een half uur binnen. Zo erg is het.'

Je kunt veel zeggen van oude zakken en leven in een andere tijd en veranderende verhoudingen, maar Janssen ziet het goed. Als we de uitslagen doornemen, twee uur later, via de laptop, zien we dat Gesink op 29.32 is binnengekomen. Mollema is afgestapt en Kruijswijk heeft twaalf minuten aan zijn koersbroek gekregen. Janssen hoort dat en zegt, vanuit zijn hart: 'Dat valt nog te pruimen. Die heb zijn best gedaan. Wie was de beste Nederlander vandaag?'

Ik zoek en vind en zeg: 'Laurens ten Dam, op 3.27 op de twintigste plaats.' Janssen kijkt me door zijn brillenglazen slim aan: 'Wat zei ik je vanmiddag? Hij wordt de beste nog in Parijs. Vreselijk toch.'

Ik schrijf op dat de firma Europcar weer een etappezege boekt. Twee achtereen in de Alpen, dat is bepaald geen kinderspel en levert de ploeg applaus en pluspunten op. De hele uitzending van de Franse televisie draait om winnaar Pierre Rolland en zijn kopman, de op grote achterstand binnengekomen Thomas Voeckler, die ondanks zijn grote deficit van deze dag toch ruimschoots meeviert.

Het is ook zeer bijzonder en opvallend dat deze relatief 'kleine' ploeg in de Tour zo ontzettend veel publiciteit binnenhaalt.

Voeckler, die aangesproken wordt met zijn Caribische koosnaam 'Ti-blanc', wat staat voor 'kleine witte', steelt toch nog de show aan de finish. Hoe bestaat het, binnenkomen op 28.10 en toch voor de camera gehaald worden en gloriëren.

De Nederlandse ploegen eten vandaag zwart brood. De Rabobankploeg verliest Mollema en de onzichtbaar gebleven Australiër Mark Renshaw en bij Vacansoleil DCM gaat er een streep door de namen van Rob Ruijgh, Lieuwe Westra en de lange Zweed Gustav Erik Larsson.

Je kan nu zeggen dat deze twee ploegen niet meer meedoen. De hoge verwachtingen eindigen in de Alpen. Beide ploegen kunnen verder met een auto, een bus en een soigneur roept iemand.

We kijken nog steeds naar de Franse televisieuitzending. Weer zien we Voeckler. Jan Janssen zegt, met de vinger in de lucht: 'Ik ga wat geks zeggen, maar dit mannetje gaat nog meer winnen, let maar op. In deze Tour gebeurt helemaal niets meer, maar hij kan zijn gang gaan. Die gaat nog ergens winnen.'

Kort gelach en iedereen zoekt zijn eigen stoel, bank of hangplek. Deze grote kamer is nu de redactiekamer. Buiten wordt het al killer, dus deze oplossing is goed.

Jan Janssen zit naast Frits Spits en dat vind ik erg leuk. Frits Ritmeester alias Frits Spits staat al jaren op mijn gastenwenslijstje. Eindelijk zit hij er. Frits is een icoon van de Nederlandse radio. Hij vertelt in de uitzending ook bevlogen over de rol van radio in de Tour. Hij is zichzelf. Vakman en een zeer goede collega, een man die ik al veertig jaar in het vak meemaak en heel hoog heb zitten. Hij laat zich niet gek meer maken, begrijp ik.

Dat doe ik eigenlijk ook niet, maar Frits zit niet in projecten zoals ik deze zomer doe. Waarschijnlijk ziet hij mij worstelen. Daarover praten we even samen. 'Het lijkt me moeilijk steeds geconcentreerd te blijven,' zegt hij. Ik knik lachend, dat is waar. Tour en Spelen erachteraan is meer dan vijftig dagen aan een stuk.

'Ik heb respect voor wat jullie hier voor elkaar krijgen,' zegt Frits in het bijzijn van veel collega's. In de uitzending laat Frits ook voelen dat hij weet hoe het hoort. Hij zit bij de Tourwinnaar aan tafel en dat vindt hij een eer. Hij zegt dat ook hardop en ik weet dat hij het meent.

Na afloop van de uitzending toont Jan Janssen zich een goed gastheer. Hij vraagt even het woord als we bijeen staan in het chalet, hij bedankt iedereen en zegt dat hij nu nog slechts één ding kan doen: champagne openen. Dat doet hij, onder luid applaus. Voor de rest is het ijzingwekkend stil op de berg. Mistwolken trekken langs. Dit is ook de Tour. Ik slaap om half drie in.

Vrijdag 13 juli

Een zogenaamde overgangsetappe. Niets aan voor volgers en renners. We rossen langs de autoweg, staan stil bij Grenoble, passeren de Rhône en zoeken naar ons hotel, ergens buiten Tainl'Hermitage. Het is oude meuk, met krakende deuren, piepende ramen en grote, lege gangen. Ooit moet dit grandeur hebben uitgestraald, maar nu is het werkelijk niets meer. Onderhoud is er niet bij. Wifi werkt nauwelijks ('Je suis desolée,' zegt de baliemevrouw) en de televisie geeft vaak sneeuw.

Ik zie David Millar de etappe winnen en dat maakt een hoop goed. Er komt een kopgroep van kanslozen voor welke klassement dan ook. De mannen die op avontuur trekken, weten na enige tijd dat ze de genade hebben van Wiggins en zijn ploeggenoten en dus gaan ze op reserve rijden: het peloton wordt op acht minuten gehouden. De mannen vooraan zijn, behalve Millar, de Fransman Péraud, de Kroaat Kiserlovski, de Fransman Gautier en de Spanjaard Martinez. Zou Wiggins hebben zitten afwegen of zijn stapmaat Millar hier kan winnen? Ik denk het.

David Millar is een aardig mens. Ik heb dit jaar een redelijk lang interview met hem gemaakt. Het ging over zijn boek, zijn prachtig opgeschreven levensverhaal waarin hij scherp en eerlijk zijn eigen misère neerpent. Het is een van de beste wielerboeken die ik de laatste tijd gelezen heb en dan gaat het mij niet alleen om de bekentenis van dopinggebruik. Zijn op broederschap lijkende vriendschap en omgang met zijn vader (vlieger, gestationeerd in Hongkong) is opmerkelijk, zijn trouw aan zijn moeder mag er ook wezen. Na dat interview hebben we nog een paar maal mail- en sms-contact gehad. Prettig contact, menselijk, aardig.

Millar is midden dertig en weet dat zijn jaren geteld zijn in het peloton. Nog eens een etappe winnen, dat zou een mooi afscheid zijn, bedenk ik. Het kan zijn vierde in de Tour worden. Hij heeft een lang en roerig wielerleven achter de rug. Elf keer opgestapt in de Tour, zes keer in de Vuelta en vier keer in de Giro. Voldoende kilometers dus.

Hij heeft twee jaar buitenspel gestaan, een tijd waarin hij zoop en als een zombie leefde. Hij is teruggekomen, wordt nu door sommigen nog steeds met een scheef oog aangekeken, maar staat pal in het peloton: hij is de grootste prediker tegen dopinggebruik en laat zijn woorden luid over het fietsgilde heengaan.

Ik acht hem vooral om dat laatste. Hij is stom geweest, hij heeft aan de epo gezeten en hij behoorde bij de groep winnaars van zijn jaren: gekochte, chemische winst. Maar hij is tot zelfinkeer gekomen. Dat kan en als dat gebeurt, moet je zulke mensen juist extra ruimte geven. Laat hem jonge renners informeren, interview hem juist wel, laat hem overal aan het woord en leer ervan.

De Millar van nu is een regelrechte Modman. Hij kan qua klerenkast wedijveren met Bradley Wiggins. Beiden dragen strakke pakken, grappige hemden en mooie, dure schoenen. Hij kent zijn Britpopklassieken en staat met zijn beide poten recht in de wereld van nu. Hij heeft smaak (Paul Smith kent hij persoonlijk) en spreekt zijn talen. Hij heeft gestudeerd, is vader geworden, weet veel, is geïnteresseerd in wat er in de wereld gebeurt en wint dus de etappe.

Ik gun hem dit. Hij begrijpt waar het wringt in deze verrotte wielermaatschappij, waar groot bedrog nog steeds onderhuids aanwezig is. Dat mogen insiders hautain ontkennen, maar dat is dom en naïef. Hij zat zwaar aan het spul maar kreeg spijt. Ieder mens heeft recht op een tweede kans en hij heeft die dankbaar gegrepen. Dat maakt hem een goede vent. Ik feliciteer hem later op de dag per sms met zijn zege en krijg een geestig bericht terug. Deze zege kwam van heel diep, meldt hij.

We eten ergens tussen de wijngaarden in. Het is hier stil en het ruikt er naar aarde. Het restaurant heet Unia en er worden prachtige gerechten geserveerd. Dirk Bellemakers is gast. Onze redacteur Martijn Hendriks heeft in hem een goede verteller gevonden uit de onderbond van het professioneel wielrennen. Hij rijdt bij een kleine Vlaamse ploeg (Landbouwkrediet) en mag geen grote ronden rijden. Dat steekt, maar hij kent zijn beperkingen en die van zijn ploeggenoten. Voor hem is het wachten op een kans bij een iets grotere ploeg. Hij is de eerste gast in deze Tour die met een weids gebaar een rondje voor de hele tafel geeft. Dat wordt zeer gewaardeerd.

Onze gesprekken op het terras gaan over Millar. Over de mens en de renner. Over bedrog en spijt. Over de keerzijde van ieders leven. Lees dat boek: *Racing through the Dark* (Nederlandse versie: *Koersen in het duister*).

Zaterdag 14 juli

Godallemachtig wat een chaos. De snelweg naar het zuiden is voller dan vol. Alle radiostations raden aan de A7 te mijden. Files van 86 kilometer worden gemeld. We besluiten kleine weggetjes te gaan rijden, maar komen steeds weer dorpjes door waar mensen Quatorze Juillet vieren. Leuke marktjes, afzettingen, omleidingen, nergens kan je doorrijden. Twee uur lang: stapvoets. Tijdverlies en lichte ergernis gaan samen. 'Kijk eens wat een mooie lavendelvelden,' zegt Karen. Ik brom.

We vorderen nauwelijks, komen bij Orange weer de snelweg op en bellen met andere NOS-wagens. Iedereen staat wel ergens vast. Dan komt het bericht dat de auto waarin Jan Stekelenburg zit alleen nog maar in zijn achteruit kan rijden.

Brigitte Jansen, onze producer, is het verst gekomen, meldt ze op een gegeven moment. Ze is al vlak bij Sète en raadt aan een bepaalde afslag niet te nemen, maar door te rijden. Dat doen we blindelings en we draaien vlak voor de eerste wagens van de gehate reclamekaravaan, het parkoers op. De koers komt letterlijk langs ons hotel, in de binnenstad van Sète.

Een charmante Algerijnse mijnheer van ons goede hotel loodst Karen door de stad en langs de binnenhaven om nog net in de eigen garage te komen en ik kan naar de Franse televisie gaan kijken met een gin-tonic in de hand. Het is immers feest. André Greipel wint zijn derde etappe.

De uitzendlocatie is een oude, ietwat muf ruikende botenloods. We eten verse vis in een aanpalend restaurant en laten dan de gasten Bram de Groot en Eddy Bouwmans vertellen over hun bestaan na de koers. Bouwmans was een megatalent. In zijn eerste jaar (1992) werd hij 14de in Parijs en een grote toekomst leek voor hem te liggen. Maar nee, hij had zijn motortje in precies één Tour opgebrand naar later bleek, en hij kon ook niet winnen van de pakhazen die juist in deze jaren epo hadden ontdekt.

Bouwmans, die met vrouw en kinderen langskomt, vertelt die avond rustig. Hoe hij de mannen niet meer kon volgen die in 1992 nog naast hem hadden gereden. Hoe epo won. Hoe hij bij Peter Post vertrok, bij Jan Raas kwam en ook niet meer kon volgen en voor een klein ploegje eindigde: Foreldorado-Golff. Hoe hij in 1997 de sport al verliet en zeker geen zwart gat tegenkwam. Hij ging in de meubelfabricage en verdient daar nog steeds een goede boterham. Hij fietst nog en houdt alles bij, en vindt dat er op de tv vaak 'onzinnige en op sensatie gerichte dingen' verteld worden. 'Ook door jou,' zegt hij en knikt me toe. Ik weet dat hij gelijk heeft en laat hem deze ippon.

De andere man aan tafel is Bram de Groot. De vleesgeworden harde werker van de Rabobankploeg van de jaren nul is wél in het zwarte gat beland. Na zijn stoppen (hij kreeg geen nieuw contract meer) heeft helemaal niemand van zijn oude werkgever zich nog een seconde om hem bekommerd. Hij zegt met een strak gezicht: 'Ik stopte al in augustus. Voor de laatste maanden hadden ze me niet eens meer nodig. Ik heb mijn spullen ingeleverd en heb verder nooit meer iets van wie dan ook gehoord. Ja, dat doet nog steeds pijn, dat durf ik wel te stellen.'

Ik vraag hem of hij hulp van de Rabobankmensen had willen hebben en Bram zegt: 'Ze hebben me toch goed betaald en...' Hij maakt zijn zin niet af. Het is misschien stroef lopende televisie, maar het is wat ik wilde toen ik ooit tegen Jan Stekelenburg zei dat ik juist hierover met De Groot en Bouwmans wilde praten. Soms moet ik de woorden eruit trekken, maar toch geeft Bram een perfect beeld van hoe het ook kan gaan met renners die deze sport verlaten. Nee, hij is niet zielig, hij huilt niet of schreeuwt zijn woede eruit; hij vertelt in vaak net niet afgemaakte zinnen hoe dit leven werkt of juist niet werkt. Niemand hoeft medelijden met hem te hebben. Dit is hem overkomen, dit is het zwarte gat. Hij heeft zich nu aangesloten bij een groepje hardlopers. Rennen helpt.

We drinken met z'n allen, om een uur in de nacht, nog een glas (feestdag nietwaar?) en praten na. Bouwmans en De Groot hebben elkaar aan een tafeltje gevonden. Wij, de redactieleden, hebben het vooral over het speciale karakter van de uitzending. Nee, het was niet zwartgallig, het was reëel en ontdaan van sensatie.

'Brammetje is altijd een speciale geweest,' zal Michael Boogerd later heel droog en simpel stellen. Als ik op mijn kamer zit, bedenk ik dat dit een van de bijzonderste uitzendingen ooit vanuit de Tour is geweest. Niet spectaculair, eigenlijk slow-tv, maar zeldzaam eerlijk in zijn uitvoering. Bouwmans en De Groot maakten het niets mooier dan het voor hen was gegaan. Karen ziet me piekeren. Ze zegt: 'Goed gedaan, Bol. Zo wilde je het toch?' Ik knik.

Zondag 15 juli

We hebben een snelle autowegverplaatsing, regelrecht naar het westen. Zondagrijders zijn er nauwelijks, dus schieten we op. Rond lunchtijd zijn we al in Mirepoix waar we een hartstikke leuk hotel hebben, het Relais Royal, bestierd door Nederlandse vakmensen. Of er niets aan de hand is, zitten we om half twee aan een lichte lunch. Wijntje erbij, want de uitzending van de Fransen begint pas later.

Mirepoix is een stadje waar een speciaal soort toeristen naartoe trekt: sportief, alternatief, maar gemanierd en geen koopjesjagers. Er is een soort eeuwige markt waar je gezonde honing, gevlochten tassen, zelf gemaakte zeep, zelf gerookte ham, broodjes eendenpastei, monstrueus gebreide truien (zegt de kenner) en alternatieve kerstverlichting kunt kopen.

Op die marktplaats hebben we 's avonds onze uitzending met een gewaagd duo als gast: Eva Jinek met haar partner, Bram Moszkowicz, jurist, geboren in Maastricht, waar hij ooit De Neel meemaakte. Gewaagd? Ja, want wat weten ze van fietsen? Niets. Wat weten ze van presteren? Alles. Wat weten ze van publiciteit? Alles.

De derde gast aan tafel, Edwin Winkels, is jaren mijn favoriete correspondent van *Studio Sport* geweest. Winkels werkt en woont in Spanje en heeft het vermogen boeiend en didactisch verantwoord dingen te vertellen. Hij begint de laatste week van de Tour met een simpel, bijna droog, manifest over de staat waarin zijn tweede vaderland zich nu bevindt. Hij kan dat als geen ander; hij strooit losjes met cijfers (51% van de Spaanse jeugd heeft geen baan, de staatszender TVE heeft een schuld van 7,5 miljard euro, per dag worden in Spanje 159 families uit hun huis gegooid omdat ze de huur niet meer kunnen betalen) en doet dat op zo'n aanstekelijke manier dat Bram & Eva en de presentator met open monden zitten te luisteren. We krijgen op een Frans marktplein een lesje economie, aardrijkskunde, sociologie en dat gaat naadloos over in sport.

Pure, platte sport waarin ik vertel over de zege van Luis Léon Sánchez, die niet alleen de meubelen redt voor de Rabobankploeg, maar die ook de Spaanse sport weer enige hoop geeft. Op deze manier maken we een droomstart van het programma, dat overgaat in een mooi ritme.

Bram ('Ik kijk niet naar wielrennen, maar wel naar de Tour') noemt de Franse renner Rolland een matennaaier en Eva denkt dat je in de topsport boven alles voor de zege moet gaan. We vertonen een filmpje van het peloton. Er wordt opmerkelijk veel lek gereden (op enig moment zijn er dertig lekke banden) en de Fransman Rolland rijdt 'door de barelen' heen. Er volgt een levendige discussie aan tafel. Sportiviteit vóór alles, of de onbedwingbare wil tot winnen?

Moszkowicz en Jinek komen heel puur over en niet glamourous. Bram heeft een fiets en Eva heeft een hele grappige zin in huis met een prachtige alliteratie. Ze loopt de aankomstplaats (Foix) van de Tour binnen en denkt 'aan een mixture van een marslanding en een mierenhoop'.

De uitzending wordt een succes. Er is de zege voor een renner van Rabobank, en hoewel de man Spanjaard is, winnen 'we' ook een beetje. We doen extra inspanningen en laten de enorme vreugde van de fel geplaagde ploeg goed zien. Vier renners nog in koers, een thuisland dat de Tour niet meer massaal bekijkt en L.L. Sánchez die zo verstandig is zijn ploeggenoot Steven Kruijswijk hartelijk te bedanken voor zijn bewezen diensten.

Het geestigste filmpje van de avond gaat over Jim Ochowicz, manager van de BMC-ploeg. Hij zit rechtsvoor in de eerste ploegleiderswagen, naast John Lelangue. Als kopman Cadel Evans lek rijdt, springt Ochowicz uit de auto, struikelt, staat op, glijdt uit, staat weer op, strekt zich uit naar de renner, struikelt weer en komt dan pas weer goed in de benen. Eens te meer wordt bewezen dat het kijken naar mensen die vallen, verschrikkelijk op de lachspieren werkt.

Winkels geeft nog even les als ik hem vraag of het sportland Spanje iets heeft aan de zege van L.L. Sánchez: 'Het helpt mee om de moraal te hervinden, maar het feest rond de Europese voetbaltitel duurde ook maar een dag, toen verviel men weer in het oude bestaan. Vandaag,' zegt Edwin, 'was er ook de winst van de Spaanse basketbalploeg op Frankrijk, Ferrer won een tennistoernooi en in de Grand Prix motoren won ook een Spanjaard. Het was dus een goede zondag voor Spanje.'

Het is een goede dag voor *De Avondetappe*. De kijkcijfers zijn hoog. We beginnen heel laat, om drie voor elf, en 1.139.000 mensen stemmen af op Mirepoix en de NOS. RTL, de 'thuiszender' van Bram Moszkowicz toch, moet het die avond doen met 542.000 kijkers, terwijl ze een klein half uur eerder beginnen. Of dat hoge cijfer ligt aan L.L. Sánchez en de zege van Rabobank of aan Eva & Bram zullen we nooit weten.

We worden in Relais Royal heel prettig ontvangen voor een aangenaam besprenkelde nazit. Ik heb gniffelend de uitzending gedaan en beëindigd en ben heel blij. Ik weet dat er binnen de redactie enige scepsis bestond om Bram & Eva uit te nodigen. Het zou te geforceerd zijn, te veel societygekeuvel misschien en ook teruggrijpen op een eerdere Eva-Mart confrontatie ('Autocue Gate'), maar niets van dat al. Volwassen mensen blijken partijloze, grappige, leerzame en eerlijke televisie te kunnen maken. Het komt op instelling, karakter, intelligentie en gevoel aan.

Om twee uur gaan de lichten uit in alle kamers. Tevredenheid regeert.

Maandag 16 juli

Schadenfreude ist auch Freude. Als we onderweg zijn naar Pau, krijgen we al telefoontjes dat diverse NOS-auto's in Mirepoix 'ingebouwd' staan door marktkramen en andere wagens. Sommigen van ons zullen daar tot half twee in de middag moeten wachten, alvorens ze de weg op kunnen. Merde. Dan heb ik al een kleine rondgang in de FNAC van Pau gemaakt (kleine aanschaf, wat oud Britpopwerk, wat verzamelaars en een onbekende Jacques Dutronc).

Ik ga mijn dagelijkse column voor de GPD schrijven en kijk in mijn hotelkamer naar de etappe. We verblijven in een soort backpackershotel in het centrum van de stad. Mijn buren zijn tattoo-Britten op zwarte kistjes, met oorringen en hangtieten, en ze zijn 's nachts luidruchtig in bed. Alles went en de kamer is schoon, en ik weet dat de budgetten en mogelijkheden om met grote groepen het buitenland in te reizen ook bij de NOS beperkt worden. Ik kom nu al veertig jaar in Pau en heb het aantal sterren van de hotels geleidelijk zien afnemen. Maar nu hebben we dan toch wel de minimumgrenzen van het nomadenbestaan bereikt. Als pensionado heb ik natuurlijk geen recht van spreken. In veertig jaar Tour heb ik veel zien veranderen in Frankrijk, in de Tour en bij de NOS. En, eerlijk is eerlijk, gemiddeld komen we toch altijd goed uit.

Voor het eerst lunchen we buiten op een terras en wachten op de beelden van de etappe van de dag. Het wordt een wurgend saaie etappe met een kleine groep vooruit en een voortpeddelend peloton. Pierrick Fédrigo wint de etappe, de Franse commentatoren schreeuwen en jubelen. Nederlandse renners zie je zelden nog in beeld. Dat drukt de kijkcijfers denken we als we daar 's avonds over zitten te kletsen: succes van eigen renners genereert kijkers. Een van die Nederlanders die in een nabij verleden nog kijkers naar de buis trok, Kenny Robert van Hummel, geeft vandaag moe en kapotgereden op; de Tour is zijn vriend niet meer. De kijkers hebben hem overigens deze ronde niet tot nauwelijks gezien.

Koen de Kort wordt de beste Nederlander op het grote plein van Pau, waar ik dik na de etappeaankomst op 'vriendelijke wijze' mee naartoe genomen wordt door vrouw en collega's. Ik voel het al de hele dag aankomen, maar speel het spel aardig mee. Ik ga genieten van het feit dat De Sol zijn twintigste Tour 'doet'. Dat is een prachtig getal voor de trouwste chauffeur annex linker- en rechterhand die de NOS ooit in de Tour heeft gehad. Sol reed op de fiets zeven rondes en heeft er nu dus ook bijna dertien als begeleider volledig meegemaakt. Als ik iemand een mooi beeldje gun, is het De Sol wel.

Hij is een prettig mens, een harde werker en ik ben eigenlijk jaloers op Maarten Ducrot dat hij iedere dag naast De Sol mag verblijven, met hem over fietsen kan 'lullen', in een sfeer van pure vriendschap. De Sol is een man van weinig woorden. In de auto, aan tafel en ook deze avond als hij uit handen van Christian

Prudhomme zijn gedenkpresentje krijgt voor twintig jaar trouwe dienst. De Sol ontvangt het bescheiden lachend en stapt terug in de schaduw. Iedereen accepteert dat. Heel velen kennen De Sol, ik weet zeker dat hij zeer gewaardeerd wordt.

Ik krijg mijn derde schaaltje; de eerste kwam twintig jaar geleden. Jezus, twintig jaar geleden... dat was in 1992. Erik Dekker en Lance Armstrong reden nog bij de amateurs tijdens de Olympische Spelen van Barcelona. Jackson Browne bracht 'Barricades of Heaven' uit en ik was toen geweldig op zoek naar enige stabiliteit in mijn leven.

De tweede schaal kreeg ik nog van Jean-Marie Leblanc, tien jaar geleden, ergens op een vergeten vrijdagmiddag. Ik heb dus al twee van die zilveren krengen. Het zijn keurige, zilveren schalen die je iedere week dient te poetsen. Ik doe dat zelf, ongeveer driemaal per jaar.

Originaliteit hebben ze bij de ASO bepaald niet, want ik krijg een schaaltje van precies dezelfde afmetingen als die van 1992 en 2002. Op de uitgave van vandaag staat gegraveerd: 'En reconnaissance à Mart Smeets 40me Tour de France'. Merci. Merci beaucoup. Met die twee woorden kom ik niet weg, want na een korte toespraak van de Tourdirecteur moet ik wel een kort dankwoord geven.

Ik zoek naar Franse woorden, denk me redelijk te redden, vertel over mijn verblijf in de Tour en in Frankrijk en verwissel de werkwoorden 'recevoir' en 'accueillir'. Dat stoort me vreselijk, voel ik, maar ik kan de taalfout niet meer herstellen. Een keurig applausje is mijn deel. Die andere mensen die hier staan, veel Fransen vooral, geven geen zak om die Hollander daar in het midden. Deze middag worden een hele hoop Tourvolgers in het zonnetje gezet. Allemaal types die in de zomer niet anders kunnen dan door Frankrijk te reizen achter wielrenners aan.

Ik geef De Sol een hand en loop naar de uitzendlocatie. Daar zit de Ierse singer-songwriter Luka Bloom al te wachten. Hij zal een buitengewoon aardig lied zingen over het fietsen in zijn eigen Ierland. De naam Sean Kelly komt in de tekst voor.

Ik ken de muziek van Bloom omdat ik hem weleens gedraaid heb in *For the Record*. We besluiten een rondje langs de drie bekende Ieren in deze Ronde te maken: Daniel Martin, de kleine Roche en Kelly zelf. Geen van hen blijkt deze zanger of zijn muziek te kennen. Leuk.

De andere gasten eten mee aan een lange tafel: Egon van Kessel, de voormalige Nederlandse wielercoach die nu voor RusVelo werkt en de oud-schaatser Harm Kuipers, die ik zeer graag mag. Harm is behoorlijk ziek, hij heeft zwaar kanker en knokt. Ik ken Harm sinds 1974, dat is een aantal levens terug. Hij werd wereldkampioen allround in 1975. Daarna kwam ik hem tegen als arts, als wetenschapper, als bobo en als dopingdeskundige. Hij maakt er geen geheim van dat hij kanker heeft, geneert zich niet en vindt het prettig als zijn gesprekspartners ook 'gewoon' doen. Dat gebeurt.

Ik besluit het onderwerp 'kanker' pas op het allerlaatste moment van ons gesprek aan tafel aan te stippen. Ik wil iedere sensatie vermijden en dat lukt ook. Het is zoals het is. Harm Kuipers kan er zelf gecontroleerd en zonder hoorbare emotie over spreken. Ja, hij heeft kanker. Wat kan hij eraan doen? Hij is wetenschapper en daardoor kan hij er met enige professionele relativering over praten.

Ik ben blij dat hij vanavond in deze *Avondetappe* aan heeft gezeten. Dat zeg ik hem ook als we elkaar na afloop een stevige hand geven. We gebruiken weinig woorden, maar we snappen het beiden: we hoeven ook niets te zeggen.

Luka Bloom zingt zijn lied met onder andere als strofe: 'I think I go for a ride.'

De meesten van ons gaan nog een biertje drinken op een avondterras waar Noren en Denen enorm dronken zitten te zijn. Je merkt het meteen: morgen rustdag. Het gelal op het terras houdt aan, I think I go for a ride. Wegwezen, naar ons hotel, waar de voordeur op slot is.

Pas als zich meerdere mensen met het nachtslot bemoeid

hebben, vindt iemand een knopje. Eureka. Als ik langs de ont-
bijtzaal loop, zie ik dat het eten en de koude drank al klaar zijn
gezet voor morgenochtend.

Dinsdag 17 juli

Rustdag. Rusten is in principe niets doen. Ik mag een filmpje
maken en ben daar blij mee. Ik wil graag laten zien hoe de firma
Sky zijn zaken voor elkaar heeft en daarvoor volstaan beelden.
Zoals televisie bedoeld is: visie. Wat er tegenwoordig gebeurt,
praten en nog meer praten aan tafels, in studio's, in welke ruimtes dan ook, is een gemakkelijk aftreksel van wat ooit een mooi
beroep was. Ik kom uit de school van 'laten zien', hoewel ik zelf
ook in de stal van de tafelpraters ben beland.

Ik wil vooral de sfeer rond de ploeg van de geletruidrager laten zien. Daarvoor melden cameraman Frank Dokter en de verslaggever zich ruim op tijd bij het Parc Beaumont Hotel in Pau,
waar het dan al een stevige doch typisch Britse chaos is. Geel
trekt altijd mensen aan. Wiggins kan de Tour gaan winnen en
op de tweede rustdag trekken alle zichzelf respecterende verslag-
gevers naar het hotel van de geletruidrager; hier moet hét verhaal
vandaan komen. Het is plat, makkelijk en afgekloven, maar het
gebeurt ook dit jaar weer. Op de laatste rustdag maak je nu eenmaal een verhaal over de leider in het klassement.

Een groot aantal Britse journalisten wil vooral de boodschap
van Bradley Wiggins zelf horen. Drie kwartier voor het begin van
de hectische persbijeenkomst, voorgezeten door oud-renner Da-
rio Cioni, zijn alle stoelen al bezet en kan je als cameraman geen
behoorlijke plaats meer voor je statief vinden. Collega's vouwen
uit de lobby van het hotel meegenomen reclameboekjes tot een
puntvormige zonwering boven hun hoofd.

Het is overal dringen en de laatkomers hebben of een slechte
positie helemaal aan de zijkant of ze proberen zich nog naar voren te werken, zoals mijn onvolprezen collega Jeroen Wielaert.
Jeroen doet het op grootse wijze. Met een tas en een opname-

apparaat zeulend, excuses in diverse talen uitsprekend, hijst hij zich naar de eerste rij en gaat fraai en plompverloren in het gras zitten.

Een compleet bed niet lang geleden geplante sierbloemen heeft het al moeten ontgelden, want de laatkomers hebben geen oog voor de natuur en struinen overal direct doorheen. Een aardige jongen van het hotel probeert in een soort onbeholpen Engels de horde nog tot andere gedachten te bewegen en om te leiden, maar een vermoeide Tourvolger gaat niet voor mooie grasvelden of plantenformaties in een zorgvuldig aangelegde tuin opzij: ben je gek! Je vertrapt die dingen en zorgt op die manier dat je vooraan komt te staan. Die attitude heeft me altijd al verbaasd. Vanaf 1973 is de mensheid er geen steek beter op geworden.

De persconferentie begint te laat: Wiggins is er nog niet en sommige renners van Sky staan zich in de zon te vervelen. Of is het ergeren? Ze weten dat waarschijnlijk niemand hun een vraag zal stellen en dat ze slechts vulling voor de lange tafel zijn.

Wiggins bespeelt vervolgens vol humor zijn gehoor. Hij zegt eigenlijk niet veel, maar doet dat wel weer geestig met behoorlijk wat woorden. Nee, de Tour is nog niet beslist en ja, Parijs is nog ver. Je hoort het cynisme in zijn stem doorklinken. Soepel schakelt hij door naar Frans, een dunne lach op zijn gezicht. Hij speelt graag met die arme Franse collega's die er maar niet aan hebben kunnen wennen dat er wielrenners bestaan die een andere taal spreken. 'Vous comprenez,' zegt hij op bijna dwingende toon tot een Fransoos.

Ik heb de mazzel dat Chris Froome vlak naast me gaat zitten en ik kan hem direct scheren; Frank hoeft zijn camera slechts op te pakken en we zijn binnen drie minuten klaar. Froome en ik hebben kennisgemaakt in de Vuelta van verleden jaar. Hij maakt daar nu meteen melding van en antwoordt keurig. Hij vraagt zich ook af wat de betekenis van deze bijeenkomst is. Zegt: 'Iedereen heeft toch zijn mening over wat er thans gebeurt. Why this chaos?'

Ik zeg hem dat zijn manier van rijden nog wel om een toelichting vraagt. Is hij werkelijk zo goed als het eruitziet? Hij kijkt me licht glimlachend aan: 'Yes, I am still strong.'

De echte chaos breekt 's avonds pas los. We zenden uit vanuit de prachtige tuin van Villa Navarre, een hotel in een buitenwijk van Pau. De Radio Shackploeg slaapt hier; een overblijfsel van de Armstrongdagen. Lance vond het hier machtig lekker omdat het hotel een hoog hek heeft dat achter de gasten dichtgaat. Er komen hier dus weinig pottenkijkers, laat staan fietstoeristen, handtekeningenjagers of mensen met fototoestellen in de aanslag binnen.

In de namiddag is het er nog idyllisch rustig. Een paar renners slenteren van het terras af naar hun kamers. Een van hen is Fränk Schleck. Ik groet hem, hij groet terug. Dan praat ik met Frank Evenblij voor zijn programma, ik monteer mijn stukje over de Skyploeg met Bart de Grood en we laten later nog een fles rosé opentrekken.

Het leven kabbelt voort, het is hier formidabel rustig en lekker warm: nu alleen nog een gezellige avondmaaltijd en dan de rustdaguitzending, een kind kan de was doen.

We eten, zoals altijd, in twee shifts en als de technische jongens langzaamaan gaan bouwen en Jelle Hiemstra en Misha Gort het licht gaan klaarzetten, gaan de redactiemensen aan tafel. De renners van Radio Shack zitten op dezelfde verdieping, in een zaal naast die van ons. Er klinkt gedempt gepraat en bestekgekletter door de deuren heen; niets aan de hand, zo lijkt.

Jan Stekelenburg krijgt telefoon, zegt iets terug, schrijft vervolgens iets op, luistert nog even en bedankt de beller. Met zachte stem, het hoofd iets naar voren in mijn richting gebogen, zegt hij: 'AP meldt dat Fränk Schleck gepakt is op doping en dat hij zich meldt of al gemeld heeft bij de politie in Pau.'

Het is heel even stil aan tafel en dan gebeuren er veel zaken die het journalistieke leven in de Tour o zo kunnen opfleuren. Ik kijk in de kamer naast ons. Ik herken drie, vier renners, maar zie Schleck er niet bij. Daar ben ik zeker van.

Vijf minuten later staan de renners naast ons op en lopen ze, de meesten met hun telefoontje aan het oor, snel naar hun kamers. Er is sprake van lichte paniek. Twee renners, ik denk Voigt en Klöden, gaan in een tuintje achter een dikke heg zacht zitten bellen met thuis. Verzorgers rennen nu naar de kamers. Dirk Demol, de assistent-ploegleider van Radio Shack, komt op me af lopen. Hij zou vanavond aan tafel zitten in onze uitzending, maar van afstand zie ik al dat dat niet doorgaat. 'Je hebt daar begrip voor?' zegt hij als hij inderdaad afzegt. Ik knik. Kan hij nog iets meer vertellen? Hij kijkt even om zich heen: 'Nee, eigenlijk niet. We zijn verrast, allemaal. We weten niet waarover het gaat, men spreekt van een vochtafdrijver.'

Ik vraag: 'Een plaspil?' en Demol knikt: 'Dat zegt men nochtans, maar dat kan ik me niet indenken. Dat is te simpel toch? Schleck toch niet?' Dan gaat zijn telefoontje en excuseert hij zich.

Philippe Maertens is de publiciteitsman van de ploeg. Ik ken hem en mag hem. Ik houd hem staande en zeg wat ik gehoord heb. Hij bevestigt: 'Dat klopt, Fränk heeft zich anderhalf uur geleden vrijwillig bij de politie in Pau gemeld. Voor het diner is hij vertrokken, toen nog in stilte.'

Dan krijgt ook hij telefoon en loopt weg, een gang in. Ik ga naar de andere zijde van het hotel waar een paar journalisten erin geslaagd zijn binnen te komen via de anders zo dichte deur. Er rennen nu mensen over het grasveld en even later rijden een paar politiewagens met zwaailicht aan naar binnen. Ik denk goed na. Komt er hier een politie-inval aan, dan zijn wij spekkoper, want we kunnen alles filmen. Heel snel overleggen we: waar posteren we camera's? Het komt er zelfs van dat Joost, de cameraman van Frank Evenblij, die dus voor de VARA als gast bij ons is deze avond, meegenomen wordt. Ik roep: 'Kom op Joost, het is nu oorlog, draaien.' Hij doet het maar al te graag. De andere camerajongens staan bij het hek, waar zich inmiddels een flinke menigte aan Tourvolgers gemeld heeft; sommigen proberen over het hek te klimmen. Anderen roepen verwensingen naar ons, die binnen zijn.

Jan komt me zeggen dat we straks, meteen om tien uur, op de kop van *Nieuwsuur* zullen zitten, hij belt voortdurend. Vijf minuten later krijg ik telefoon vanuit Hilversum. Of het goed is dat Toine begint en uitlegt wat er vanavond in Pau gebeurd is en dat hij daarna met wat gerichte vragen naar mij toekomt. Ik denk razendsnel na en zeg: 'Nee, wij beginnen. Wij hebben het hier helemaal in eigen hand. Wij zien alles gebeuren en kunnen het laten zien, waarom ga je dan wijsneuzerig in Hilversum beginnen met het nieuwsaspect? Wat is dat voor zelfoverschatting, wie bedenkt dat?' Het blijft even stil.

Jan kom ik even later weer in een gang tegen. Ook hij heeft gezegd de hele uitleg hier vandaan te laten komen. Hij fulmineert: 'Wat is dat toch voor een onzin om daar in een studio in Holland met een presentator te willen beginnen als wij hier letterlijk in de chaos staan?'

'Wat heb je ze gezegd?' vraag ik.

'Ik heb gevraagd of ze gek waren?'

We lachen elkaar toe en ik hol door naar de andere kant van het terrein, waar nu meer politie binnenkomt. We draaien een shot van boze collega's die buiten het hek staan. Poor guys, denk ik. Wij hebben mazzel, dat is alles.

Tien minuten later sta ik klaar voor de uitzending, leg ik uit waar, hoe en wat er vanavond gebeurd is. Ik zeg heel ostentatief dat ik me aan de feiten houd en leg uit. We laten de beelden zien van de situatie op het terrein en zijn dus de enigen ter wereld die dat live kunnen doen. Ja, we hebben geluk dat we in dit hotel onze uitzending gepland hebben, dat geef ik meteen toe, maar dat geluk kunnen we nu doortrekken in mooie en spannende televisie.

Weer iets later hoor ik dat er vanuit het Radio Shackkamp direct ontkend wordt dat er iets met Schleck en doping aan de hand is. Iedereen is verbaasd. Nee, niemand kon dit voorzien. Ja, er is direct contraexpertise aangevraagd. Men weet niet om welk product het gaat. Tot zover niets nieuws. Zelfs de volgorde van altijd is hier intact gebleven. Eerst ontkennen, dan verbazing uitspreken, dan verwijzen naar de B-staal. Comme d'habitude.

De storm rondom Villa Navarre gaat ook weer snel liggen als de politieauto's verdwenen zijn. Er is wel veel personeel uitgestapt, maar er is helemaal niets gebeurd. Geen huiszoeking, niemand is ondervraagd, dit was puur wapengekletter. Ik denk niet dat een Radio Shackrenner aangesproken is.

We doen de uitzending met Marc Wauters en Servais Knaven en kletsen over hoeveel 'van dit soort gevallen' de wielersport en de Tour nog kunnen hebben. Het gaat toch over een toprenner die gepakt lijkt te zijn met een maskeringsmiddel. Of praat ik voor mijn beurt? Kan ik dat bewijzen? Nee, want je moet altijd de tweede test afwachten, heb ik ook mezelf geleerd. Het is veel te gemakkelijk te beschuldigen zonder dat je de ware toedracht weet. Schleck heeft wel alle schijn tegen.

En je mag ook concluderen dat 2012 niet bepaald het jaar van de broertjes Schleck is geworden. En Radio Shack heeft er weer een probleem bij, dat zal ook Johan Bruyneel, die niet in de Tour is, beseffen.

Na de uitzending is het opruimen snel gepiept. We forceren de buitenpoort van het hotel een klein beetje, omdat een deur niet meer helemaal opengaat en de auto's er niet uit kunnen, en rijden richting stadscentrum van Pau. Daar is werkelijk alles dicht; er loopt geen hond over straat, de nacht omhult alle geheimen en er is nergens meer iets te drinken.

Ik maak een top-5 lijstje van sensationele dagen/avonden in de Tour.

5. De avond van Bernard Hinault in Pau 1980. Stapt af in gele trui.

4. De zwembaddag van TVM in een hotel in Foix in 1998. Ploegleider Cees Priem was net door justitie opgepakt en de renners sprongen na een fietstochtje vrolijk met wielerkleding aan in het water en dachten dat dat leuk was.

3. De Festina-manifestatie voor de start in Le Châtre in 1998. Allemaal ontkenners, allemaal leugenaars. Fantastisch om bij aanwezig te zijn.

2. De TVM-avond en nacht in Albertville 1998. De complete

Nederlandse pers buiten de hekken van een hotel en de renners die 's avonds laat als misdadigers worden afgeleverd door overspannen Franse politiemensen.

1. De Rasmussen-avond in 2007 in Pau. Ja, weer Pau. Complete chaos en de Tour op zijn kop. De geletruidrager wordt door zijn eigen mensen uit de Tour gegooid.

Inslapen kost weer geen moeite. Wat een bizarre dag.

Woensdag 18 juli

Soms zit het mee en vandaag zit het dus werkelijk vet tegen. Ons hotel lijkt op een schilderij van Jan Steen. Veel te weinig personeel, twee wielerploegen (Cofidis en Liquigas), een zooitje Engelstalige journalisten, de NOS en... de internetverbinding werkt niet. Aan de balie staat een flink leger Amerikanen te schreeuwen. 'It's a fucking shame...'

Het wicht dat de sleutels uitgeeft snapt er niets van en lacht maar wat, de koffiemachine gaat op enig moment kapot, lang niet alle kamers zijn schoon of klaar, er kan niet meer geluncht worden en de televisieontvangst op onze kamer is bedroevend.

Het zit dus tegen. What to do? Er loopt een aardige jongen rond, een Marokkaan die anderhalf jaar in Den Haag gewerkt heeft. Hij stelt me voor een andere tv in het magazijn te gaan zoeken en dat lukt hem. Hij installeert hem en ik heb beeld en zie ineens de etappe. Hij zegt, aandoenlijk: 'Ik ken jou van het nieuws op de Tros.'

Ook wil hij proberen me een kabelaansluiting voor mijn laptop te geven, maar die actie strandt in goede bedoelingen vanwege ontbrekende digitale kennis. Hij stelt voor dat ik bij de Pizzeria schuin aan de overkant mijn e-mail ga ophalen; die lieden hebben net een nieuw wifikastje.

Uit een massale kopgroep, die met 38 man wel erg groot is, blijft Thomas Voeckler over. Hij wint solo en Frankrijk ontploft. Hoewel hij een niet zo erg beste naam in het peloton heeft, ben ik wel onder de indruk. 'Eikel,' zei Michael Boogerd over hem.

Andere renners komen tot 'aandachtzoeker', 'hufter', 'clown' en 'aanvallende coureur'.

Dat laatste is zeker zo, helemaal vandaag. Ik zoek hem op in mijn naslagwerken en zie dat dit al zijn tiende Tour is. Hij begon met roem te vergaren toen Lance Armstrong in 2004 een pseudoleider van het klassement nodig had om Jan Ullrich en Andreas Klöden rustig te houden. Vaak was Virenque zo'n man geweest, maar ineens stond Voeckler daar. Lance kende het kleine mannetje niet, maar accepteerde hem als geletruidrager-tot-het-er-werkelijk-om-ging. Voeckler snapte zijn rol. Hij maakte naam voor zichzelf en was vriendjes geworden met de grote baas van het peloton. Slim.

En zo was hij een beroemdheid geworden in Frankrijk. Eén keer in die tien jaar Tour eindigde hij bij de eerste tien. Hij begon als nr. 128 en zijn beste klassement was vierde. Voor de rest nooit in de top, maar hij koos wel zijn dagen uit. Vandaag was zijn vierde etappezege.

De laatste jaren reed hij volwassen en sterk. Dan kreeg hij iets bijna arrogants over zich. Hoofdje schuin in de wind, kin omhoog; hij had schijt aan de wereld, hij was een goede wielerprof geworden en Frankrijk lag aan zijn voeten. De Franse tv volgde 'ChouChou' dit jaar dagelijks. Hij deed er alles aan nog populairder te worden dan hij al was. Tegenstanders van Voeckler moeten hem werkelijk uitgekotst hebben in deze Tour, want iedere dag stond hij weer strapatsen uit te halen in de rechtstreekse uitzending. Wellicht was het wel een contract dat Europcar met de televisiebazen had afgesloten, want normale, gezonde journalistiek kon je dit toch niet noemen.

Ik moet zeggen: hij fietste goed. Maar mocht het omlijstende gedrag a.u.b. een onsje minder? Vandaag komt hij alleen aan en wint, maar dan die bekkentrekkerij, die emotie, al dan niet gespeeld. Jezus, hou daarmee op. Aan de andere kant: hij doet tenminste wat. Als hij niet voor deze reuring zorgt, is er helemaal niemand die zich nog beweegt in deze bijna stilstaande Tour. Niemand heeft de puf Bradley Wiggins aan te vallen of het moet

Chris Froome zijn, maar die heeft nu een keihard 'nee' in zijn oren gemonteerd gekregen.

Voeckler voelt dat aan, ziet dat hele leger dooien om zich heen en steekt het vuur aan. Ik heb ergens gelezen dat dit kleine baasje een jaarcontract bij Cofidis van 800.000 euro heeft laten lopen. Een Franse televisiecollega bevestigt me dat. Voeckler heeft bij Europcar een basiscontract van ruim drie ton en daar komen premies bij. Hij kon zich dus minstens verdubbelen, maar hij bedankte voor de eer. Ik vroeg de Franse collega waarom. 'Omdat de renners van Cofidis hem waarschijnlijk een enorme lul vinden,' zei de man. Heeft Boogerd dan toch gelijk? Misschien, maar ik vind wel dat dit kleine opsodemietertje in staat is ons allen wakker te houden. Hij heeft al een prachtig voorseizoen gereden en nu knalt hij toch de bolletjestrui naar Parijs. Met enige vorm voor decor rijdt hij rond, hij valt aan, wint vandaag de Koninginnerit en komt mooi solo aan. 'Toch is ie een eikel,' zegt Bogey als ik hem in de vroege avond tegenkom.

Voor de uitzending gaan we naar een hoogte van ongeveer 1000 meter. We zitten op een binnenplaatsje van een oude Pyreneeën-boerderij; het rustieke spat van het beeld af. Omdat ik begrepen heb dat het behoorlijk zal afkoelen, haal ik mijn katoenen Dale-trui uit tas B, die ik daar met duivels genoegen in had gestopt. Karen raadt me het dragen ernstig af met de woorden: 'Choqueer nou toch niet weer, je weet dat er mensen zijn die daarop zitten te wachten,' maar ik trek 'm toch aan.

In de eerste plaats krijg ik gelijk omdat het inderdaad flink fris wordt en daarnaast vind ik het aardig al die hufters van stukjesschrijvers, die ten onrechte steeds maar blijven beweren dat ik altijd dit soort truien draag en mij dat aanrekenen, even lekker te pesten. Ik weet precies wanneer ik de laatste Dale aanhad. In februari 2006, in Turijn. De zes jaar daarna niet. En dan komt er recent een jongetje van een krant en die vraagt me: 'Waarom draagt u altijd van die lelijke Noorse truien?' 'Droeg, zal je bedoelen,' antwoord ik dan, waarop de jongen zegt: 'Ik heb u er toch iedere winter in gezien.' 'Nee, in februari 2006 voor het laatst.'

Peter Vandermeersch, de Vlaamse hoofdredacteur van *NRC Handelsblad*, vertelt in de uitzending mooi over zijn kleine bijbaan als 'seingever' bij koersen in Vlaanderen. Zo heeft iedereen heimelijke geneugten.

We zijn om even over enen in Luchon terug. Het plaatsje droomt al, maar de nachtportier van ons hotel blijkt van het vergefelijke soort te zijn. Met engelengeduld zien we toe hoe hij flesje voor flesje opent, een glas inschenkt, zijn aantekeningen maakt en het glas keurig uitserveert. Als de eerste binnenkomers hun glas leeg hebben is het al twee uur.

Er is één ding in ons aller voordeel: morgenavond zenden we vanuit dit stadje uit. Op precies een kilometer van dit matige hotel bouwen we morgen op. Dat zet ons aan tot een tweede ronde en dat gaat door totdat de ijskast van de nachtportier leeg is. Hij zegt 'désolé' te zijn. Wij ook.

Ik lig om half drie in bed. Ik heb een sms gekregen van een onbekende afzender. De tekst luidt 'Nice sweater'. Ik heb geen idee wie de afzender is. Dan zie ik dat er nog een bericht is binnengelopen. 'Heb jij de loting van de 1500 meter al?' Ook naamloos, maar ik denk dat ik weet van wie deze is.

Donderdag 19 juli

Voor de start ga ik met een camera rond in het peloton van volgers. De vraag is simpel: kunt u zonder de Tour? Ik vraag het aan een stuk of twintig, dertig Nederlanders en Belgen. Aan journalisten, ploegleiders, soigneurs, meelopers en oud-renners. De consensus aan antwoorden: Nee, ik ben niets in de maand juli zonder de Tour. Er zijn erbij die proberen te relativeren, maar dat lukt maar slecht. 'Misschien dat ik eens met vakantie ga in juli, dat heb ik nog nooit gedaan,' zegt iemand.

Ik heb mezelf die vraag ook weleens gesteld. Onlangs nog, tijdens de lunch met Karen. Ik stelde toen: 'Ik denk dat ik in juli

2013 rustig in Wyoming of in Montana kan rondreizen. Goede hotels, lezen, muziek...'

Ze keek me hoogst verbaasd aan en zei: 'Dat denk je toch niet echt, hoop ik?'

Ik knikte. Dat dacht ik wel.

Zij: 'En dan de hele avond op je computer naar de etappes gaan zitten kijken en 's nachts liefst naar weet ik welke praatprogramma's. Schei toch uit, jij kan niet zonder die Tour.'

Ik, semi-overtuigend: 'Ik denk het wel.'

Stilte. En een dodelijke blik.

Ik praat ook voor het avondprogramma met David Millar (elf Tourdeelnames). Hij stelt dat hij een goed deel van zijn leven heeft ingericht op de Tour in juli. Hij was twee jaar geschorst. Het eerste jaar (2003) zoop hij zich iedere avond een stuk in zijn hoeven en sliep hij zijn kater uit, om vooral de live uitzending van de etappe maar te missen. Een jaar later, toen de pijn al wat weggevloeid was, ging hij de hele middag zitten kijken en liet hij zich meezuigen in de beelden van zijn vroegere collega's.

Als de koers vertrokken is, ga ik zitten lezen. Verder dan twee pagina's in Nico Dijkshoorn ben ik niet gekomen. De tijd dat journalisten drie of vier romans meenamen naar de Tour is al lang voorbij. Ik herinner me nog wel Henk Terlingen, die in een jaar (ik meen 1976) meerdere pillen van Simon Vestdijk las. Ikzelf heb nog eens *The Jordan Rules* van Sam Smith in drie Touravonden uitgelezen, maar dat was in een tijd dat we geen nachtwerk hadden.

We waren toen met vijf, later vier man in de Ronde en moesten wachten op het moment dat De Neel zijn stukken voor de krant klaar had. Dan gingen we richting hotel, werd er gewassen en kwamen we met schone kleren aan tafel (soms ook met een jasje aan) om in goede restaurants echt te gaan dineren. Op enig moment kwam dan 's avonds wel de vraag van De Neel: 'Avezvous un grappa?' en dan wisten we hoe laat het zou worden. Dat leven van herencommentatoren bestaat al lang niet meer. Die

kaste zit nog wel in grote wagens opgepakt, maar veel levensge-
nieters zijn daar niet meer bij. Alleen Jørgen Leth, mijn Deense
vriend, wil graag genieten van de Franse keuken, maar klaagt
over barbarisme om hem heen.

Onze eetpartijen nemen ook steeds meer af. Ten eerste komt
dat door de tijdsdruk, maar de vele nieuwe en jonge collega's willen ook vooral goedkoop en snel eten. Ik heb in deze hele Tour
pas een paar maal 'behoorlijk' gegeten, tweemaal goed en voor
de rest 'Mwaahhh'. Toegegeven, het is ook een kwestie van cultuur, van opvoeding, van bestedingspatroon, van gewoonte en ik
begrijp dat. Ik weiger zelf echter 'fast food' te eten of pizza's naar
binnen te schuiven. Soms komen wat jongens terug van de Mac
en dan hebben ze hun pensen volgestopt met hamburgers, frites
en Cola. 'Lekker gegeten,' roepen ze dan.

Ik denk dan meteen aan De Neel. Met die aantekening dat hij
één keer in zijn leven, in Verona bij het WK, een Big Mac heeft
gegeten. Een van de chauffeurs had die meegenomen en met
fantastisch misbaar at De Neel de meelhoop-met-vlees weg. 'Viel
me niet tegen,' zei hij na afloop, maar voegde daaraan toe: 'Ik had
ook mijn schoenen opgegeten, zo hongerig was ik.'

Nu zit ik alleen te lunchen in een ineens door de Tour verlaten stadje; een lekkere salade met een stukje keihard brood en
een glas halfzure witte wijn. Een Nederlandse toerist komt me
vragen of hij nog ergens kaartjes kan kopen voor het bijwonen
van De Avondetappe. 's Avonds staat hij, op enige afstand, toe te
kijken hoe Thomas De Gendt (een goed pratende, Vlaamse renner) en Peter Ouwerkerk (heeft zeker dertig Tourkruisjes achter
zijn naam staan en is als 'algemeen invaller' binnengevlogen) en
de hardwerkende Edwin Winkels er een zeer prettige uitzending
van maken. Hij steekt zijn duim omhoog en bedankt me na afloop voor de 'prachtavond'.

We hebben het deze avond over Alejandro Valverde, de man
die de etappe wint en boven op de top bij de finish zijn tranen de
vrije loop laat. Drie jaar is hij weggeweest uit dit spel en hij vond
dat vreselijk. Hij liep in de maand juli tegen een muur op, maar

trainde wel altijd door. Dit jaar was hij terug, maar dit was tot vandaag zijn pechronde. Viermaal al was hij gevallen, eenmaal had hij 'lek gestaan' op een belangrijk moment in de koers en was zijn auto maar niet op komen dagen. Hij had minuten lang met zijn wiel in de hand gestaan en had over het leven staan nadenken. De rest van de wereld rijdt je gewoon voorbij als jij daar staat. Hij had moeten lachen toen hij dat opmerkte. 'Dat klopt voor het gewone leven ook,' had hij erbij gezegd.

's Nachts hoor ik van Karen hoe haar dag is geweest. Een lekke autoband ergens ver weg, een aardige mijnheer van een buurt-super in een klein dorpje, hulp van alle kanten, een 'thuiskomer-tje' en morgen moesten we maar eens twee nieuwe banden gaan kopen, liefst in Toulouse. 'Twee?' zeg ik. Ze knikt: 'Dat is een wet of zoiets hier in Frankrijk. Je koopt een set banden.' De volgende dag leg ik 640 euro neer en vraag of er misschien eentje om de velg gelegd kan worden. De receptioniste van de Lexusgarage zegt dat ze 'désolée' is, maar het is bijna lunchtijd... dus. Ik zeg 'bijna', en zij draait zich om en loopt weg. Ik kijk naar de klok: 11.38 uur. Bijna lunch. Jammer. Later die middag legt een reuze aardige jongeman in een Nissangarage in Brive la Gaillarde de nieuwe band wel om de velg. Ik geef hem een forse fooi. Hij bedankt me en vraagt en passant: 'Uhhh, votre équipe de foot... quel drame!'

Kenner.

In het hotel drinken we nog een glas. De nachtportier, dezelfde van de afgelopen nacht, is in geweldige vorm. Met graagte schenkt hij in. Ik moet zeggen: met graagte nemen wij in. Het is zo'n man waar De Neel rustig aan had gevraagd: 'Avez-vous un grappa?'

Vrijdag 20 juli

De laatste vrijdagetappe is al jaren de minst interessante van alle. Morgen wacht een tijdrit, daarna vaak ook een lange verplaatsing en dan de zondagse promenade naar Parijs. Veel kranten sluiten op vrijdag heel vroeg, veel collega's zitten 's middags al vooruit te werken en weinigen hebben oog voor de etappe.

Het wordt ook weer niets speciaals. Er gaat een groep weg, er wordt gewerkt voor Mark Cavendish en dan weet je hoe laat het is. Peter Sagan is zeker van zijn groene trui, de Fransen zijn uiterst tevreden met de bolletjestrui voor Thomas Voeckler, over de winnaar van het geel twijfelt al weken niemand meer.

Het is dan toch opvallend om te zien hoe het peloton uit elkaar spat. Zo'n 76 renners komen vlak bij elkaar aan, maar daarachter vallen er gaten. Als je goed kijkt, zie je dat iedereen kapot is. Renners laten gewoon lopen, drie of zeven minuten vandaag erbij maakt ze helemaal niets meer uit. David Millar verliest fluitend negen minuten, onze landgenoot Sebastiaan Langeveld komt moederziel alleen op meer dan twaalf minuten binnen. Hij knippert niet eens met zijn ogen.

Aan tafel de hardloper, dichter, schrijver, Tourvolger Abdelkader Benali. Hij legt zijn waardering voor de renners breed op tafel. Hij is fan, hij gelooft in het heroïsche van een man alleen op zijn fiets. Dat mag. Dat maakt hem een leuke gast. In deze soms zo kille, harde wereld waarin bedrog een handvat is, is het soms prettig om redelijk naïeve mensen aan te treffen.

Tegenover hem zit Leo van Vliet, bondscoach en wedstrijdleider. Die kent de mores binnen het peloton. Hij heeft gereden in een tijd dat zijn ploeggenoten en hij de lakens uitdeelden. Hij reed ook in de jaren dat 'we' nog succes hadden in de Tour. Nee, hij is niet heel blij met de Nederlandse inbreng. Hij hoopt nog wel een behoorlijke ploeg in Londen en later in Valkenburg aan het vertrek te krijgen.

In ons hotel zegt de nachtportier dat hij 'désolé' is. Alles is dicht. Geen druppel dus. Iedereen sloft naar de kamers. Parijs is nog ver, hoor je Joop zeggen.

Zaterdag 21 juli

Vanuit ons hotel is het bijna vijf uur rijden. Strak richting het noorden. Autosnelweg en dus eigenlijk rijden op de automatische piloot. Het gevaar bij lange verplaatsingen in de laatste dagen van de Tour is voor alle volgers: vermoeidheid.

Terwijl we rijden denk ik aan die keer, zeker vijfentwintig jaar geleden, dat we laat op de zaterdagmiddag op de radio hoorden over een ernstig Tour de France-gerelateerd ongeluk ten noorden van Limoges. De volgende ochtend bleek ons dat vier Italiaanse collega's de dood hadden gevonden. De auto was letterlijk om een boom gevouwen in een flauwe bocht. De bestuurder was hoogstwaarschijnlijk in slaap gevallen.

We zijn vroeg vertrokken, als een van de eersten. Iedereen kiest zijn eigen schema; je kan een uurtje langer slapen en wat frisser gaan rijden, of je kiest voor een iets rustiger weg. Onderweg worden we door twee NOS-auto's ingehaald, terwijl wij onze drie grote vrachtwagens voorbij gaan. Die grote bakbeesten rijden altijd in colonne. Voorop rijdt de HOL 219 (mijn benaming) waar Gerard Dijksman de baas over is. Zonder die wagen (en zonder hem) zijn we niets. Het is zo'n grote, futuristisch uitziende car met een ingeklapte grote schotel op het dak, een schakel- en montagekamer met straalmogelijkheid naar de hele wereld.

Dan is er de wagen van Thijs van Gend, die de 'shading' doet, een puur technische en voor leken onbegrijpelijke baan. Onmisbaar. Dat is een kleiner wagentje met veel hoogwaardige apparatuur. Achteraan rijdt de truck, de grote, voor iedereen herkenbare NOS-wagen waar het aggregaat in staat en mijn boekentas en nog een heleboel andere zaken, zoals de tafel, stoelen, de verrijdbare koffiezettoren en God mag weten wat nog meer. Aan het stuur van die wagen zit Ron Baartscheer, als op een troon. Ik denk dat de andere drie leden van de technische ploeg, geluidsman in de wagen, Bernie de Jong, schakeltechnicus annex editor Bart de Grood, en geluidsman in het veld Remon de Groot weleens van wagen wisselen, maar zeker ben ik daar niet van.

Als we passeren doen we dat met één duidelijke claxonstoot, altijd. Ik doe ook mijn rechterhand omhoog, in een zwaai, altijd. Los van deze drie wagens rijdt de vrachtracewagen van Jelle Hiemstra en Misha Gort. Jelle rijdt, altijd. En altijd te hard. Deze twee mannen hebben alles van het licht bij zich en vormen een republiek binnen ons koninkrijk. Ze zijn priceless. In de televisiewereld wordt vaak gezegd dat 'lichtjongens heel speciale mensen zijn'. Het levende bewijs daarvan rijdt hier op vier wielen rond. Zonder hen bestaat de lichte magie van de *Avondetappe* niet. Wij halen hen bijna nooit in, zij ons wel.

Het is met het grootste respect dat ik naar al deze mannen kijk. Zonder hun inzet en doorzettingsvermogen, hun vernuft en hun kennis is er geen *Avondetappe* mogelijk. Zij maken het programma, wij vullen het in. Hun leven tijdens de Tour bestaat uit dik drie weken buffelen, steevast 8000 kilometer rijden, als alles opgebouwd en getest is in een goed uur een technisch moeilijke klus uitvoeren en daarna meteen de hele bups weer afbreken. Dat is een slopend ritme dat je aan moet kunnen. Weinigen kunnen dat.

Tegen tweeën zijn we in Parijs. De portiers van ons hotel, Radisson Blu aan de Boulevard Haussmann, zijn slimme jongens. Ze laten de NOS-wagens strak tegen elkaar geparkeerd voor de deur staan en vangen goede tips (tenminste, dat neem ik aan), terwijl er ook een flink parkeertarief op de hotelrekening verschijnt.

Om drie uur koop ik twee paar Engelse schoenen in mijn vaste winkeltje, ik koop bij de Nicolas ernaast een fles Shiraz voor op de kamer, scheur nog even langs de herenafdeling van Lafayette waar ik in de uitverkoop twee volkomen overbodige hemden scoor en laat de Fnac links liggen.

Later op de dag zal ik daarvoor een groot compliment van Hare Majesteit krijgen; ze hoeft niet te wanhopen. Ik neem een Starbucks-koffie mee naar de kamer en zie het laatste uur van de tijdrit. Er is helemaal niets aan. De beelden van de rijdende renners tonen een mix van gelatenheid, automatisme, misschien zelfs wel verveling. Het overgrote deel gooit er met de pet naar. Neem de vier 'Armstrongvrienden', Zabriskie, Vande Velde, Hincapie en Leipheimer, ooit toppers. Dit is voor allevier zo'n beetje de laatste wedstrijd van het seizoen. Volgens de geruchten gaat op 1 september hun inmiddels beroemde Usada-schorsing in. Zabriskie doet nog zijn best en wordt elfde. Leipheimer, vroeger een man voor de top-5 van iedere tijdrit, zet nu de 141ste tijd neer. Hij rijdt op bijna tien minuten achterstand van Wiggins. Eigenlijk is dat een schande.

Ik schrijf ook de tijden van twee Nederlanders op. Voor mijn samenvattingsteksten van vanavond: Laurens ten Dam verliest 6.01 en wordt 54ste. Hij is slechts zeven seconden trager dan Cadel Evans, verleden jaar nog groot triomfator van de tijdritten en de ronde. Vandaag laat de Aussie alles lopen. En Karsten Kroon is vandaag stijf laatste, op ruim elf minuten. Dat is ongeveer zeven kilometer minder snel, gemiddeld gerekend, dan Wiggins, die voor bijna 50 kilometer per uur tekent.

Ook mannen als Alejandro Valverde en Philippe Gilbert rijden een slechte tijdrit: hun verlies tikt tegen de negen minuten aan.

Voor Wiggins is het eigenlijk business as usual. Hij is in deze Tour tweemaal de beste gebleken in de lange tijdritten en dat was wat telde. Hij volgde keurig in de bergen en liet Chris Froome (die vandaag weer tweede wordt, op respectabele achterstand overigens) niet al te gek doen in de beklimmingen. Dat is de samenvatting van deze Tour. Niet meer en niet minder. Zijn overmacht liet hij niet in klinkende bergetappezeges graveren. Hij vond het wel best dat allerlei licht opgefokte Franse renners juist daar wonnen.

Ik klap mijn spullen dicht, neem een kledingzak mee met twee verschillende setjes (want we gaan vanavond om elf uur live en nemen vanaf half een alvast de uitzending voor morgen op!) en we pakken een taxi om naar de uitzendplaats te komen. Voor die tijd eten we (echt slecht) en doden we de tijd door met hele reeksen Nederlandse toeristen op de foto te gaan. We ontvangen de gasten Hennie Kuiper en José De Cauwer, zeer goede bekenden van elkaar, en veel later komen Rob Harmeling en Michael Boogerd opdagen. Iedereen in onze groep, niemand uitgezonderd, moet diep in haar en zijn reserves tasten om deze lange, lange avond door te komen.

Tegen de tijd dat we opruimen is het rustig om ons heen. Geen skateboarders meer, geen toeristen, geen bedelaars of junks die willen stelen. We groeten de twee bewakers bij onze wagens en trekken de nacht in. Het is tegen half drie, Parijs slaapt. Klussen geklaard. Morgen een makkie.

Zondag 22 juli

Hij is de eerste echte Mod-renner in het profpeloton, of misschien was landgenoot David Millar hem net voor. Hij is de onechte broer van Paul Weller en kan aardige tijdritten rijden. Hij spaart speciale gitaren en hij kan behoorlijk klimmen. Hij heeft een resem aan scooters in zijn garage staan en hoort bij de mondiale wielertop. Wat heet? Hij verslaat op de laatste zaterdag van de Tour al zijn tegenstanders in een tijdrit en timmert het slotklassement vast in elkaar. Bradley Wiggins wint de Ronde van Frankrijk en gedoogt alleen zijn land- en ploeggenoot Chris Froome in zijn nabijheid. In een bepaald niet erg sensationele ronde heeft de atypische wielrenner zijn concurrenten makkelijk verslagen; kenners zullen direct van een 'niet grootse Tour' spreken. Ik betwijfel of mensen in december 2012 nog uit het hoofd de top-5 van deze Tour kunnen noemen. Na Wiggins en Froome volgen Nibali, Van den Broeck en Van Garderen. Laurens ten Dam wordt beste Nederlander in Parijs op de 28ste plaats.

Wiggins zet het op de laatste dag niet flink op een drinken, hoewel hij nog altijd een groot innemer is. Hij wordt tegenwoordig minder beschonken dan in het verleden. Vroeger, toen hij een redelijk onbekend renner was, kon hij zich ongegeneerd laten vollopen met bier. Dagenlang kon hij als een vod in zijn nest liggen. Zijn reis is nog niet klaar. Hij wil ook bij de Olympische

Spelen uithalen en daarom besluit hij niet aan de zuip te gaan, maar in sobere toestand naar Londen te reizen.

Hij is deze Franse ronde vrij makkelijk doorgekomen. Op twee momenten was het even spannend voor hem geweest. Op weg naar Les Sybelles reed ploeggenoot Froome ineens soepel van hem vandaan. Via de oortjes kreeg Froome meteen het knetterende bevel om in te houden. Wiggins kon niet volgen, maar stalorders waren stalorders; Wiggins was de kopman en hij zou worden uitgespeeld. Hoeveel beter Froome bergop waarschijnlijk ook was, hij mocht niet van zijn kopman wegrijden. Puriteinen vonden dit ongehoord; in de wielerwereld haalde men de schouders op: begrijpelijk. Sommigen kapittelden Froome zelfs dat hij vooruit was gaan rijden om met zijn schijnbaar makkelijke tred aan de toeschouwers duidelijk te maken dat hij geen benen voelde, terwijl de gele trui kraakte.

Wiggins haalde zijn winst niet bergop, maar in de twee tijdritten, zonder enige tegenstand. Er was ons een spannend duel tussen Wiggins en Evans voorgespiegeld, maar de Australiër haakte al snel af en was drie streepjes minder dan verleden jaar. Bergop miste hij power, zijn tijdritten waren tweedehands en Wiggins was hem overal constant de baas.

En zo schrijft de Brit wielergeschiedenis: voor het eerst staat een Engelsman in het geel in Parijs. De zoon van een in 2008 overleden baanrenner werd nummer een in 's werelds bekendste koers. Wiggins zelf vindt dat niet zo gek. Hij heeft geloof gehouden in de uitstekende voorbereiding die de Sky-wielerploeg zijn renners biedt en heeft van al die specialisten om hem heen geprofiteerd. Hij is een renner met ervaring nu, iemand die graag 'schoon' in de top van het klassement rondrijdt. Hij heeft zijn programma goed gekozen, heeft een sterke ploeg en kan vooral ook 'intelligent' koersen.

In 2011 had ik voor het eerst contact met hem. In Spanje. Loose talk, vriendelijkheden en korte vragen met korte, vrolijke antwoorden. Wiggins was 'a happy camper', hij haalde voor het eerst het podium in een grote ronde en wist toen dat er in 2012 meer in zou zitten.

Het leuke van Wiggins is zijn atypische manier van leven, redeneren, praten en doen & laten. Hij houdt van mooie, typisch Britse kleding. Smalgesneden pakken, brogues aan de voeten, Mod-hemden, Londense klasse, hoewel hij in de buurt van Manchester woont.

Wiggins is geboren in Gent in België en woonde daar enige tijd. Zijn vader was een kinkel; een rauwdouwer, een drinker ook. Baanrenner in de zesdaagsen van dertig jaar geleden, met de moraal van die dagen. Vader Gary liet zijn Engelse moeder in de steek en trok de wereld in. Vader en zoon zagen elkaar nog een heel enkele keer; hun samenzijn was geen pretje. Senior trok zich terug in een armoedzaaierswijk in een klein Australisch stadje en zoop zichzelf dood. Bradley woonde met zijn moeder in Engeland en bleek al snel de fiets leuk te vinden. Hij speelde ook graag gitaar en was geïnteresseerd in scooters, auto's, kleding, meiden & muziek en zeker ook drank.

Hij verhuisde naar Frankrijk na een verkeerd afgelopen avontuur bij de Britse wielerploeg Linda McCartney Racing Team, en schoof in 2002 aan bij Française de Jeux. Vervolgens verhuisde hij naar Crédit Agricole en weer later naar Cofidis. Inmiddels was hij succesvol geweest op de baan, maar de weg trok hem toch meer. In 2007 maakte hij de schande mee om te worden weggeleid door de Franse politie. Zijn ploeggenoot Moreni was gepakt met dopingproducten en de hele Cofidisploeg werd uit de Tour gekieperd. Wiggins was zo boos dat hij zijn Cofidisspullen bijeenpakte, ze in zijn rugzak stopte en het hele zwikkie vol walging weggooide: hij wilde niets meer met dit stelletje valsspelers te maken hebben.

Vervolgens meldde hij zich aan bij HTC, waar hij samen ging rijden met Mark Cavendish. Met de kleine sprinter had hij al het een en ander op de baan meegemaakt. Ze waren maten geweest, hadden ineens ruzie gekregen en hadden maanden niets tegen elkaar gezegd. Na HTC, waar hij zijn draai niet had gevonden en waar hij nog steeds geen groot wegrenner was geworden, kwam Garmin Slipstream. Hij liet een boek over zijn leven schrijven onder de titel *In pursuit of Glory* en heel langzaam werd duidelijk dat deze vrije geest, deze Mod-man, deze pakkendragende Brit weleens een topper kon worden.

In 2009 werd hij nog 71ste in de Giro. In datzelfde jaar startte hij, zes kilo lichter dan anders, in de Tour en presteerde ineens goed. Vierde. Verrassend. Hij werd derde in de proloog en tweede in de ploegentijdrit. Hij haalde winst in tijdritten, van welke soort dan ook. In 2010 droeg hij even het roze in de Giro na proloog-winst, maar kwam toch niet verder dan de 40ste plaats in het eind-klassement. Was hij nou werkelijk goed of was hij een eendags-vlieg? Kon hij echt klimmen? De jury van volgers wist het nog niet. Onregelmatig, dat was hij zeker. Een tikje ongrijpbaar ook.

Hij werd in 2011 Brits kampioen tijdrijden en viel in de zeven-de etappe van de Tour. Eerloos en geschaafd kon hij naar huis. Nog steeds had hij niet duidelijk gemaakt dat hij de Tour zou kunnen winnen, hoewel zijn derde plaats in de Vuelta in sep-tember 2011 veelbelovend was. Maar was Froome niet tweede in Spanje en was Froome geen betere klimmer dan Wiggins? Hoe zou dat gaan in 2012?

Dat hebben we gezien. De Sky-ploeg controleerde stevig, de gezamenlijke tegenstand was niet sterk genoeg en het optische overwicht van Froome in de bergetappes werd ingedamd vanuit de ploegleiderswagen. Wiggo, zijn koosnaam in de Britse pers, won de Tour met meer dan drie minuten voorsprong.

Daar stond ineens een Brit het volk te bedanken op de Champs. Daar stond een gitarist, eigenaar van een Gibson SG en een Fender Stratocaster, een man die naar Oasis en The Style Council luisterde. Trotse bezitter van een Lambretta GP 200, zijn lievelingsscooter. Waarom een scooter? Wiggins: 'Omdat ee scooter stoer is.'

Nog andere zaken die het memoreren waard zijn? Ja, hij d graag het moeilijk te verkrijgen Delirium Tremens, het bef Belgische bier uit Melle. Gegarandeerde dronkenschar heeft een decennium geleden al allerlei spullen van Muhammad Ali gekocht; bokshandschoenen, een boksbroek, boeken, speciale foto's. Wiggo is een verzamelaar van zaken met historische waarde. En welke wielrenner kan zeggen dat hij minstens veertig paar schoenen bezit? Allemaal gestileerde, dure, modieuze stappers. Wat de rest van de wereld zegt, raakt hem niet; hij heeft zijn eigen richting gekozen.

Na de twee programma's van zaterdag, vlak bij de Eiffeltoren, heb ik gekozen voor een vroege slaappartij. Anderen gaan Parijs in en trekken de nacht open, maar ik kan rekenen en weet wat ik allemaal moet doen op zondag. Dus sta ik om zeven uur op en begin te schrijven. Eerst voor *NUsport* en hun site nu.nl, daarna mijn dagelijkse column voor de GPD-bladen en dan mijn dagboek. Stilte heerst in de kamer; Karen slaapt uit. Om elf uur zitten we aan het Starbucks-ontbijt: Paris s'éveille.

De laatste dag van de Tour is voor mij altijd druk geweest. Er moest altijd wel geschreven worden en zo soms zat er ook een spreekbeurt bij in de vroege middag. Dan volgde commentaar, later het napraten en zo tegen zessen, half zeven was de Tour dan werkelijk voorbij. Vaak bleven we in Parijs voor een slotdiner, maar vandaag gaat dat anders. We gaan meteen op weg naar Haarlem, maar belanden, nog in Parijs, in een file van een uur. Om even voor enen zijn we thuis. Het eigen bed voelt goed.

Maandag 23 juli

Het heet officieel afkicken en het is een merkwaardige bezigheid: ietwat gestrest chillen na de Tour. Geen dikke wielerverhalen, geen koffers pakken, geen autoreis naar een volgend hotel, geen uitzending met gasten, geen etappe, geen klassementen, geen gedoe. Ik word wakker in mijn eigen bed. Dat is ook al vreemd.

De eerste dingen die je doet als je thuiskomt na ruim drie weken afwezigheid? Post sorteren, kranen open (ongeveer een minuut), deur naar het platte dak open en slapen. Dan opstaan, fietsen naar Albert Heijn, broodnodige ontbijtspullen inslaan, vuile was in de machine, een paar telefoontjes... en werken dus maar. Op naar de volgende klus.

Ik moet mijn olympische zaken snel op orde krijgen. Voor het vertrek naar de Tour had ik al wat stapeltjes gemaakt, maar is dat alles? Ik begrijp van Jeroen Huizinga, een stille, harde werker op de achtergrond bij de NOS, dat ik me geen zorgen hoef te maken over de komende drie olympische themaprogramma's: over vrouwen in de sport, over waarom 'wij' niet zo goed zijn in teamsporten en over de moeder der sporten, atletiek. Ze zijn alledrie al in juni opgenomen en openen het olympische bal bij de NOS. Vanavond Troy Douglas en Gerard Nijboer; twee uitersten, maar, als zo vaak, ontmoeten die elkaar makkelijk. De vrouwen die morgen aan bod komen zijn Elsemieke Havenga, Conny van Bentum en Jolanda Keizer. De heren Ties Kruize, Ron Zwerver en Nico Rienks sluiten op woensdag de korte serie, die we met enorm veel plezier gemaakt hebben. Het zijn mooie olympische ervaringen, succes en tegenslag bijeen, vele verhalen en vooral geschiedenislesjes.

Om twee uur kan ik mijn olympische voorbereidingen af gaan maken. Vervolgens fietsen we mijn lievelingstraject door de polder en drinken onderweg nog koffie. Vreemd, maar ik ben moe aan het worden.

Ik lees snel een stuk door over Sebastian Coe, de grote man van deze Spelen, voorzitter van het organisatiecomité. Ik vergeet er 'Lord' voor te zeggen, maar dat vindt hij niet erg. Voor sportvrienden is hij gewoon 'Seb' gebleven en deze dagen staat hij centraal in de vrij zure preludes die de Britse journalisten op Coe afvuren. 'Wij zullen jouw open plaatsen wel moeten gaan opvullen', luidt een pregnante krantenkop. Zes dagen voor het begin van de Spelen krijgt de voorzitter veel shit van zijn landgenoten over zich heen. De eventuele kans op mislukken van de Spelen wordt nu al besproken, vooral in de rechtse pulppers. Waarschijnlijk zullen diezelfde lieden als eersten een complete koerswijziging doorvoeren, mochten de Spelen wel een succes worden. Velen in Groot-Brittannië twijfelen daaraan, maar Coe bepaald niet.

Hij is en blijft een winnaar en zoals hij vroeger hard liep, werkt hij nu. Zijn criticasters zijn waarschijnlijk vergeten dat hij in de jaren tachtig zijn grote overwinningen haalde in de slotmeters van iedere race, of dat nou de 800 of de 1500 meter was. Seb Coe had een fenomenaal eindschot en die eigenschap heeft Vader Tijd hem niet afgenomen.

Verleden jaar in mei sprak ik hem voor het laatst, in Londen in het hoofdkwartier van LOC. Hij zei dat ik hem in het najaar een paar dagen met een camera zou mogen volgen, als ik dat zou willen. Hij instrueerde zijn secretaresse de nodige regelingen te treffen. Hij wilde graag zijn olympische visie bij de NOS neerleggen, verklaarde hij toen en wist van mijn filmpjesvoorliefde. Dan konden we ook altijd een glas gaan drinken en lekker eten. Leven is immers niet alleen werken.

Seb Coe groeide op in het troosteloze Sheffield. Zijn moeder was in India geboren, en zijn vader trainde hem ooit met harde hand op de atletiekbaan, eerst op gevoel, voordat hij ging studeren op het vak van 'middenafstandloopcoach' en daar heel goed in werd. Het eindresultaat was een jongeman die in 1979 driemaal in een half jaar een wereldrecord liep. Coe won vier olympische medailles en twee gouden 1500-meterraces op rij (1980-84). Toen hij zich in 1988, redelijk geblesseerd, probeerde te kwalificeren voor Seoel, faalde hij op de atletiekbaan. IOC-voorzitter Samaranch spande zich nog in voor een startbewijs, maar de Britse keuzeheren hielden hun poot stijf.

Coe stopte in 1990 definitief met wedstrijdsport. Hij werd politicus voor de conservatieve partij, opende een sportschoolketen (waar hij veel geld mee verdiende) en werd trouw fan van Nike. In 1997 werd hij niet herkozen in het parlement en werd linker- en rechterhand van de nogal excentrieke politicus William Hague, thans minister van Buitenlandse Zaken. Vervolgens werd hij voorzitter van het Londens Olympisch Comité. Toen Coe in

2005 in Singapore een gloedvol betoog hield over het belang van eventuele Spelen in Londen 2012 voor de jeugd, werd langzaam duidelijk dat Londen nauwelijks nog verliezen kon bij de IOC-bazen. De winst van Londen was aan Coe te danken. Hij had weer eens een van zijn formidabele eindsprints ingezet. Is dat de reden dat l'Équipe hem al die jaren met zo veel chagrijn heeft gevolgd? Waarschijnlijk. Verliezen (Parijs) is ook een kunst.

Hij is intussen ook vicevoorzitter van de internationale atletiekbond IAAF, waarvan hij volgens kenners over vier jaar de baas wordt. Coe zat al eens in de ethische commissie van de FIFA, hij liep de marathon van Londen in twee uur en achtenvijftig minuten, wisselde in zijn privéleven (echtscheiding en nieuwe lichting) en werd een topfiguur in het Engeland van nu: geliefd, verguisd, aimabel, hardwerkend, zelfverzekerd en slim.

Coe kreeg een hoop kritiek te verduren. De eerste aanvallen hadden betrekking op de stagnerende kaartverkoop voor de stadions. Een collega herhaalde een van Coe's beroemdste uitspraken van de laatste jaren: 'De keiharde waarheid is dat je bepaald incompleet bent als atleet zonder dat kleine ronde ding aan een touwtje om je nek.' Dat had hij geantwoord op de vraag wat belangrijker voor hem was geweest: zijn eerste gouden medaille of het binnenhalen van de Olympische Spelen voor Londen.

Coe, de man van het eindschot, was zoals zo vaak eerlijk geweest. Tere zieltjes konden die tekst niet verdragen en vonden die denigrerend tegenover olympische deelnemers die géén goud wisten te winnen. Zoals te verwachten haalde Lord Sebastian Coe daarover zijn schouders op.

Ik maak, lezend en bladerend in allerlei artikelen die ik in de loop van jaren over hem heb verzameld, twee mapjes voor in Londen. Wie weet krijg ik hem nog even te spreken, want van dat uitgebreide portret dat ik voor ogen had bij de NOS is helaas niets gekomen. Ik had het idee in september 2011 aangeboden bij de leiding, maar er niets meer over gehoord.

Een uur later breng ik de twee mapjes terug tot een. Hoe groot is de kans dat hij tijd kan vrijmaken voor de NOS? Hij zal het voortdurend erg druk hebben en zich liever richten op media van grotere landen: BBC, NBC, de grote Britse en Amerikaanse kranten, China, Australië. Ik moet reëel zijn, daar past de NOS niet bij de komende weken.

Als ik hem weer eens tegenkom, zou dat zomaar bij restaurant Pieck in Haarlem kunnen zijn. Daar trof ik hem ooit in gezelschap achter een broodje en een glas water. Puur toeval. We schudden handen, deden aan 'small talk' en constateerden dat 'het goed ging'. Ik maakte een opmerking over de alomtegenwoordigheid van de kleur oranje bij Nederlandse supporters: in het Holland Huis, op Alpe d'Huez, bij het schaatsen.

Hij lachte: 'Dat is me nooit opgevallen. Ik ben kleurenblind. Sorry.'

'Misschien beter,' zei ik cynisch terug.

's Avonds bij Sport Centre van ESPN val ik diep in slaap. Ik word om half vijf in de ochtend met kramp in beide benen wakker. Alle lichten in de kamer zijn nog aan.

Dinsdag 24 juli

Sir Steven Redgrave is de bekendste Britse Olympiër ooit. Ik had eindredacteur Frits van Rijn al een keer voorgesteld om deze grote roeiheld een keer voor te stellen aan het Nederlandse publiek via een filmpje en liefst ook nog met een interview. Van Rijn vond dat wel een goed idee. Redgrave zou weleens de vlam het stadion in kunnen gaan dragen. Er is nooit iemand ook maar in de buurt van zijn prestaties gekomen: vijf gouden medailles op vijf verschillende Olympische Spelen. Een sterke vent, net onder de twee meter en altijd iets boven de honderd kilo. Spieren all over the place.

Een uniek talent, wereldkampioen indoor roeien ook, in 1991. Gewezen sculler, negenvoudig wereldkampioen, tweemaal zilver, eenmaal brons. Hij verloor weleens, maar niet vaak. Driemaal goud, in drie verschillende boten tijdens de Commonwealth Games van Edinburgh in 1986. Suikerpatiënt. Getrouwd met een ex-roeister die later arts bij de roeibond werd, vader van twee dochters van wie er een goed roeit en een zoon. Fan van Chelsea. Liep ooit de Londen-marathon (zijn derde) voor een goed doel en haalde 1,8 miljoen Britse ponden binnen. Werd hartstochtelijk toegejuicht onderweg. Eigen kledinglijn: 5G. Motivatiespreker, rolmodel, televisieanalist, geestig, droog, Brits. Held van een heel land.

Zou in Nederland een roeier de meest in aanzien staande olympische sporter kunnen zijn? Ik denk het niet. Nico Rienks heeft twee gouden en een bronzen medaille, maar kan volkomen onopgemerkt over straat lopen. Redgrave kan dat zeker niet in zijn land. Roeien is in Groot-Brittannië veel meer geaccepteerd als topsport; roeiers die iets gewonnen hebben gelden als hoogwaardige prestatiebeesten. Vaak hebben ze ook goede banen na hun roeiloopbaan. Bij ons is dat toch anders. Doe de volgende eenvoudige toets maar eens. Vraag 1: Welke skiffeur won voor Nederland olympisch goud? Vraag 2: Welke roeiers zaten in 1996 in Atlanta in de Holland Acht die olympisch kampioen werd? Als je zulke vragen in een Engelse pubquiz stelt, krijg je 87% goede antwoorden; bij ons hooguit 0,1 %. Roeien telt hier niet, het is geen sport van het volk, en we weten er veel te weinig van. We zien het nooit en ons historisch besef is beperkt.

Van dat filmpje over Redgrave is het nooit gekomen. Het is nu dinsdagavond en ik ben aan het pakken. Ik heb wat artikelen over Redgrave klaarliggen. Wel of niet meenemen? Hoe groot is de kans dat ik deze olympische icoon nog te spreken krijg? Ik heb gelezen dat er een kans is via zijn hoofdsponsor, Visa. Ik besluit de map over Redgrave toch maar mee te nemen, je weet maar nooit. Mijn oog valt op een uitspraak van hem: 'Ik hoop dat onze jonge sportlieden de kans krijgen niet alleen te dromen, maar dat ze ook de kans krijgen hun dromen vorm te geven.'

Vlak voor het slapengaan, in de wetenschap dat ik nog zeker 17 verschillende zaken vergeten heb bij het inpakken, kijk ik kort naar de BBC. Men heeft het over een dreigende staking op Heathrow, het vliegveld dat morgen de drukste dag ooit in zijn geschiedenis zal meemaken. Ik kan een glimlach niet onderdrukken: wat een prachtig pressiemiddel, juist nu. Wie willen er staken en tegen welke misstand? Het blijkt de ambtenarenvakbond PCS te zijn. 'Bij het horen van nieuws over stakende ambtenaren krijg ik vaak het zuur,' zei mijn vader vroeger. Ik voel dat zuur nu ook opkomen. Ik heb de wekker op zes uur staan. Morgen naar Londen. Gelukkig vlieg ik op London City en niet naar Heathrow.

Woensdag 25 juli

Hoe krijg je vier koffers en handbagage voor een volwassen padvindersclub ingecheckt op twee zeer goedkope tickets Amsterdam-London City? Met pakken heb ik rekening gehouden met een misschien wel gigabedrag aan overvracht. Ik heb qua presentatiekleding minimalistisch geselecteerd; twee jasjes zullen tweemaal gedragen moeten worden. Ik neem geen warme kleding mee, want die kan ik altijd nog aanschaffen. Ook geen regenjas, duffel of trui.

Het inchecken bij de KLM kan soms zo eenvoudig zijn. Koffer op de weegschaal: ai, vier kilo te veel. Dus graaf ik enkele boeken uit mijn koffer en prop die in mijn handbagage. Andere grote tas: helaas vijf kilo te veel. De mevrouw die ons helpt snapt de urgentie als ze mijn olympische bibliotheek met naslagwerken langs ziet komen. Zou ze denken met een sportgek te maken te hebben? Dat moet haast wel. 'Heeft u die allemaal gelezen?' vraagt ze als ik met een rode kop sta over te laden. Ik knik en zeg: 'Studiemateriaal.'

Na vijf minuten zijn de beide bakbeesten ongeveer op gewicht. Omdat ik Skipper van de KLM ben, krijg ik korting en hoef ik maar 50 euro overgewicht te betalen. Nadeel is wel dat ik nu twee loodzware tassen als handbagage moet meezeulen. De man bij het piepapparaat kijkt me vol verbazing aan. Hij zegt: 'De meeste mensen nemen wel één boek mee voor aan het strand. Gaat u soms een paar jaar weg?'

In Londen staat Fergus klaar, een hunk van in de twintig. Hij stelt zich keurig voor: 'Hi, I am one of the drivers.' Monique Hamer, chef Olympische Zaken van de NOS, wacht ons op. Tegen Karen zegt ze als Fergus onze koffers in zijn wagen tilt: 'Leuker kon ik ze niet vinden.' Good girl.

We richten onze kamer in en hebben ruzie met de internetaansluiting. Er moet een hotelemployee aan te pas komen. Als na twee uur klungelen mijn computer eindelijk werkt, kan het voorbereiden beginnen. Mijn accreditatie kan ik vanaf morgen ophalen. Nu schrijf ik feiten en wetenswaardigheden op. Ik heb ergens een lijstje gevonden van landen die nog nooit een olympische medaille hebben gewonnen, plus wat bijzonderheden en namen. Dat zijn de zogenaamde Baron de Coubertin-landen. De Coubertin uitte zijn tekst dat 'meedoen belangrijker is dan winnen' in 1908 in Londen. In 2012 zijn er 81 landen die nog nooit een plak hebben gewonnen. Het minst succesvolle land ter wereld is Oost-Timor. Hun hoogst behaalde plek tijdens de Games is de 65ste en staat op naam van marathonloopster Agueda Fatima Amaral. In 2004, in Athene, was ze niet allerlaatste en als een kind zo blij dat ze de marathon had uitgelopen. Ze had dat gedaan als 'independant', omdat haar vaderland nog in een verscheurende oorlog met Indonesië zat. Van haar herinner ik me het verhaal dat ze op blote voeten moest trainen omdat haar enige hardloopschoenen door oorlogsgeweld vernield waren. Zeg dat eens tegen Kobe Bryant of Roger Federer.

Andere landen waar nauwelijks topsporters te vinden zijn? De Kaapverdische eilanden, die dit jaar één judovrouw sturen. Ook Jemen heeft nooit de medaillelijsten gehaald. In 1996 liep Saeed Basweidan voor dat land, dat hij nog nooit van dichtbij gezien had. Hij studeerde aan de Universiteit van Florida en liep voor zijn plezier een beetje hard. Hij vertegenwoordigde het land van zijn gevluchte voorouders op de 800 meter en werd 48ste. Hij was er trots op.

Jemen heeft dit jaar weer een deelnemer: Ali Khousrof, maar of deze lichtgewicht judoman goed zal presteren is zeer de vraag. Bij betogingen tijdens de Arabische lente in zijn land werd hij in zijn buik geschoten. Hij is in Londen en hoopt in orde te zijn.

Ook de deelnemers van Bhutan zijn weer welkom, steevast in slechts die ene sport: boogschieten. Nooit kwam iemand bij de laatste 32 en dat heeft een reden. In Bhutan schiet men wel met pijl en boog, maar mogen tegenstanders voor de schijf langslopen om de schutter in verwarring te brengen. Op olympische grond is dat helaas niet toegestaan.

En natuurlijk mag in zo'n opsomming de naam van Eric Moussambani niet ontbreken. Iedere sportliefhebber kent nog zijn strapatsen in het zwembad van Sydney waar hij de 100 meter vrije slag aflegde in een minuut en tweeënvijftig seconden. Moederziel alleen ploeterde hij door het water. In zijn land, Equatoriaal Guinee, bestond geen 50-meter bad, zwom niemand ooit hard en was er nog nooit een zwemwedstrijd georganiseerd. Het YouTube-filmpje van deze race is miljoenen malen bekeken en de zwemmer, die eigenlijk helemaal niet zwemmen kon, kreeg een officiële bijnaam: Eric the Eel. Het commentaar van een der bekendste sportverslaggevers in Australië is ook veel herhaald. Greig Pickhaver zei: 'You will remember that long after you've forgotten everything else about the Sydney Games.' En zo is het. Want wie won daar die afstand en in welk wereldrecord?

Zo schrijf ik feiten en dingetjes op. Over de eerste en enige gouden medaille van Bahrein. Die kwam op naam van Rashid Ramzi, een bekende Marokkaan die voor veel geld van nationaliteit veranderde en verrassenderwijs de 1500 meter in Beijing won. Na de Spelen werd bekend dat hij Cera had gebruikt; hij moest zijn goud inleveren.

Op de eerste avond in Londen eten we bij een Italiaan om de hoek, Prezzo. Het is een ketenrestaurant en ik raad iedereen de gang naar welke Prezzo dan ook met grote stelligheid af. Waarom? Ongeveer een minuut na je bestelling heb je het gevraagde voorafje al op tafel staan. Dertig seconden na het afruimen daarvan ploft een dampend bord hoofdgerecht voor je neer. De smaak van de gaarkeuken dus. Hartelijk welkom in culinair Londen.

Ik slaap al om half elf.

Donderdag 26 juli

De eindredacteur van *London Late Night*, Frits van Rijn, is kort voor het begin van de Spelen een weekje met vakantie geweest naar New York. Om iets sociaals met zijn familie te doen en om *Sports Illustrated* te kopen. Dit Amerikaanse sportweekblad is een 'must' voor Olympiagangers die hun werk serieus nemen. *S.I.*, zoals het prachtige blad veelal wordt afgekort, staat met zijn voortreffelijke journalistiek en kwaliteitsfotografie al vijftig jaar op eenzame hoogte.

Eens in de twee jaar komt *S.I.* met een olympische special en die moet je hebben om te lezen en te genieten. Van de voorbeschouwing op winter- en zomerspelen maken de Amerikanen een interessante exercitie; hun journalisten en fotografen reizen de wereld af en plaatsen alle olympische sporten in sociale kaders. Het nodigt uit om naar de Spelen te gaan kijken als je opmerkelijke achtergronden van sporters te weten komt, waar wij in onze sportcultuur nauwelijks van gehoord hebben.

Van Rijn heeft voor mij een blad meegenomen. Hij zat in de VS terwijl ik in Frankrijk aan het werk was en hij dacht dat het olympische nummer van *S.I.* niet eerder dan vlak voor de Spelen in een aantal speciaalzaken in Londen te koop zou zijn. Hij weet dat hij me er een geweldig plezier mee doet. Ik lees *S.I.* sinds het begin van de jaren zeventig, ik heb vele jaargangen compleet opgelijnd in mijn boekenkast staan, ik ken een aantal van hun grote schrijvers en ik ben qua journalistieke denkwijze en ook wel ietwat qua schrijfstijl een adept van deze 'old school'.

S.I. stuurt zijn mannen en vrouwen altijd naar het front, ook nu de economische tijden het blad niet goedgezind zijn en de broekriem flink aangehaald is. Een artikel over de 'Arab Spring' wordt beschreven vanuit die landen. Journalist David Epstein en fotograaf Simon Bruty zijn naar Caïro, Doha, Jemen en Tunesië gereisd en hebben de sportmensen die straks naar Londen komen, gesproken en in hun vaak armzalige thuisbestaan gefotografeerd. Door de verhalen heen ruik je bijna de geur van oorlog, opstand en verval, maar overal blijkt de liefde voor de sport groot en wordt duidelijk dat ook deze sporters maar één droom hebben: in Londen laten zien wat ze kunnen. Als turner, als worstelaar, als mens.

S.I. heeft ook Usain Bolt gesproken en een dubbelportret gemaakt van Michael Phelps en Ryan Lochte, de zwemwonderen. Het Amerikaanse mannenbasketbalteam wordt mooi beschreven, net als de Amerikaanse vrouwenturnploeg. Voorts heeft men oog voor alle vernieuwingen in de sport en heeft de senior van het schrijvende Amerikaanse gezelschap, Alexander Wolff (al drie decennia een goede vriend van me), zijn gevoelens over de stad Londen aan het papier toevertrouwd.

Wolff is voor zijn stuk al wekenlang in Londen gehuisvest, met zijn familie in een huurappartement. Als je van binnenuit wilt schrijven, moet je ook van binnenuit leven. In zijn boeiende artikel verhaalt hij over het feit dat Londen tot tweemaal toe, in 1908 en 1948, de redder van de olympische beweging en van de Spelen was. In 1908 was in Italië net de Vesuvius flink gaan rommelen en weken de Spelen van Rome uit naar Londen. Vlak na de Tweede Wereldoorlog werd een olympische stad aangewezen voor de Spelen van 1948 die nauwelijks twee jaar voorbereiding kreeg: Londen.

Tweemaal hadden de Britten de schouders onder het sportfeest gezet en tweemaal was het een typisch Britse, vrolijke garden party geworden. Beide Spelen waren goed verlopen, die van 1908 leverden Londen een groot stadion op en in 1948 waren in Londen producten als brood en benzine nog op de bon als wrede herinnering aan de wereldoorlog, maar was de sfeer erg goed: er was weer iets te vieren na de lange, donkere jaren.

Ik lees bij Wolff dat de klassieke componist Georg Friedrich Händel woonde en componeerde op 25 Brook Street. Jimi Hendrix, de Amerikaanse bluesgitarist, woonde en werkte op 23 Brook Street. De Britse Koninklijke familie hoeft alleen de luiken van Windsor Castle open te slaan om naar roeien te kijken, waar in de klassieke omgeving de mooiste, nieuwste boten te zien zijn. De beachvolleybalwedstrijden vinden op de stoep van Downing

Street 10 plaats. Fotograaf Bob Martin zet die twee werelden prachtig neer als hij het gebouw van de oude Britse admiraliteit groots op de achtergrond neemt, terwijl in minieme broekjes en behaatjes geklede beachvolleybalsters de voorgrond van de foto bepalen.

Wolff leert ons ook dat de marathon in Londen zijn 'nieuwe' afmeting kreeg die we nu nog steeds kennen. De oude Grieken hanteerden precies 42 kilometer, maar in Londen wilde Princess Mary 104 jaar geleden dat de hardlopers langs hun voordeur liepen, zodat haar kinderen konden kijken, en werd de race gefixeerd op 42 kilometer en 195 meter. Het IOC liet het daarna maar zo.

Nog meer leerzaams van Wolff: op 7 juli 2005, daags nadat Londen in Singapore de Spelen toegewezen had gekregen, vonden 52 mensen de dood en werden meer dan 700 mensen ernstig gewond bij een islamitische zelfmoordaanslag in de Londense ondergrondse. Thans staan we met open monden te kijken naar een fabelachtig mooi bouwwerk op Olympic Park, het zogenaamde Aquatic Centre, bedacht en getekend door een islamitische Irakees, Zaha Hadid, die succesvol in Londen werkt.

De olympische nummers van S.I. zijn ook uniek door de 'Medal picks'. Bij iedere olympische sport, ieder onderdeel, 302 in totaal, voorspelt de redactie de nummers een, twee en drie. Over het algemeen zitten de Amerikanen voor meer dan de helft goed met hun voorspellingen. Volgens Wolff werken hier tientallen mensen aan. Van alle olympische deelnemers worden door de jaren heen uitslagen en scores bijgehouden. Alles staat ergens in een computer, alles wordt opgezocht. 'Het is nauwelijks uit te drukken in uren,' zegt Wolff. 'Commercieel is dit niet te verantwoorden, maar het is zo leuk om te maken. En al helemaal om te lezen en later te controleren.'

Wat voorspellen de sportkenners bij S.I. over de Nederlandse sporters?

Totaal vier keer goud: voor Ranomi Kromowidjojo op de 100 meter vrije slag (brons op de 50 meter), voor windsurfer Dorian van Rijsselberghe, voor zeilster Marit Bouwmeester en voor Adelinde Cornelisse bij de individuele dressuur.

Totaal vier keer zilver: bij het dameshockey, voor wielrenster Marianne Vos in de wegwedstrijd, voor wielrenner Teun Mulder bij het keirin, en voor de landenploeg dressuur.

Totaal vijf keer brons: voor de mannenhockeyers, voor de 4 x 100 meter damesestafetteploeg zwemmen, voor Edith Bosch en Henk Grol bij het judo en voor de vrouwen acht bij het roeien.

Epke Zonderland wint volgens *S.I.* geen medaille aan de rekstok.

We zullen zien.

De avonduitzendingen vanuit Londen gaan van start met een bijna gouden tafel: Iefke van Belkum, de waterpolospeelster die vier jaar geleden zo verrassend goud won, Minke Booij, de hockeyster die haar mooie, lange loopbaan in Beijing afsloot en zwemmer Maarten van der Weijden, goud in Beijing en vanaf dat moment een BN'er. Hun verhalen zijn alle sterk, ontdaan van opsmuk, en zetten de toon voor de rest van de achttien uitzendingen; het gaat over sport. Maurits Hendriks trapt af als chef de mission. Hij ziet er deze avond moe uit, maar zijn enthousiasme is onveranderd groot.

Als we het HHH verlaten, scheert er een grappige landgenoot in zijn oranje polo langs en roept met een ietwat door Bacchus aangetikt gemoed: 'Hé, Martje, wie heb de etappe van vandaag gewonnuh?' Hij lacht zich de nacht in.

Vrijdag 27 juli

De dag begint na een snelle autorit met een vroege redactievergadering, die plaatsvindt in de Starbucks van Notting Hill, het noordelijk gelegen kleine voorstadje waar de broertjes Davies (Ray en Dave) van de Kinks opgroeiden. De meesten van ons zijn zeker geen 'Dedicated follower of fashion' als we binnenkomen en onze bestelling doen. De koffie is hier goed, er hangt een lekkere, luie sfeer en wij bespreken met een kleine groep wat we de komende uitzendingen gaan doen. Macchiato, cheese cake, doppio, koffie verkeerd; vier jaar geleden in Beijing deden we dat ook. Starbucks in China is nu Starbucks in Londen geworden. De koffie smaakt hetzelfde, de mensen zijn ietsjes ouder geworden.

Voor vandaag is de zaak overzichtelijk; er is nog geen livesport, hoewel er al wel gevoetbald is elders in Groot-Brittannië. Het is vooral de dag van de openingsceremonie. Dat betekent een praattafel in de vroege avond met Leontien van Moorsel, Inge de Bruijn, Fanny Blankers (dochter van) en Cor van der Geest (vader van) en daarna terug naar het centrum van de stad. Ik hoef me niet met de opening te bemoeien en hoor in de auto dat Jack van Gelder en Léon Haan deze moeilijke maar ook interessante en eervolle job mogen invullen. Vanaf afstand wens ik ze succes, want het gekke is dat je zulke uitzendingen nooit goed doet voor iedereen. De een wenst uitleg, de ander wil alleen het beeld met de sfeer.

Het is wat suffig en stil in het HHH; mensen slenteren doelloos rond, drinken een biertje, eten een patatje en gaan dan maar naar de openingsceremonie in de grote zaal zitten kijken. Wij eten later in de stad bij een Italiaan. We hebben Fanny Blankers uitgenodigd, als ex-collega en vriendin. Ze heeft vanavond voor het eerst in het openbaar over haar beroemde moeder zitten praten. Ze heeft er licht gemengde gevoelens aan overgehouden, maar kan niet verklaren waarom.

Zodoende missen we de openingceremonie live. Overigens zitten de restaurants die we passeren alle afgeladen vol. Nergens staat een televisieapparaat aan. We eten zeer goed en ik kijk naar de herhaling van de BBC-uitzending. De grappen en grollen van regisseur Danny Boyle zijn goed en o so British. Het optreden van Hare Majesteit met James Bond-acteur Daniel Craig (in de helikopter gespeeld door Mark Sutton) is van wel zeer verrassende aard. Later in de week zal iemand in *The Times* uitleggen dat Koningin Elizabeth zonder problemen mee wilde werken aan deze geweldige grap. De rol van de Koningin werd in de luchtscènes overigens ingevuld door een man: Gary Connery. Julia McKenzie, een bekende Britse actrice, speelde de rol van de Koningin voordat zij aan boord van de helikopter ging.

Er is een moment dat ik de 'tongue-in-cheek' grappen van Boyle wel gezien heb. Zelfkritiek is aardig en typerend voor de Britten, maar als het overgaat in zelfspot heeft de rest van de wereldbevolking daar niet zo veel mee. Wel weet de regisseur me te grijpen bij de binnenkomst van de zogenaamde Antwerp Flag: de oude, grote olympische vlag. Over het algemeen presenteren bedenkers van het openingsspektakel van de Spelen bij dit onderdeel een tableau met beroemde ex-sportmensen. Helden, iconen zo u wilt, mogen nogmaals in het schijnsel van het stadionlicht staan, om de wereld nogmaals duidelijk te maken hoe groot ze waren. Vanavond zijn het echter niet alleen sporters die in maagdelijk wit slippendrager van de vlag zijn. Ik herken Muhammad Ali. Het is ontroerend om hem te zien. In 1996 in Atlanta was hij al een aankomend kasplantje, nu is de vroegere pugilist nog kwetsbaarder en kan niets meer alleen. Ik herken ook meteen de afstandloper Haile Gebrselassie.

Maar wie al die anderen zijn aan weerszijden van de vlag? De secretaris-generaal van de Verenigde Naties, Ban Ki-moon, die ik eigenlijk had moeten herkennen. Achter deze wereldburger loopt Shami Chakrabarti. Ik heb nog nooit van hem gehoord. Deze Brit is directeur van Liberty, een mensenrechtenorganisatie. Achter Ali loopt de Braziliaanse milieuactiviste Marina Silva, die zich inzet voor de instandhouding van het Amazone-regenwoud. Ook in de anderen herken ik geen ex-sporters. Het zijn Doreen Lawrence, Sally Becker en Leymah Gbowee, eveneens mensen die iets met 'vrijheid' van doen hebben. Geen recordhouders of briljante topscorers in de sport, maar mensen die hun nek hebben uitgestoken om de maatschappij te verbeteren. Mensen die vrede, democratie en gelijkheid voorstaan.

Voordat ik inslaap denk ik: dat was geweldig gedurfd. Maar ik vraag me af of deze boodschap is overgekomen in de grote sportwereld.

Zaterdag 28 juli

We vertrekken om kwart over acht bij ons hotel in Marble Arch, maar waar we precies moeten zijn wordt niet echt duidelijk. Ja bij de finish, die meteen de start is, dat weten we, maar hoe komen we er? Iedere straat lijkt immers afgezet.

Na enig rondtoeren komen Herbert Dijkstra en ik uit bij het zogenaamde drop-off point. Dat klinkt bekend voor Olympiagangers en vol goede moed stappen we uit, lopen een paar blokken en vragen dan aan een groepje vrijwilligers waar de ingang naar de televisiecommentatorentribune (mooi scrabblewoord) is. Ze kijken ons vragend aan: the what?

Twintig minuten later staan we in een opvallend lange rij van collega's, vips en hoogwaardigheidsbekleders die allen langs twee, door vele militairen bemande piepapparaten moeten. De meeste vakbroeders wachten keurig op hun beurt en schuiven voetje voor voetje op, maar sommige vips hebben geen zin in lange, typisch Britse rijen.

Hier moet ik een onderscheid maken tussen echte en onechte vips. Tot de eerste categorie behoort Eddy Merckx, die gewoon aansluit. Hij staat rustig te praten met Vittorio Adorni, ooit wereldkampioen, nu wielerbaas. Opeens maakt de Italiaan een schijnbeweging en schuift tien plaatsen op. Merckx reageert laconiek: 'Vroeger probeerde hij me ook altijd te flikken.'

En daar zien we Mario Cipollini aankomen. Hij overziet de rij mensen, probeert in een vloeiende beweging er dertig te passeren, alsof hij in een belangrijke massasprint zit, maar ziet op het laatste moment in dat te veel mensen in deze rij hem herkennen en zijn manoeuvre niet echt sympathiek vinden. Mario draalt wat, loopt nog iets terug en krijgt dan van andere Italianen een plek in de rij waarmee hij misschien tien plaatsen wint.

Dan echter stopt er een grote gastenwagen en drie mensen behangen met accreditaties stappen uit. Zo te zien hooggeplaatste bestuursleden, wellicht uit een voormalige Sovjetrepubliek. Twee mannen en een vrouw maken duidelijk: deze rij is niet voor ons. De dienstdoende Britse militair bij de ingang wijst hun echter de achterkant van de rij, en de oudste vip vraagt op hoge poten naar de baas van de militair. De jonge vent salueert en marcheert af. Ook de hogere militair houdt even later voet bij stuk, maar dan halen de drie vips er een olympische hotemetoot in burger bij, die zorgt dat de drie vips naar de piepmachines mogen stappen. Dijkstra en ik kunnen prachtig zien hoe het Britse leger nu revanche neemt. De drie moeten werkelijk alles afgeven dat maar enigszins zou kunnen piepen in de detectoren. Horloge, telefoons, armbanden, kettinkjes, klein geld, riem, jasje, tasje, schoenen, er komt geen eind aan. Pas tien minuten later zijn ze door de machine, en dan volgt er nog een bodysearch met een klein voorwerp in de hand. Stomend van boosheid mag het drietal de afgegeven voorwerpen tien meter verder weer ophalen. De eerste vijftien persmensen die achter de vips aankomen mogen snel doorlopen (geen piep betekent vrije doorgang), zodat de vips goed doorhebben wat een asociaal gedrag zij het afgelopen half uur hebben vertoond.

Als Herbert nog drie man voor zich heeft, wijst een militair op een container om flessen, bidons en andere vloeibare stoffen in te deponeren. Herbert zegt: 'Jezus, mijn koffieketeltje.' Omdat we ellendig lang moeten zitten en praten, heeft hij gisteren een thermoskan gekocht en die in ons hotel laten volgieten met sterke koffie: een daad van grote menselijkheid. De koffiekan zit in zijn rugzak, ingerold in een meegenomen windjack. Herbert kijkt me aan: what to do? Hij besluit zijn bezit te verdedigen en antwoordt op de vraag of hij 'liquids' bij zich heeft met een zeer Drents klinkend 'No, Sir!' Hij zet zijn rugzak op de band, loopt zelf door het piepapparaat, pakt de rugzak weer op en grijnst mij toe. Het systeem is zeldzaam eenvoudig gekraakt.

Bij mij piept het apparaat wel. Ik roep Herbert toe dat hij snel door moet lopen om startlijsten te scoren. Ik doe dat natuurlijk in het Nederlands. Of onze vreemde taal voor de Britten aanleiding is me nog een klasse hoger in te delen weet ik niet, maar ik kom tegenover twee jonge militairen te staan die plastic handschoenen aandoen en zich bij voorbaat excuseren voor de handelingen die ze gaan uitvoeren. 'Turn around, please, Sir!' Ik voel de voorzichtig tastende handen van de grootste militair nu langs mijn rug naar beneden gaan. 'Sorry for this, Sir!' roept hij en strijkt over mijn billen. Dan zegt hij: 'Spread your legs, Sir!' Hij probeert zo voorzichtig mogelijk door mijn bilspleet te geraken, laat me weer omdraaien en betast dan mijn genitaliën. 'Sorry for this, Sir!' Ik lach zijn bezwaar weg. Hij voelt zich vast meer beschaamd dan ik. Ik moet bij een andere militair komen die een klein zoekapparaatje onder oksels, weer in de bilstreek, weer in het kruis en ten slotte ook onder mijn voeten laat rondgaan. Er piept niets.

Drie mannen kijken me aan en dan lacht de hoogste in rang ineens hard en opgelucht, naar het lijkt. Hij wijst op mijn bril, die ik afneem. Hij laat me door het poortje lopen en in grote stilte doe ik dat. Achter me klinkt applaus van drie Spaanse collega's, die vol verbazing dit hele toneelstuk hebben aangezien. De dunne ijzeren pootjes van de bril dus. 'We're very sorry, Sir!' klinkt uit drie monden. Vriendelijk lachend loop ik door. Ik mag eindelijk gaan werken.

Op de perstribune, waar onze apparatuur nog niet werkt, haalt Dijkstra met een breed lachend gezicht zijn koffiekan uit de rugzak en schenkt in. Het is een klein kwartier voor het begin van de race en tevreden leunen we even achterover: voor je eerste ochtendkoffie moet je tijd en ruimte nemen. We drinken de koffie en bestuderen de bijlage bij onze apparatuur. Als een Brit ons komt helpen om de juiste knoppen te vinden, ziet hij de koffiekan staan. Vol verbazing vraagt hij hoe we dat ding hier gekregen hebben. Dijkstra zegt: 'Special treatment.'

We doen de race, werken alsof we nooit anders gedaan hebben (Herbert en ik deden de olympische wegwedstrijd van Athene, acht jaar geleden, voor het laatst samen. Het was altijd óf Herbert óf ik met Maarten Ducrot ernaast) en zien zoals te verwachten viel een boeiende en vooral spannende race.

Er zit een merkwaardig mechanisme in de koers. Met uitzondering van een paar mannen die voor Team Sky rijden is de rest van het startveld niet van plan om maar een meter hard te rijden met Mark Cavendish in het wiel. De kleine Britse sprinter, die heel goed uit de Ronde van Frankrijk is gekomen en jubelend goede benen schijnt te hebben, moet gedurende de gehele zaterdag ervaren hoe het is als anderen *niet* willen koersen.

Omdat de grootste ploegen hier met vijf man mogen rijden en Cavendish dus vier Britse helpers heeft, moet hij mede gaan steunen op anderen om de ontsnapte kopgroep te achterhalen. Dat de Oostenrijker Bernhard Eisel er een is, valt te begrijpen; Eisel loodst Cavendish al jaren langs alle gevaarlijke klippen, maar één Oostenrijkse locomotief is niet voldoende. Ook Eisels landgenoot Daniel Schorn trapt nog wel even moedig mee op kop en tegen het einde van de race willen zelfs twee Duitsers nog meewerken, maar de opzet van meer dan 130 renners, namelijk Cavendish van een eenvoudige winst afhouden, wordt een feit. Snoeiharde wielerwetten winnen het hier van de luide schreeuw van het Britse sportpubliek om Cavendish naar de olympische titel te brengen.

Als duidelijk wordt dat de winnaar uit de goed 25 man grote kopgroep moet komen, wordt het eerst zaak om de complete samenstelling te verkrijgen. Door allerlei ingewikkelde technische problemen blijkt het tijdens de wedstrijd niet mogelijk goede grafieken, de juiste namen en zelfs de gemeten tijdverschillen goed in beeld te brengen, of door te kunnen geven. Er hangen te veel telefoonberichten in de Londense lucht om de titels ongestoord in beeld van de televisie-uitzending te krijgen. Een heel leger aan IT'ers is er gedurende de race mee bezig, maar de koers moet het met zeer armlastige titelinformatie doen.

En als er nog 7800 meter gereden moet worden, krijgen we ook nog eerst de naam Luis Henao Montoya in beeld bij een renner die samen met de wat makkelijker herkenbare Aleksandr Vinokourov uit de kopgroep wegrijdt. Even later is de man veranderd in Rigoberto Urán Urán en deze Colombiaanse fietser rijdt zo strak door met Vino dat er een onoverbrugbaar gat wordt geslagen. Ik zie dat de twee koplopers goed samenwerkend een klein gaatje behouden. Ik graaf in mijn herinneringen: kan Urán sprinten? En kan hij beter sprinten dan Vinokourov? Eigenlijk denk ik van wel, maar met nog een paar honderd meter te rijden krijgt de wereld het antwoord op alle vragen in beeld. Urán gaat in een bocht die heel flauw naar rechts loopt zeer ostentatief over zijn linkerschouder naar achter zitten kijken. Hij doet dat misschien wel een seconde te lang, precies de tijd die Vino nodig heeft om weg te demarreren en het pleit te beslechten. Direct denk ik: kom op, speel je spel beter. Dat de twee kort hebben gesproken is duidelijk in beeld geweest. Wat ze gezegd hebben, weten we niet. Ik kan niet bewíjzen dat de twee een afspraak gemaakt hebben, ik kan niet bewíjzen dat Urán moedwillig verliest, maar ik zet er wel vraagtekens bij.

De olympische titel is een zeer fraaie afsluiting van Vinokourovs rijke loopbaan. Er zijn mensen die hem geen waardig kampioen vinden, die verwijzen naar zijn dopingverleden. Ik ben het daar niet mee eens. Vino is geschorst en heeft zijn straf uitgezeten. Als hij daarna weer mag opstappen is de consequentie dat hij ook weleens kan gaan winnen. En dat gebeurt. Vino is geen pannenkoek. Om in de positie te komen waarin hij zich vlak voor de finish bevindt moet je goed kunnen koersen en meer dan gemiddeld koersinzicht hebben, je komt daar echt niet alleen met mazzel.

Herbert en ik maken de uitzending op het gemak af. De Noor Alexander Kristoff (lid van de Katusha-ploeg) maakt het verrassende podium nog kleurrijker. Cavendish baalt. Hij fulmineert na de koers en geeft bijna iedereen de schuld van het feit dat een groot deel van het peloton hem geen olympisch kampioen wilde laten worden.

Ik moet The Mall hierna snel per auto verlaten om in mijn hotel presentatiekleding aan te gaan trekken en door te reizen naar de studio voor *London Late Night*. Het wordt een reisje van anderhalf uur. Ik probeer mijn zinnen bij elkaar te krijgen. Een koers van zes uur is zwaar, ook al heb ik twee formidabele Dijkstra-koffies kunnen drinken en heeft verslaggever Han Kock (heel lief) in het midden van de koers iets te eten en een Cola naast ons neergezet. Qua service bakken de Britten er niets van. Geen informatie, geen eten of drinken en felle zon in de televisieschermen, zodat we met paraplu's die we als parasol behandelen, moeten gaan werken.

In Alexandra Palace heerst een goede, opgewekte sfeer. Ik eet snel en niet goed en ga aan de koffie. Weer koffie.

Ada Kok zorgt 's avonds voor de lach, Robert Gesink en Niki Terpstra vertellen na over de koers en Mark Huizinga is realist en een goed beschouwer.

's Avonds laat ontspint zich in Noord-Londen nog een ferme discussie aan de bar: wat is er gebeurd tussen Vino en Urán en als Vino de koers en dus de titel gekocht heeft, wat is dan de prijs geweest? Mijn conclusie luidt: dat weten wij niet. Dat is een verhaal dat in de omerta wordt verstopt.

Zondag 29 juli

We rijden weer vroeg de City in. Het afzetten bij de drop-off plek voor televisiepersoneel gaat ook nu soepel en bij de pieppoortjes geef ik automatisch mijn bril af. Er staat geen militair die ik van gisteren herken. Ik doe vier stappen door het poortje en... niets aan de hand. Rugzak is goed, bril wordt me aangegeven door een militair die denkt dat hij de Britse kroonjuwelen vervoert en ik ben binnen negen seconden door het poortje waar een etmaal eerder die enorme manifestatie plaatsvond.

Het is slecht weer, Londens weer en dat zullen we weten. Onze commentaarpositie is geheel open. Niemand heeft bedacht dat het hier in augustus misschien weleens kon gaan regenen. In Londen regen? Ben je gek!

Als Herbert Dijkstra en ik geïnstalleerd zijn, voelen we de eerste druppels. Als koene Hollanders hebben we daarop gerekend. De uit het hotel meegenomen paraplu gaat op en ons kan niets gebeuren. Denken we.

Nog voor de start houdt het op met zachtjes regenen. We kijken elkaar aan: dit wordt pompen of verzuipen en de uitzending begint dadelijk. Een BBC-meneer geeft ons een grote paraplu die we over die van onszelf heen vouwen. Herbert neemt foto's en stuurt die direct de wereld in. Zo werken we in Londen. Later zullen Han Kock en andere NOS-mensen ons komen zoeken. Ja, ze tillen de paraplu's op om te kijken waar wij zitten. Het is licht hilarisch, maar het gebeurt.

De Nederlandse ploeg rijdt voor Marianne Vos, dat moge duidelijk zijn. En daarmee bedoel ik: 100 procent voor de kopvrouwe koersen en anders niet. Vos zelf heeft een dag geleden duidelijk gemaakt hoe simpel deze koers is: 'Het is 140 kilometer en er rijden 67 vrouwen. Eentje moet winnen en dat wil ik zijn.'

Hogere algebra is niet nodig. Er vertrekken uiteindelijk 66 vrouwen en er volgt een zeer overzichtelijke koers. Ellen van Dijk duikt een keer onder een vlag door om te demarreren, Loes Gunnewijk gaat helaas onderuit op de glibberige weg en dan is het aan een volkomen outsider, de Russische Olga Zabelinskaja, om alleen weg te rijden. Het is nog vroeg in de koers, maar de Oranjeklant die vervolgens het gat in springt heet toch echt Marianne Vos. Als ze één maal omkijkt ziet ze de gezichten van twee andere vrouwen: de Britse Elizabeth Armitstead en de Amerikaanse Shelley Olds (die een half jaar in Spanje getraind en gewoond heeft). Van dit viertal is Vos de beste sprintster, maar Olds kan ook goed aankomen, dus is Vos gewaarschuwd.

De Amerikaanse rijdt op de nu zompig natte weg lek en kan het verder vergeten; drie vrouwen rijden om drie medailles en de Russische weet dat ze derde wordt.

De voorsprong van de drie vrouwen vooraan, waar Vos onbarmhartig blijft sleuren, ligt tussen de driekwart en de hele minuut. Het wordt niet meer, het wordt niet minder.

Het peloton wordt getemperd door Annemiek van der Vleuten, maar dan moet Vos het toch zelf gaan afmaken. Wat ze ook tamelijk eenvoudig doet. Ze maakt er een korte sprint van, de Britse zoekt het achterwiel van Vos, maar komt tekort. Je ziet haar capituleren; al meteen eigenlijk.

Na een jaar lang toewerken en toeleven naar deze olympische titel, pakt Vos die ook. Aan de streep lijkt ze heel even flink geëmotioneerd, maar herpakt zichzelf snel: 'Hier was het allemaal om te doen, zo lang ernaartoe gewerkt en het is nog gelukt ook.'

Famous last words van de kampioene die voor een feestende, doorweekte Oranje massa naar het Wilhelmus luistert op een moment dat het opperwezen even de kraan uitzet.

Dijkstra en ik geven elkaar een hand; mooie reportage, eind goed, al goed en met natte broeken en kletsnatte mouwen staan we op. Op naar de droge warmte van de perszaal, denken we, maar daar is het ook kil. Ik zeg tegen Herbert dat ik snel droge kleren aan wil gaan doen, want ik wil hier hoe dan ook niet verkouden worden. We rijden een half uur later naar ons hotel. Ik douche lang en warm, trek presentatiekleren aan en vertrek meteen naar het noorden van de stad. In de wagen voel ik een priemend gevoel in de oogleden en ik geef daar even aan toe: een klassiek powernapje. Eentje van zeer hoge kwaliteit.

Dan bereiden we ons programma voor: het is de eerste gouden medaille voor de Nederlandse ploeg. Redactrice Maaike van den Broek kijkt me uitdagend lachend aan: 'Ik heb een schermster voor je, als je het leuk vindt. Saskia van Erven Garcia.' Wie? Ze blijkt voor Colombia uit te komen, maar in Holland te wonen en te trainen.

'Hebben we beelden?' vraag ik, want dat is wel een must. Een verhaal is leuk, maar het blijft televisie, je moet naar iets leuks kunnen kijken. 'Natuurlijk,' hoor ik van drie kanten.

De schermster blijkt een ontzettend leuk mens. Ze heeft haar best gedaan en vertelt over de vreemde spagaat Holland-Colombia. Ik denk nog: geef mij altijd van dit soort gasten.

Voormalig olympiër Wieke Dijkstra vertelt ook haar verhaal, die merkwaardige story van een international die ineens te horen kreeg (van haar coach) dat ze geen international meer was. Ze is reëel en weet inmiddels dat het leven meer te bieden heeft dan een stick en een hockeybal. Ze is nu in andere dingen een 'geslaagde jonge vrouw'.

Als de vrouwenwielerploeg, minus Ellen van Dijk die binnenkort op de baan moet rijden, vertrekt om gehuldigd te worden (Vos vindt dat de andere meiden daarbij moeten zijn), is de tafel ineens leeg. Gunnewijk en Van Vleuten marcheren mee af met de blije kampioene en tot verrassing van nogal wat mensen in het publiek schuift Louis van Gaal aan. Hij praat over zijn olympische ervaringen. We kletsen over van alles, maar niet al te veel over zijn nieuwe baan: voetbalbondscoach. Ik wil het liever algemeen over sport houden, want ik weet dat hij dat prettig vindt: hij is geen monomaan levend voetbaldier, maar kijkt juist naar alle sporten.

'Hier hebben een heleboel mensen naar gekeken,' zegt de eindredacteur, die een biertje neemt. We hebben bijna 69 minuten televisie gemaakt, Frits is een paar maal in mijn oor gekomen met het verzoek om iets vaart te maken. Er was een prettige sfeer die niet verdween toen de fietsdames halverwege opstapten en er heerst nu bij iedereen tevredenheid.

Ik complimenteer Martijn Hendriks met de filmpjes. Hij heeft net als ik de Tour gedaan en is in enen doorgereisd naar Londen. Hij is nog jong en moet dit fysiek aankunnen, maar ik draag ervaring mee; dat doet ons verschillen: jeugdig elan tegen gemaakte jaren, maar samen één doel: goede televisie maken. Hendriks heeft een snelle blik en zijn beginfilmpje wordt per dag beter, leuker en origineler. Juist die eerste minuut van de uitzending, na de vrij statische opening van een staande presentator, geeft ons hele programma vaart en sfeer.

Martijn en ik drinken een biertje en dat geeft een prettig gevoel. Van den Broek, ook zij was in de Tour en draait nu de Spelen erachteraan, ziet ons en zegt: 'En ik dan?' De tap loopt al.

Het geheim van een lekker lopend programma zit vaak in de manier waarop de redactiemensen met elkaar omgaan. Ik zit hier in Londen geweldig goed. Eerstejaars Erwin Schoon past zich moeiteloos aan. Hij debuteert op dit speelveld, maar kijkt goed naar wat veterane Van den Broek doet en heeft de slag na twee dagen te pakken. Hij spant zich in om de beste of meest speciale foto aan de kop van het programma te krijgen. Dat mag eenvoudig lijken, maar dat is het niet. Hij leert het vak op speelse wijze en heeft een aanstekelijk enthousiaste kijk op het sportleven.

Als er nog wat mensen na de huldiging van de wielrensters terugkomen, wordt het toch later dan we gedacht hadden. Het kan, want gouden medailles dien je gepast te vieren.

In de auto naar huis, met wel vijf man aan boord, slaag ik er toch in rustig weg te zakken. Niet diep, maar een sluimertje alvorens we de City bereiken. Morgen geen Starbucks-sessie, maar wel al vroeg telefonisch contact. Nog voor achten, neem ik aan.

Maandag 30 juli

De mededeling dat Paula Radcliffe wéér niet zal winnen, laat staan meedoen bij de marathon, slaat in Engeland in als een bom. De sociale media, ook hier een stinkende vijver waarin onder anderen ongemanierde en domme mensen hun gedachten loslaten, maken gewag van 'de eeuwige opgeefster slaat weer toe'.

Radcliffe, hoog in aanzien in de internationale atletiekwereld en toch ook zeer populair in dit land, krijgt er van links en rechts van langs. Wat hebben de Britten aan deze populaire, rijk geworden vrouw die niet in de medailles viel in Sydney, die kotsend en huilend uitviel in Athene, die in Beijing haar race een aantal malen moest onderbreken om stretchoefeningen te doen teneinde heftige krampaanvallen in haar been weg te krijgen en tot slot als 23ste de marathon beëindigde?

De zure commentaren borrelen op: Radcliffe heeft behoorlijk geblesseerd moeten afzeggen. Iets in haar voet zit niet goed, heb ik begrepen. Ieder stap die ze zet, doet helse pijn. Het is een gedegenereerd voetwortelbeentje, blijkt later. Doktoren zullen verklaren dat er onder geen mogelijkheid met zo'n blessure te sporten valt.

Nauwelijks twee weken voor haar race was Radcliffe, misschien wel de sterkste loopster van allen, in Athene geblesseerd geraakt. Ze kreeg van de Britse artsen pijnstillers die bij haar een averechtse uitwerking hadden: ze werd ziek, ze keerde een paar maal die dag haar maag om en startte toch in de marathon. Op acht kilometer voor het einde van de race hield ze in, kotste de Griekse stenen onder en kromp ineen. De pijn was te groot, ze stapte huilend uit. De eerste kritiek werd hoorbaar: ze gaf wel makkelijk op.

Vier jaar geleden, in China, leek ze op haar top. Ze had een glanzende erelijst, ze had marathons gewonnen in Londen, New York en Chicago en wie zou haar kunnen verslaan? Ze brak de kop van haar dijbeen, maar verzweeg dat en ging toch van start. In haar derde olympische deelname moest en zou ze een medaille voor zichzelf en voor Groot-Brittannië winnen. Pijn, zo had ze zichzelf ingeprent, pijn is slechts tijdelijk, een medaille is voor eeuwig. Dus liep ze, vechtend tegen pijn en de angst dat velen in haar thuisland een bak vol kritiek in haar tuintje zouden storten als ze ook hier weer opgaf, een compleet verloren wedstrijd.

Later is door medici verklaard dat het puur gekkenwerk was wat zij deed. Een mens kan met zo'n blessure niet lopen, laat staan hard lopen, laat staan meer dan veertig kilometer lang hardlopen. Toch deed ze het en ze kwam, weer in tranen, als 23ste over de streep. Ze had van zichzelf gewonnen, dat was zeker. Maar de terpentijnzeikerds in Engeland begonnen haar te beschimpen. Quitter. Zij die opgeeft...

Nu was ze dus weer geblesseerd. Ze was 38 jaar oud en in het bezit van aansprekende titels. Er ontbrak alleen een olympische medaille. Tot heel laat in de week had ze gewacht, wonderen bestaan immers. Op het moment dat ze definitief afzegde en verklaarde dat het echt niet ging, dat haar voet niet meer meedeed, ontplofte het riool. Paula Radcliffe werd weer verguisd. De zuigende, onwetende, sensatiezoekende persmeute sloot zich aan bij de rioolbewoners en de hetze tegenover een der beroemdste langeafstandloopsters ter wereld barstte in alle hevigheid los.

Een bewoner van het stinkende riool noemde haar 'a serial attention seeker', anderen waren ook grof, maar er waren ook mensen die haar doorzettingsvermogen roemden. Radcliffe was als laatste redmiddel naar de high-society sportarts Hans-Wilhelm Müller-Wohlfahrt afgereisd, maar ook in München kon niet getoverd worden. De blessure was te serieus om zelfs maar aan meedoen te denken. Het bleek dat de voetblessure al bijna achttien jaar sluimerend in haar voet zat; het was een uiterst dunne haarlijnbreuk die ze steeds genegeerd had.

Als verklaring zei ze gisteren dat ze niet ver onder haar niveau wilde presteren. Haar critici vonden dat slappe onzin. Dan maar de volle spuit erin (wat ze nooit doet, ze is een fervent tegenstandster van 'opbeurende' medicamenten) zei het publiek. Datzelfde kritische volk dat zelf nooit pijn heeft geleden op de manier zoals zij dat al twee decennia heeft gedaan. Datzelfde publiek dat nog nooit boven de rang van grijze middelmaat is uitgestegen, dat publiek stenigde haar nu. Zelfs de Britten, in al hun majesteitelijke grootheid van dit rijke olympische moment, snappen geen barst van topsport.

Het is een gekke dag. Ik ga eerst even langs een mij bekende herenmodezaak en scoor er overhemden, een jasje en nog wat maatspul. Ik lunch in de stad en ga daarna lezen. In de avonduitzending zitten twee ex-goudenmedaillewinnaars: roeister Kirsten van der Kolk en plankzeiler Stephan van den Berg, die zeer enthousiast is over zijn opvolger Dorian van Rijsselberghe. Andere gasten: Dex Elmont (judo) en de voor iedereen onbekende Peter Hellenbrand, een schutter die vijfde is geworden en een aanstekelijke blijmoedigheid aan de dag legt.

Elmont is ook vijfde, maar hij is zwaar teleurgesteld. Hellenbrand relativeert, is eigenlijk zeer tevreden en het leven was hem vandaag goedgezind. Of hij lang in Londen zal blijven om te genieten? Nou nee, hij gaat maar weer eens op huis aan. Er valt vast wel weer ergens te schieten, vertelt hij.

Als de avond in de nacht kantelt lig ik ineens in een Brits ziekenhuis. Er moet snel een echo gemaakt worden van mijn rechterbeen. Een bevriend medicus heeft dat geregeld. Hij is ongerust over de omvang van mijn enkel en onderbeen. Beide blijven zwellen.

De jonge Britse droogkloot, een radioloog die in sport en dus de Olympics is geïnteresseerd, stelt me enigszins gerust: geen losgeslagen propjes bloed te vinden. Wel opletten, is zijn devies, je weet maar nooit. Dit zijn blessures waarmee je moet oppassen.

Ik mank vervolgens de nacht in, heb geen idee in welk ziekenhuis ik ben, maar vind wel een taxi. De chauffeur, een buitengemeen vriendelijke man uit Afghanistan, vertelt over zijn twee banen: overdag maakt hij schoon, 's nachts rijdt hij taxi. Ik vraag hem wanneer hij slaapt. Hij lacht. Tussen de bedrijven door. Als je vluchteling bent, moet je alles aangrijpen in dit land. Iedere verdiende pond telt.

Om half vier lig ik in bed. De nachtcarrousel van de BBC meldt dat Paula Radcliffe niet zal meedoen aan de marathon. De nieuwslezeres zegt dat ze ooit een blessure in haar been of voet heeft veronachtzaamd.

Dinsdag 31 juli

Het is laat in de middag en de olympische evenementen rollen voort. Hebben we een medaille? Nee. Is er teleurstelling? Ja. Dat kan een mooie bodem voor een gesprek zijn. Is er een olympische veteraan die de boel kan stutten en relativeren? Ja. Is er nog een verrassende gast te bedenken? Redactrice Maaike van den Broek noemt de naam van dubbeltennisser Rojer, met als toevoeging: 'Wie kent die jongen nou in Nederland?' Binnen de kortste tijd is een stevige tafelbezetting in elkaar getimmerd. Ik zeg met grote stelligheid: 'Dit gaat vanavond over sport. Niet winnen, feesten of intens geluk, maar over sport. Let maar op.'

Judovrouw Elisabeth Willeboordse zegt dat ze ongeduldig is geweest, dat ze zichzelf verloren heeft in een 'rommelige worp' en dat ze nog steeds naar het 'waarom' zoekt. Ze vertelt, ondanks haar verlies, met geweldige openheid over haar lange dag. Ze zegt over zichzelf: 'Wat een trut ben ik.'

Zelden een sportvrouw meegemaakt die, ondanks het feit dat ze het verlies tot in het diepst van haar vezels voelt, zo bijna gecontroleerd over haar dagje kan praten. Ze kondigt aan dat ze niet meer op de Olympische Spelen zal uitkomen, maar of ze nog even zal doorgaan, weet ze nog niet. Ze is wijs en zegt ook: 'Na vandaag wil ik nog wel iets laten zien.' Ze is licht ingehouden spontaan, met een gekneusd gemoed blijft ze zichzelf. Klasse.

Ze wordt overigens goed gesteund door oud-judoka Ruben Houkes, de man die in Beijing voor de eerste (bronzen) medaille van Nederland zorgde en nu in Londen analist bij de NOS is. Hij is met een boot naar Londen komen varen en vult zijn nieuwe leven prettig in. Hij kan zo lekker relativeren, maar zijn betrokkenheid bij de judosport blijft groot. Hij vertelt de kijkluisteraars dat Willeboordse 'groot' judoot en legt dat ook uit. Edith Bosch, de vrouw die morgen in actie zal komen, judoot 'klein'. Daar moeten we dus goed op gaan letten.

Aan tafel zitten ook twee tennisspelers. Eentje kennen we vrij goed in ons land: Robin Haase. Hij heeft afgelopen weekend het ATP-toernooi van Kitzbühl gewonnen en is, bijna zonder te douchen, naar het vliegtuig gehold om in Londen voor zijn land uit te komen. Dat is een knettergekke onderneming geweest. Op zondagochtend vroeg arriveert hij op zijn kamer, waar zijn dubbelspelmaatje, de geestige Jean-Julien Rojer, op hem wacht. Is dit de juiste voorbereiding om op de Olympische Spelen uit te komen? Haase relativeert sterk: 'Dit is ons leven. We reizen en trekken zo over de wereld. Dit was niet zo heel vreemd.' Willeboordse, naast de tennisser gezeten, kijkt vol verbazing naar Haase: kan je ook zo aan sport doen?

Rojer is de grote onbekende aan tafel. Hij is op zijn dertiende in Miami aangekomen, na op Curaçao ook al wat getennist te hebben. Hij maakt een zeer fitte indruk en zegt dat een deel van zijn succes op de baan afhangt van de manier waarop hij traint. Hij heeft middels de sportschool goed in zichzelf geïnvesteerd en dat moet ook wel. Hij noemt zichzelf bepaald geen natuurtalent.

De twee tennissers hebben in Londen voor de derde of misschien vierde maal met elkaar samengespeeld. Haase meent dat ze met een beetje geluk de tweede ronde gehaald zouden hebben, maar India (lees Leandro Paes) stond in de weg.

Bert Goedkoop is de kameroudste van allen. Deze ex-volleyballer is al in vele gedaanten op de Olympische Spelen aanwezig geweest. Hij heeft een nuchtere, strenge kijk op sportzaken. Hij kan de diverse invalshoeken van dit tafelgesprek versterken of relativeren; zijn ervaring staat daarvoor in. Hij zit er ook als pleitbezorger voor het bij velen onbekende beachvolleybal en zegt: 'Er komt een nieuwe generatie aan, lange jongens die de zaal overgeslagen hebben en meteen met beachvolley begonnen zijn.' En passant hekelt hij op speelse wijze het topsportklimaat in ons land.

Het aardige van Goedkoop is dat hij met zijn vaak rake opmerkingen over vele sporten heen vliegt. Ik herinner me een uitspraak van hem van zeker zestien jaar geleden. Toen, ook bij een samenkomst tijdens de Spelen, zei hij dat Michael Jordan wel fantastisch goed speelde, maar dat al die filmpjes die de NBA op de basketballende jeugd losliet, eigenlijk niet goed waren. Iedereen wilde dunken, iedereen wilde Jordan zijn. Niemand wilde nog de basistechnieken van het basketbal leren. Goedkoop had daar gelijk in.

Met deze vijf mensen praten we gedurende 66 minuten louter en alleen over 'sport'. Over de omstandigheden waaronder wij in Nederland aan sport moeten doen. Over winst en verlies. Over tegenslagen. Over het Grote Waarom Wij Dit Doen.

Mijn laatste rondgang aan tafel gaat over de vraag wat werkelijk telt. Vijfmaal is het antwoord 'winnen'. Meedoen is redelijk belangrijk. 'Daar begint het mee,' zegt Haase. Wat blijft is dat je de beste wilt zijn.

Dan laten we een filmpje zien van een Koreaanse schermster die verliest en het niet met de laatste scheidsrechterlijke beslissing eens is. Na 25 minuten doodstil op de loper te hebben gezeten, hoort ze de uitspraak van de jury: ze heeft toch verloren. Dan breekt ze in een snikkende huilbui uit. Helemaal geen Oosters, introvert gedrag, gewoon voluit janken. Diepe teleurstelling omgezet in tranen.

We eindigen de avond met een biertje voor velen die meege-komen zijn met de gasten in onze studio. Er wordt voornamelijk over 'sport' gesproken. Dat maakte deze dag, deze avond en deze uitzending zo ongehoord prettig.

In de auto naar de stad hebben we het over het feit dat er een gouden medaille gewonnen moet worden door iemand van de Nederlandse judoploeg. Dat klinkt gek, maar ook een deel van het tafelgesprek ging daarover. Goedkoop stelde: 'Als je in het dorp steeds teleurgestelde mensen terug ziet komen, werkt dat niet opbeurend. Als er ineens een gouden medaille tussendoor komt, merk je dat aan iedereen en alles. Dan is het net of er een positief geladen wind door de kamers trekt. Ik heb dat vaak mee-gemaakt, dat is heel grappig.'

'Wie wint het eerste goud voor ons?' vraagt Karen.

Ik zeg: 'Ik hoop Edith.'

Iedereen knikt.

Woensdag 1 augustus

Om half zes sta ik op. Mijn computer geeft veel informatie over de vandaag te rijden tijdritten. Ik schrijf en gaap. Het gaat een lange dag worden, dat is zeker. De vroege vogels van de NOS, de wielerjongens die straks aan de slag moeten in het zuidwesten van de stad, vinden elkaar aan het ontbijt. Er wordt al over de koers gepraat.

Als we al bijna veertig minuten in de auto zitten naar de start-en finishplaats van de tijdrit, komt er telefoon van kantoor: er is iets niet in orde. Of we wellicht willen omdraaien. Vier minuten later moeten we toch nog even doorrijden en een van ons, radio-collega Stephan Dalebout, afzetten. Liefst zo dicht mogelijk bij de start.

De Britse agenten in Kingston upon Thames helpen niet echt mee. We rijden een stadje in, uit, weer door, weer uit en weer in en het lijkt nergens naar. Elders zien we ook zoekende auto's met wielrenners erin. Het is typerend voor de Spelen in zo'n klein stadje; lieflijke chaos, noem ik het. De tijd gaat echter dringen.

Als we op vijf minuten van de start zijn, stoppen we, gooien Stephan eruit en draaien om: see you later. Onze chauffeur drukt zijn gsm in om de snelste weg door de stad te vinden. Ik vraag hoe lang het gaat duren en krijg te horen: 'A good hour.' We hebben nu vier of vijf verschillende telefoontjes gekregen en de consensus van alles is: er zijn geen lijnen besteld op de commentaarpositie. Hoe dat kan, weet niemand. Ik vraag er ook niet naar, want dat lost niets op.

Ik krijg een duidelijke opdracht: kom zo snel mogelijk naar het IBC (International Broadcast Centre) en daar richten we een commentaarsetje in. We hebben nog wat tijd, maar gepaste haast is geboden. De chauffeur geeft gas en legt uit hoe het strafpuntensysteem bij te hard rijden in olympisch Londen werkt.

Ik word slaperig en zak weg. Dit is pure winst, bedenk ik later als we uit moeten stappen om gecontroleerd te worden: ik heb drie kwartier slaap ingehaald. We rijden langs het IBC waar producer Bert de Ruiter bij een zijdeur klaarstaat: vlug, hierin. Vijf stappen en we zijn binnen. Toch nog op tijd, want er is nog een klein moment voor koffie, koek en het afdrukken van de startlijst van de vrouwen. En in Hilversum loopt men toch iets achter.

Herbert Dijkstra en ik gaan naast elkaar zitten in een klein kamertje en kijken elkaar aan. We zien de eerste vrouwen rijden, halen adem en beginnen met ons commentaar. Herbert heft zijn armen ten hemel. De kijker in Nederland hoeft hier niet onder te lijden, maar om nou te zeggen dat dit een optimale manier van werken is.

We zien Marianne Vos sneuvelen en krijgen de andere Nederlandse, Ellen van Dijk, vrijwel niet in beeld. Vos wordt zelfs ingehaald door andere rijdsters en zal niet hoger eindigen dan zestiende op meer dan drie minuten achterstand van winnares Kristin Armstrong. Vosje blijkt 'op' te zijn, vooral mentaal moe na haar gouden medaille op zondag. Ze draait geen goede versnelling rond en komt er niet aan te pas.

Op zo'n manier wordt het verslag geven ook niet echt een pretje. Herbert en ik kunnen niets vertellen over de finishplaats, hebben geen oogcontact met wat daar gebeurt en kennen de sfeer niet daar. Zo krijgt de televisiekijker een redelijk droog verslag van een saaie wedstrijd. Als we naar buiten lopen uit onze cel, zijn we ontevreden. Je zit naast elkaar, bijna knie aan knie, en je kijkt naar een kleine, stomme monitor en je zegt wat. Je gegevens zijn summier, hoe goed Eric Ansems ook zijn best doet door nieuws voor ons uit te printen en zachtjes naast ons neer te leggen. Is dit olympisch verslag geven?

Als we buiten staan en een tijdje rust hebben voordat de mannen gaan rijden, maken we een onwaarschijnlijk incident mee. Velen in de vier ruimtes van het NOS-kantoor staan klaar om naar de roeifinale van de mannen achten te gaan kijken. Op een klein monitortje zien we via de BBC dat de ploegen klaar liggen voor de start, maar ons eigen signaal, dat overal in de burelen van de NOS te zien is, geeft geen roeien.

Ook als de BBC laat zien dat de start valt en de boten onderweg zijn, blijft de NOS een andere sport uitzenden. Is er iemand ergens geweldig in de war? Dat moest haast wel. Ik zie dat de acht niet verder komt dan de vijfde plaats en dat moet de betrokkenen flink pijn doen. Inmiddels hoor ik wel telefooncontact met de studio in Hilversum. Een paar mensen zijn het niet met elkaar eens. Ik besluit me hier in het geheel niet mee te bemoeien.

Even later krijg ik verslag over de verliespartijen van schermer Bas Verwijlen en judoka Edith Bosch. We krijgen een teken dat we weer in ons zweetkamertje plaats kunnen gaan nemen. Wellicht dat Hilversum ons er al snel intrekt.

Ik ga snel nog wat koffie drinken en praat met mensen die we zelden in Noord-Londen zien. Jeroen Stekelenburg bijvoorbeeld, een van de jongens die iedere dag met goede, nieuwe, opzienbarende, leuke stukjes moeten komen. Hij ziet er moe uit en zegt dat ook te zijn. Ik zie ook Marcel Captijn weer, de man die in het IBC zorgt voor alle verbindingen. Hij verontschuldigt zich voor de problemen in de ochtend. De verklaring is simpel: er waren geen lijnen besteld. Dat was ergens doorheen geslipt, daar kwam het op neer.

Het gekke is dat ik tot dit moment geen seconde kwaad geworden ben. Ik zeg tegen Marcel: 'Kan gebeuren.' Hij knikt. Dat is de beste stellingname.

Dan gaan Herbert en ik ons hok weer in en komen de tijdritmannen in actie. We hebben allebei de goede startlijst voor ons liggen en eerder opgezochte gegevens van de 37 coureurs die aan de start komen.

Goed twee uur later is Bradley Wiggins moeiteloos olympisch kampioen geworden en heeft hij dus binnen tien dagen de Tour en een olympische titel binnen. Not bad, not bad at all. Toch verbaast deze Brit en dat zeg ik zonder cynische bijbedoeling. Dat Fabian Cancellara zijn oude niveau niet haalt, valt te verklaren. Hij had al wat ingeleverd in april (val in Vlaanderen), maar de merkwaardige stuiterpartij van drie dagen eerder in de olympische wegwedstrijd heeft hem vleugellam gemaakt. Hij komt er niet aan te pas en wordt zevende. Later die dag hoor ik dat hij met een whiplash heeft gereden.

Dat de Duitser Tony Martin echter ook niet bij Wiggo in de buurt weet te komen, wekt bevreemding. Heeft de Brit dan werkelijk zo'n surplus aan kracht en macht aan de Tour overgehouden? Dat hij wint is niet zo gek, maar zijn overmacht is zo opvallend. Is dit 'rijden op de moraal'?

En het feit dat die bijna spreekwoordelijk 'vreemde' Christopher Froome hier met de bronzen medaille weggaat, is toch ook bijzonder, of vergis ik me nu?

We concluderen van afstand dat Lieuwe Westra zijn best gedaan heeft en elfde is geworden (op 3.40 achterstand) en dat Lars Boom op plaats 22 is geëindigd (op 4.50). We hebben als de Nederlandse renners gefinisht zijn geen idee van hun ervaringen. We zien ze niet en horen niets over hen.

Wel zien we de hele film rond Wiggins, die behoorlijk 'cool' rondrijdt, zijn familie gaat omhelzen en zich laat fêteren door de tienduizenden Britten die hem nu helemaal heilig verklaren. Het zijn mooie beelden, dat wel, maar Herbert en ik kunnen niets over de werkelijke sfeer daar rond Hampton Court Palace zeggen. Dus sluiten we snel af en verlaten onze heel speciale commentaarpositie.

Ineens moet ik terugdenken aan een collega van de Bulgaarse televisie die de hele Winterspelen van Calgary 1988 op deze manier werkte. Hij zat in een gangkast, rookte veel, nam ook 's avonds bier en wijn mee, en werkte zich door bergen papier heen. Hij was nergens bij aanwezig, sprak commentaar bij schaatsen, skiën, ijshockey en bobslee, zag eigenlijk niets, maar lachte ons altijd licht beschaamd toe. Als hij naar het toilet moest, stond hij zwaar op, deed zijn ding, slofte terug, zette zijn koptelefoon weer op en praatte rustig verder.

Ik krijg van Monique Hamer fruit mee voor de autorit (in de spits) naar mijn hotel, waar ik snel douche en presentatiekleren aantrek. Een klein kwartier later hoor ik per telefoon dat Edith Bosch een zwaar bevochten bronzen medaille komt uitleggen, overigens samen met haar coach, Marjolein van Unen. Een volgend telefoontje leert me dat er twee balende roeiers (Roel Braas en Matthijs Vellenga) zullen zitten en een schermer (Bas Verwijlen), die het bij lange na niet gehaald heeft en zijn droom wreed uiteen zag spatten.

Het goede verhaal zal bij Bosch weggehaald moeten worden, krijg ik te horen. Ze schijnt enorm kapot te zijn geweest en daarna formidabel te zijn teruggekomen. Ik denk dat het goed komt in het programma. Ze is een speciaal mens en dat zal ze altijd blijven. Ik heb geen idee hoe ik haar zal aantreffen.

In het HHH eet ik een fantastisch stuk vlees en permitteer mezelf een goed glas wijn. Dat alles moet toch in een kleine galop, want we moeten de promo's nog doen, ik moet de filmpjes zien, eindredacteur Frits van Rijn wil de tafelschikking en de complete inhoud met me bespreken en voordat ik het weet, zijn we al live.

Als ik naar mijn hotel rijd, is het ruim na twaalven. Om acht uur vanochtend reed ik ook al rond in Londen. Hoe spel je slapen?

Donderdag 2 augustus

Ik heb ergens gelezen dat de Amerikaanse atleten die hier in Londen een medaille winnen, een flinke aanslag krijgen van de zogenaamde Internal Revenue Service. Bij goud wordt de betreffende sporter aangeslagen voor 9000 dollar, zilver kost 5385 dollar en brons 3502 dollar. De Republikeinen hebben vergeefs geprobeerd deze regel nog voor deze Spelen afgeschaft te krijgen. Als verkiezingsstunt, dat wel.

En hoe moet je over dit bericht denken? De Angolese bokser Tumba Silva 'huilde als een baby' toen hij hoorde dat hij niet in de ring mocht verschijnen voor zijn gevecht tegen de Italiaan Clemente Rosso. De trainer van de Angolees had vergeten de jonge bokser een dag eerder naar de verplichte 'weging' te sturen. Silva mocht zonder een stoot te hebben afgeleverd naar huis terugvliegen. Stom van de coach en verschrikkelijk zuur voor de sporter.

En nog iets geestigs in *The Times*. Onder de kop 'nomen est omen' had men een ereschavot opgericht voor Grant Goldschmidt (Zuid-Afrika, beachvolleybal) op goud, Thiago Silva (Brazilië, voetbal) zilver en Giorgina Bronzini (Italië, wielrennen) brons. Ik houd van zulke leuke rubriekjes.

Ik neem de berichten ook mee naar de redactievergadering die van de ochtend naar de late namiddag is verplaatst, maar we komen er niet over te spreken vanwege tijdnood. Helaas. Op deze donderdag lopen we vol, dat weten we 's ochtends eigenlijk al. Het skippen van de ochtendsessie is een geste van de redactie aan mijn adres vermoed ik. Niemand zegt het hardop, maar ik voel het en accepteer het dankbaar. Het is daarom wel gek dat ik 'gewoon' om zeven uur wakker word en ga zitten werken. Om acht uur stap ik weer terug tussen de lakens en slaap tot tien uur. Als een roosje, mag je zeggen. Om helemaal even 'bij te komen' ga ik naar een muziekwinkel in Notting Hill, Rough Trade, de muzikale hemel op aarde. Aparte persingen, zeer speciale uitgaven en onbekend gebleven cd's doen me een zeldzame gretigheid aan de dag leggen. Ik stel een financiële grens voor mezelf en ga daar in eerste instantie met ruim 90 pond overheen. Kill your darlings, het oude recept.

Vijf cd's gaan terug en dan lig ik nog boven mijn eigen afspraak. Nog twee schijfjes sneuvelen, maar die laatste selectie is enorm moeilijk. Ik scoor supermooie singer-songwriters, onbekend gebleven Britpopjongens en nooit geziene verzamel-cd's. De verkoper ziet me bezig en begint een gesprek. Hij is gekleed zoals je bij Rough Trade verwacht: een slordige halflange broek, een versleten, verwassen T-shirt van Pink Floyd en rode espadrilles aan de voeten. Hij is een vijftiger en kent waarschijnlijk iedere cd in deze zaak. We discussiëren over Sandy Denny en Jay Ferguson en hij wijst me op een speciale persing van een tiental Stones-cd's. Ik vertel hem over mijn bovengrens en hij lacht. Op het moment dat ik bijna ben gezwicht komt Karen de zaak binnen: ze heeft me dan toch gevonden.

De speciale persingen blijven achter. Ik bied haar een lunch aan bij een mediterraan restaurantje, vlak bij Portobello Road. Dat heet afkopen. Het eten is er niet minder om. De onwaarschijnlijk ijdele Italiaanse gerant zet met veel gevoel voor theater twee glazen wijn voor ons neer: geen fles, maar slechts twee glazen, wat een barbaren.

Zo komen we door de vroege middag heen. Ik ga een kleine siësta doen en word wakker gebeld met het nieuws dat Henk Grol, goddank, toch nog brons gewonnen heeft.

Eerder op de middag hoor ik al van de vrouwen acht (ook brons) en ben daar blij om. Dat geeft de tafel wat opgewekts, denk ik.

Frits, de eindredacteur, belt nog een keer en waarschuwt me voor een zeer teleurgestelde Grol. Ik kan me er alles bij voorstellen. Ik heb eerder al gehoord hoe hij was na zijn vroege uitschakeling voor goud: geen land mee te bezeilen en dat is logisch. Ik ken niet veel sportmensen die zo voor het hoogste zijn gegaan als deze man. Het doet soms bijna eng aan hoe diep Henk kan gaan. Ik acht hem daarom, maar hoop dat hij ook een manier weet te vinden om het een klein beetje te relativeren. Hoe is zo'n mens voor zijn omgeving, vraag ik me af als we naar het HHH rijden.

Ook de komst van turnster Céline van Gerner wordt me nog gemeld. Ze heeft boven verwachting goed geturnd. Heel knap. En Ellen van Langen zal aanzitten, als tafeloudste. Twintig jaar geleden, in Barcelona, rende ze als een hinde en won. Ik had toen een waanzinnig interview met haar. Onvoorbereid en geheel geïmproviseerd. Ze werd de kleine studio binnen geduwd, legde haar medaille op tafel en begon te praten. Ik weet nog goed dat ze werd vergezeld door een man in een mouwloos shirt. 'Mijn coach,' had ze gezegd, maar noch ik, noch de redactie had een idee wie hij was. Pas veel later leerde ik dat die trainer Frans Thuijs was.

's Avonds aan tafel zijn ook judocoach Maarten Arens en judoka Marhinde Verkerk aanwezig, zodat het werkelijk spitsuur is. Ik besef dat de uitzending een rommeltje kan gaan worden en daar waakt de redactie dan voor. Ik neem me nog voor aan de medaillewinnaars te vragen of zij ook net als de Amerikanen belasting moeten gaan betalen, maar vergeet dat prompt. Waar zit je dan 's ochtends al die dingen voor op te zoeken?!

Hoogtepunt van de dag? Waarschijnlijk de race van Ranomi Kromowidjojo, die iedereen via de vele schermen volgt. Het HHH ontploft als ze wint, er wordt eerst geschreeuwd, dan gezongen, vervolgens gedanst en de bierpompen gaan open. Ik ga naar de wc buiten onze studio, en ontmoet alleen maar opgetogen piesers. Er wordt boven de urinoirs geschreeuwd en gezongen en dit is precies zo'n doorbraakmoment dat je als sportnatie nodig hebt. Dit is de tweede gouden medaille en deze is zeer aansprekend. Bij Marianne Vos was er ook al echte blijdschap en gedans, maar dit gaat een trapje hoger bij de fans. De zwemkoningin heeft gewonnen en dat wordt door het volk intens gevierd. Ellen van Langen zal later zeggen dat er nu meer plakken gaan komen; weer goud in de ploeg werkt o zo motiverend. Zij kan het weten.

We laten aan de kop van de uitzending een filmpje zien over hoe het HHH-publiek de 100 meter zwemfinale beleefde. Ge-weldig. Je ziet wat sport voor impact op de mens kan hebben. Ze schreeuwen, gillen, staan verstild, juichen, doen gek, slaan elkaar op de schouders, jubelen en gaan dan zingen: We are the champions. Een waarlijk gezegend moment om bij aanwezig te zijn, denk ik als ik met Frits, de eindredacteur, de boel overzie. 'Ga je gang maar,' is het enige dat hij meegeeft. Ik snap wat hij bedoelt.

De roeimeiden Annemiek de Haan en Claudia Belderbos zijn, nu de dag bijna verwerkt is, tevreden met brons. Tussentijds hoogtepunt is het beroemde ergometerfilmpje waar je al die meiden helemaal kapot ziet gaan: dit is echte topsport. Fantastisch om naar te kijken, sporttelevisie van de bovenste plank, prachtig gemaakt door Erik van Dijk.

Henk Grol is nog wel narrig, maar aangepast narrig. Hij wilde zó graag, verloor al in zijn derde partij en wilde zijn tas pakken en naar Schiphol vliegen. Hij was klaar, had het gehad, wilde weg. Hij zegt dat hij van zichzelf verloor en dat is ook zo. De andere judoka aan tafel, Marhinde Verkerk, zegt bijna teder: 'Ik heb nog op hem in staan praten, dat deden we allemaal.' Judocoach Maarten Arens knikt: 'Het was een heel zware en moeilijke dag,' en dan drukt hij zich voorzichtig uit. Hij moet zelf ook kapot zijn, maar ook wel weer tevreden. Dat bevestigt hij.

Als de kleine turnster Van Gerner dan ook nog tevredenheid en blijheid toont en Ellen van Langen wijze woorden spreekt, zijn er 75 minuten als in een lange zucht voorbij. De speeltijd die ons in de planning is gegeven bedraagt 60 minuten. We zijn dus iets uitgelopen, maar er was zo veel te vertellen en te zien. Er hebben dik twee miljoen mensen gekeken. Dat is veel voor een late night talkshow over sport, zonder winnaar van goud erbij. Dank aan de gasten, dank voor hun uitstekende verhalen.

Het wordt laat. Het HHH gloeit. Het is lawaaiig, er wordt veel gedronken en de rijen Britse taxi's die zich inmiddels buiten opgesteld hebben, tonen aan dat er hier iets gaande is. Overal klinkt gezang, het is feest en iedereen is blij. De huldiging van de roeimeiden is een enorme happening geweest, hoor ik. Ik hos even met een groepje mee. Iedereen lacht.

De rit naar huis verloopt snel, Londen rust al uit. Ik val in slaap op het moment dat mijn hoofd het kussen raakt, misschien nog wel eerder.

In de kamer staat een mooi tasje met als opdruk Rough Trade. Met wel 21 prachtige, heel speciale cd's erin. Ze zullen daar dagenlang onaangeroerd blijven staan.

Vrijdag 3 augustus

We beginnen met Starbucks-koffie en een klein puntje cheesecake. Zondigen mag vandaag. Het gesprek komt snel op de kijkcijfers. Ze zijn goed, maar we besluiten dat het niets over de inhoud van het programma zegt; het enorme aantal is meegenomen, maar we sporen elkaar aan een tandje bij te schakelen. De filmpjes krijgen alle waardering, de studiogesprekken mogen soms wat spannender. Ik trek me dat aan en kom er zelf mee. Ik heb de eerste dagen een paar maal last gehad van het 'live aspect' hier dat zo totaal anders is dan de wat meer verstilde *Avondetappe*. Dronkemansgebral op tien meter van onze tafel maakte het soms moeilijk om me goed te concentreren. Ik baalde daarvan en vroeg me af hoe ik me daarop beter kon voorbereiden.

In april hadden we hierover gesproken. Dat er vast en zeker dronken schreeuwers zouden komen. Er zijn toen aanpassingen gedaan, er is een hogere 'muur' neergezet, maar de schreeuwers winnen zoals zo vaak. Het moet ook een geweldige kick geven om daar in al je stompzinnigheid oerkreten, boeren en onverstaanbare verbale uithalen los te laten.

Regisseur Matthias Bouman vraagt of ik er echt last van heb. Ik kijk hem aan. Is het last? Ik ben het niet gewend. Als je in een gesprek zit of midden in een zin en je hoort dat bulkende geschreeuw, dan verlies je focus. 'Ik erger me eigenlijk,' zeg ik eerlijk. 'Laat dat gevoel dan los,' zegt de man met wie ik samen al meer dan 25 jaar televisie maak. Ik luister naar hem, het is een goede tip. Hij is een prachtige collega.

Met Matthias deed ik de avondshift (en de ochtend-, de middag- en als het moest de nachtshift) in Seoul 1988. Dan waren we zo moe dat we in de bus naar ons hotel in slaap vielen. Het schepte voor altijd een band.

'Wanneer mogen de zwemsters komen?' is een van de eerste vragen. We kennen de voorlopige gastenlijsten van de komende uitzendingen. We willen graag zo veel mogelijk actieve sporters in ons programma hebben, maar soms werken de speelschema's ons tegen. Zoals vanavond, naar blijkt.

Ik lunch om twee uur in het Hyatt, niet ver van ons hotel, met Karen. In dit hotel merk je niets van de olympische sfeer. Hier lopen mannen in strakke pakken en dames in hun fraaie De Bonneteries rond, hier wordt zacht gesproken en men schenkt een mooi glas.

Karen vraagt me of ik alsjeblieft één tempo terug kan schakelen. Ze maakt zich zorgen. Ik slaap bijna niet meer, heeft ze geconstateerd, ik zit veel te vroeg dingen op te zoeken en de krant uit te pluizen. Deze lunch op deze plaats is om het even rustig aan te doen, zegt ze.

Ik weet dat ze het goed bedoelt en wil haar niet voor het hoofd stoten. 'Nog negen dagen, dan is alles voorbij,' zeg ik, licht cynisch.

Ze knikt: 'Alles, maak er maar een grap over.'

Rafael van der Vaart is een van de tafelgasten en hij trekt bij binnenkomst meteen het meeste publiek. Hij is geestig, sociaal en houdt iedereen bezig met gekke vertellingen. Hoe hij met een vrouw op veel te hoge hakken naar het Olympic Park moest lopen. Hoe hij lang in de rij stond bij een ijscoman en hoe hij naar drie series 1500 meter zwemmen heeft moeten kijken; ongeveer het saaiste onderdeel van de hele Spelen.

'Als jullie nog eens wat weten,' knipoogt hij.

Als hij aan atlete Jolanda Keizer, ook gaste aan tafel, wordt voorgesteld, zegt hij alleen maar: 'Jezus, wat ben jij groot.'

Zo'n sfeer dus.

De beachvolleybalsters Madelein Meppelink en Sophie van Gestel doen hun sprookjesachtige, leuke verhaal en Marc Lammers (Van der Vaart tegen hem: 'Waarom heb jij eigenlijk geen ploeg?') analyseert de gang van zaken bij de twee nationale hockeyteams op zijn eigen, goede wijze. De sfeer blijft goed, totdat er weer een boerende schreeuwer te horen is. Ik baal. 'Niet op letten,' hoor ik in mijn oortje.

In het begin van de uitzending zit een prachtig monument van deze olympische dag. Juan Martín del Potro en Roger Federer spelen een titanenduel op Wimbledon, een halvefinalepartij van meer dan vier uur. Het publiek (met Kobe Bryant, gekleed in een USA T-shirt op de tribune) geniet en als Federer dan eindelijk wint, volgt er aan het net een prachtige omhelzing. De Argentijn legt zijn hoofd zacht tegen de schouder van de Zwitser en geeft zich over.

Even later lopen ze de baan af: Del Potro breekt en begint te janken. Federer ziet het en houdt even in. Het is een onwaarschijnlijk mooi sportmoment dat me nog lang zal bijblijven. De emoties van deze olympische partij zijn Del Potro te veel. Hij schaamt zich nergens meer voor en laat alles los. Het applaus op Wimbledon zwelt aan, iedereen wil hem helpen.

Vanochtend juist een stuk in een Britse krant gelezen: 'Win or loose, it's a crying game.' Een verhaal over de vele sporters die de waterlanders de vrije loop laten. Het is opmerkelijk. Ik maak een aantekening; het lijkt me een onderwerp voor de komende dagen.

In het verhaal wordt het voorbeeld aangehaald van mijn Britse collega John Inverdale die ook brak tijdens een uitzending waarbij twee Britse roeiers net niet wonnen. De roeiers Mark Hunter en Zac Purchase hadden al gesnikt dat ze zich zo belazerd voelden omdat ze hun publiek in de steek hadden gelaten, toen Inverdale ook brak en snikkend uitbracht: 'Jullie hebben niemand in de steek gelaten.'

Ik had het beeld gezien en had acht keer krachtig geslikt. Ik vind van mezelf dat ik altijd wel 'cool' kon blijven, maar dat lukt hier in Londen niet zo best.

Als Van der Vaart als een van de laatsten die avond de toog verlaat, bedankt hij iedereen voor de leuke dag. Hij geeft me een hand en zegt: 'Zeg Mart, voor straks in Brazilië: laat die kaartjes voor de 1500 meter zwemmen maar zitten, maar ik kom wel aan tafel zitten.'

We rollen met zijn allen naar buiten; het is heerlijk weer.

Zaterdag 4 augustus

In de ochtenduren doe ik twee leuke dingen. Ik ga ontbijten in een ander dan mijn eigen hotel, want alles is bekend; de smaak, de geur, de looprichting achter de Russen aan die met overvolle borden het pand doorkruisen, de opdrachten aan de omeletten-maker, de vriendelijke lach van de mevrouw uit Albanië die de thee brengt.

Dus gaan we naar Selfridges, een soort Bijenkorf op hoge poten en geven ons daar over aan hun ontbijtselecties. Het valt mee. De omgeving is in elk geval anders en de croissant heeft de vorm van een croissant, terwijl die in ons eigen hotel vaak op een merkwaardige nageboorte van een zeehond lijkt.

Karen gaat shoppen of slenteren of beide tegelijkertijd en ik heb mezelf opgelegd om een moeilijk en lang artikel over Michael Phelps te lezen. Dit Amerikaanse jongmens met absoluut niet de uitstraling van een Groot Olympiër zwemt ook in Londen weer het water in gruzelementen. Ik wil graag weten hoe hij dat doet, wellicht voor een tekst vanavond.

Ik ken de verhalen over zijn aanleg en zijn harde manier van trainen, maar er moet meer zijn. In de *Daily Telegraph* vind ik het fraai uitgelegd: Phelps is getekend in de proporties zoals zijn lijf in werkelijkheid is. We zijn even lang: 1.94 meter. Hij heeft echter erg lange armen en als hij zijn armen strekt, is zijn zogenaamde 'wingspan' 1.98 meter. Dat is opmerkelijk. Hij heeft schoenmaat 48, relatief korte benen en een extreem lange torso. Die bouw zie je niet vaak, maar voor wedstrijdzwemmen komt dat juist heel goed uit, begrijp ik.

Hij bedient zich van een zogenaamde 'kick', een techniek die een groot deel van zijn lijf onder water houdt, waardoor hij minder golfslag maakt en hij zijn beenslag kan optimaliseren. Ik lees dat zijn grote voeten hem voordeel opleveren bij deze techniek. Hij kan zijn voeten krachtiger gebruiken omdat hij zijn enkels 15 graden meer kan buigen dan andere zwemmers. Dat komt omdat hij enkels heeft met dubbele enkelbanden. Hij kan zijn voeten bijna als 'flippers' gebruiken en kan daardoor meer kracht zetten met zijn benen dan zijn tegenstanders.

Ik lees ook nog iets over zijn 'double-jointed' armtechniek en zijn laterale bewegingen die een soort propellermechanisme in werking doen treden. Dat laatste zie ik op een tekening, maar snappen doe ik het niet echt. Het schijnt wel heel bepalend te zijn voor de manier waarop hij zwemt.

De Greatest Olympic Athlete ever (zoals hij geportretteerd wordt door veel Amerikaanse kranten) gaat hoogstwaarschijnlijk stoppen met wedstrijdzwemmen, hoewel hij pas 27 jaar is en over vier jaar met 31 jaar nog niet bij de geriatrische races hoeft mee te doen. Hij zou dus nog een keer kunnen terugkomen op olympisch niveau, maar denkt daar nu nog niet aan. Hij wil lekker golf gaan spelen en niets doen. Hij weet dat 'zwemmen' als belangrijke sport voor vier jaar in een winterslaap zal gaan en tegen de tijd dat het 2016 is, zal hij wellicht weer eens een zwembroek aantrekken. In zijn eigen land wordt hij vergeleken met Mark Spitz, die ook een soort gouddelver in zijn eigen tijd was. Phelps, in baggies, slordig haar en een verrot T-shirt zegt voor een microfoon: 'Ik weet dat hij nooit naar school ging, niet eens naar college. Hij zwom. Hij had nooit een normaal baantje in de maatschappij, zijn leven had een andere opbouw dan dat van andere mensen. Ja, net als dat van mij.'

Phelps is de meest gedecoreerde olympische deelnemer ooit: 19 medailles. Ooit had zwemcoach Bob Bowman een topzwemmer in hem gezien, maar of hij toen al de nodige toewijding had? Hij was een speciaal kind met een dwangmatige aanleg tot praten in gezelschap. Hij kreeg medicatie en ging hard zwemmen. Hij won, ging naar college, werd later miljonair, werd dronken achter het stuur van zijn eigen auto aangetroffen na zijn eerste Spelen, werd gefotografeerd met een waterpijp voor zijn neus na zijn tweede succesreeks, bedankte voor de topsponsor Kellogg's (cornflakes), zag al eerder zijn thuissituatie ineenklappen toen zijn ouders elkaar verlieten en werd eigenlijk een zwemmende hippie.

Feit was dat hij won en won en won. Bij zijn eerste grote, internationale wedstrijd vertelde hij zijn Britse tegenstanders dat hij even langskwam om te winnen. Dat gebeurde dan ook. De rest keek hem vanaf dat moment met scheve ogen aan. Zijn moeder werd zijn 'alles' en zijn zwembroek was al zijn tweede huid. Hij werd 's werelds beroemdste zwemmer. In Londen haperde er weleens wat, maar hij herstelde zijn eigen onvermogen om even bij de les te blijven en ging weer winnen.

Zouden we vanavond een Phelps-special moeten uitzenden? Ik bel met Frits van Rijn; hij zit er ook aan te denken. We hebben het over de universiteit waar Phelps heenging: Michigan, een school die wij, basketbaldieren, beiden niet sympathiek vinden.

Het wordt verder voor de Britten een echte Super Saturday. Eerst smelt het land weg als de opvallend mooi gebouwde meerkampster Jessica Ennis goud haalt en als tienkilometerloper Mo Farah, een import Brit uit Mogadishu, alle Keniaanse en Ethiopische lopers achter zich houdt en met een blijde, bijna enge lach op zijn gezicht door de finish komt, ontploft Groot-Brittannië. Dat de minder mediagenieke springer Greg Rutherford ook nog eens succesvol is, maakt Londen tot een swingende, blije stad: the homeland rocks...

Hoe wij daarmee omgaan? We knutselen een programma in elkaar met sporters en ex-sporters en vaderlanders die wel in staat zijn aan te zitten, want de spoeling van de actieve sporters is zeer dun. Ambassadeur Pim Waldeck, een man met humor, NOC-baas André Bolhuis met zijn rood-wit-blauw gekleurde brogues, oud-zwemster Conny van Bentum, een goed vertelster die nog midden in de sportwereld staat. Trampolinespringster Rea Lenders heeft het er maar moeilijk mee dat ze vandaag haar dag niet had.

Ik ben niet erg ingevoerd in het trampolinespringen en weet alleen dat zij er acht jaar geleden in Athene ook bij was. Toen was ze jong en onervaren en was er een 'miscommunicatie met haar coach', maar vandaag maakt ze zelf een fout. Bij de vierde sprong gebeurt dat al en de rest van haar oefening springt ze achter de feiten aan. Ze plaatst zich niet voor de finale, eindigt haar lange olympische reis als dertiende en moet dat ook nog in een televisiestudio komen uitleggen. Ik heb respect voor haar, probeer haar te helpen, maar ze zit erdoorheen.

De laatste gaste aan tafel zit het verst van me af: volleybalster Manon Flier, die als prof in het buitenland speelt en met haar ploeg deze Spelen niet gehaald heeft. Zij is hier vooral om haar partner, beachvolleyballer Reinder Nummerdor, te ondersteunen en daar gaat een deel van ons gesprek over. Het verschil tussen zaal- en beachvolleybal, daar wil ik heen. Is dat verleden en de toekomst?

Wat ik niet zie, als ik haar doorvraag over het niet-aanwezig zijn van haar volleybalploeg, is dat ze het daar flink moeilijk mee krijgt. Ik mis haar emoties. Na afloop van het programma dringt dat wel tot me door en leg ik Flier uit dat ik het niet kwaad bedoelde, dat ik haar eigenlijk naar het beachvolleybal toe wilde praten ('Waarom ga je dat niet doen?'). We spreken het snel en volwassen met elkaar uit en ik excuseer me nog een keer. We gaan uit elkaar met een kus op de wang voor beiden. Grote mensen.

In de sociale media is er dan al een giftige anti-Smeetsgolf op gang gekomen. Stinkend water zoekt altijd het laagste punt: een putje. Het is kenmerkend dat niemand van onze redactie er die avond op terugkomt. Ik word er door niemand over aangesproken, maar heb het er wel kort met Frits over, die zijn schouders ophaalt: 'Wij hebben in de regiewagen alles goed gezien en gehoord. Er was even een onprettig moment, maar dat ging snel voorbij. En ik heb jullie gezien na afloop, hoe jullie het uitspraken. Laten gaan.'

En dat doe ik dus. Van ganser harte zelfs, want het is niets. Hakken op de presentator is altijd lekker, weet ik van het EK voetbal toen Jack ineens in het felle schijnsel kwam te staan. Hij moest 'het verlies' van de NOS gaan uitleggen, zoals een trainer de nederlaag van een wedstrijd. Ik vond dat geweldige onzin en heb Jack er nog over gebeld. 'Gewoon je werk zo goed mogelijk doen,' heb ik hem toen meegegeven. En dat moet ik nu ook tegen mezelf zeggen.

We rijden naar huis en drinken nog een glas wijn. De BBC laat Michael Phelps in alle grootheid zien. De camera toont zijn idioot grote voeten, zijn propellers. Gebiologeerd kijk ik naar de nachttelevisie.

Zondag 5 augustus

Het is zondagavond kwart voor tien. Langzamerhand trekt iedereen in ons deel van het HHH in de richting van een televisietoestel. De komende minuten wil niemand missen wat er in het grote Olympisch Stadion zal gebeuren. Het enige echte olympische koningsnummer is aangekondigd en de hoofdrolspelers zijn al zichtbaar. Er is een naam die bij een ieder op de tong brandt: Usain Bolt.

We kijken hier met z'n allen naar de voorbereidingen van de finale 100 meter. Die schermutselingen zijn prachtig voer voor een goede televisieregisseur. De Brit (?) die de wereld vanavond laat zien wat er gebeurt, weet dat de hoofdrolspeler in zijn eentje al goed is voor een topfilm, maar de man houdt zich toch ook aan een draaiboek: hij probeert de andere lopers ongeveer even veel tijd en aandacht te geven als Bolt. Dat is bijna onmogelijk. Op het moment dat je de grootste sprinter ooit, de grootste toneelspeler ooit en de grootste showman ooit op de baan hebt staan, zijn de mannen die met deze figuur meerennen niet meer dan decorstukken.

En toch, als vakman in dienst bij de olympische televisiemaatschappij, hoor je je inderdaad aan de regels te houden. Je dient bij het voorstellen van de acht lopers te beginnen bij baan 1, maar je ziet in de truck waar de regisseur waarschijnlijk 32 verschillende beelden binnenkrijgt, dat Bolt met zijn stapjes, pasjes, grimasjes en beweginkjes al is begonnen en je wilt eigenlijk hem steeds schakelen.

Natuurlijk doen de heren Harold Thompson, Asafa Powell, Tyson Gay, Yohan Blake, Justin Gatlin, Ryan Bailey en Churandy Martina dat ook. Ook zij staren, springen en trekken bekken. Ook zij hebben iets ingestudeerd dat ze vlak voor de race als de camera voor hen langs trekt, aan de wereld laten zien: een opgestoken vinger, een strakke kop, een klop op de hartstreek, een smalle lach of een dodelijke 'stare'.

Ik kijk naar Martina. Daar in die groep van acht menselijke kogels staat een man in een oranje shirt. Ik denk dat wij als Nederlands sportvolk te nuchter of misschien ook wel te onvakkundig zijn om de portee van de finaleplaats van Churandy Martina goed te begrijpen.

Het wordt stil in onze ruimte, iemand achter ons belt hoorbaar, anderen roepen 'Shhhhhh'. Ik sta ertussen en voel ook spanning. In het stadion worden 80.000 mensen stil. Doodstil. Ik denk dat het bij televisiekijkers thuis ook zo gaat.

Wat zegt Bolt daar? Liplezers in de zaal? Iemand zegt: 'I'm gonna win.' Dat denk ik ook, maar er staan rond me ook mensen die denken te weten dat Blake zijn eerste olympische titel gaat ophalen. De misschien nog steeds aanwezige blessure bij Bolt gaat hem opbreken, heb ik in een voorbeschouwing meegekregen.

De mannen knielen. Iedereen heeft zijn kunstje voor de camera gedaan; nu zakken ze allen terug in zichzelf. Luid ademen mag niet meer in de redactiezaal; we zijn allen in het beeld gezogen.

Het is over in 9.63 seconden. De winnaar heet Usain Bolt. De langste van allen (1.97 meter) heeft zijn zeven tegenstanders makkelijk op achterstand gezet, en loopt een behoorlijk ingetogen ereronde.

Vrij snel gaat iedereen bij ons weer aan het werk en verlaten we de televisietoestellen. We hebben naar wel tien minuten show en voorbereiding zitten kijken en de race is binnen tien seconden gepiept. Gek eigenlijk dat we daar allemaal zo opgewonden over zijn. Dat is de magie van de 100 meter, iedere keer weer.

Bolt scoort hier een keurige 9.63 met een 'meewind' van 1,5 meter per seconde. Martina wordt zesde, een van God gegeven prestatie. Zijn tijd: 9.94. Geweldig. Olympisch diploma, voor wat het waard is.

Bolt heeft weer gewonnen, hij heeft woord gehouden en hoewel hij een moeilijk voorseizoen kende, is er op zijn drie races op de 100 meter in Londen bijna niets aan te merken. In de eerste ronde liep hij met de handrem erop naar een voor velen verontrustende 10.09. De eerste vraag was toen: zou er wat zijn? Zijn tweede race ging in 9.87 en verheugd veerde de sportwereld op: er was niets. Bolts antwoord in de finale stond als een huis.

Als hij dan toch het hele seizoen licht geblesseerd was geweest, dan was deze finale uitschieter wel van bijzondere klasse. Ja, hij had een wat wiebelige 10.04 in Ostrawa gelopen, waar Gatlin in de maand mei een soevereine 9.87 in Doha had neergezet. De verhalen over een eventuele behoorlijk zware spierblessure van Bolt gingen steeds sneller rond in olympisch Londen, maar de Jamaicaan fopte de hele wereld. Zijn troonopvolger Blake mocht blij zijn met zijn 9.75 en moest ervaren dat tussen 9.63 en 9.75 toch een behoorlijke kloof bestond. Blake mocht meedelen in de ereronde en het applaus. Brothers in arms, maar slechts één was er winnaar.

Gatlin, die een zucht achter Blake de lijn passeerde, zagen we in het Jamaicaanse dansfeest nauwelijks nog terug.

De aansluitende praatuitzending met Ranomi Kromowidjojo, Sebastiaan Verschuren, Jacco Verhaeren en de grappige, zeker niet op zijn mondje gevallen Haarlems-Marokkaanse dressuur-ruiter Yessin Rahmouni wordt door vrijwel iedereen 'gezellig' gevonden. Dat is in de televisiewereld bijna een vies woord, heb ik weleens begrepen. Gezelligheid dreigt namelijk journalistieke aanpak of professioneel gemaakte items te overvleugelen. Wij in Nederland kennen twee vormen van gezelligheid: die van de TROS en de meer ingetogen NCRV-vorm. Ik ben geen fan van de een of de ander.

Als men het vanavond een gezellige uitzending vond, zal het dat ook wel geweest zijn. Onze filmpjes zijn in ieder geval van grote klasse, zeg ik tijdens het bier tappen tegen de makers. Het compliment wordt in dank aanvaard. We nemen er nog een.

We rijden laat naar ons hotel terug. In kamer 140 gaat de te-levisie nog even aan. Op de BBC herhaalt men de 100-meter race vanuit wel zeventien hoeken. Usain Bolt wint steeds.

Maandag 6 augustus

Frits van Rijn belt inderdaad vroeg, onder meer om te melden dat we zondagavond 2,4 miljoen kijkers hadden. Ik zeg: 'Succes van je sportmensen trekt automatisch kijkers.'

Ik heb de kranten op dat moment al op tafel liggen in de ka-mer. Wat is dat toch een genot: krant open en lezen maar. Ik krijg *The Times* iedere dag in een klein plastic zakje aan de deurknop en koop *The Observer* en, als het kan *l'Équipe*. Voor uitslagen be-staat er geen betere sportkrant in de wereld. Je krijgt ieder detail, iedere goal, iedere duizendste seconde.

Frits en ik overleggen. De Prins vandaag? Ja, als hij kan. Wel vooraf opnemen en eventueel inkorten, want je weet maar nooit. En voor de rest? Frits heeft een urgentielijstje gemaakt, Daarop staan de namen van de ruiters, van Marleen Veldhuis, en zeiler Pieter-Jan Postma moet ook in Londen arriveren, begrijp ik. Ik zeg: 'Laat maar komen, maar is hij niet vreselijk teleurgesteld?'

Frits zegt: 'Dat kan ook mooi zijn.'

Dan moet ik mijn accreditatie laten veranderen in het IBC, weer terugreizen naar de stad waar een lunchafspraak met de familie Wolff wacht, daarna gaan inlezen en op tijd weer door naar Noord-Londen, voor een eventueel vroege opname met de Prins.

Als we met Alex, Vanessa, Frank en Clara Wolff aan tafel zitten, verblijven we even in een andere dan de NOS-sfeer en dat vraagt enige aanpassing. Het is net alsof het begrip 'haast' even weg is uit mijn bestaan.

Alex heeft de afgelopen nacht een groot verhaal bij *Sports Illustrated* moeten inleveren en is nog licht duf. Zijn vrouw en kids genieten van Londen. Zij wonen in een prachtig klein plaatsje in Vermont, vlak onder Burlington. Voor hen is Londen de wereld. Zo leuk om te horen en te zien. Als je in Middlebury woont (tussen Vergennes en Brandon) dan moet The City, waar de kids nu verblijven, wel heel erg op je af komen.

Wolff kan ook niet ontkomen aan het langzaam opkomende gevoel dat deze Spelen 'deugen'. Hij verbaast zich over de golf aan enthousiasme van de Britten zelf. We proberen er een verklaring voor te vinden. De voelbare crisis? Of dat eeuwige optimisme bij de Britten, dat tegen het naïeve aan leunende gevoel van 'kom we maken er wat van' en dan blijkt dat ook te kunnen.

Wolff zoekt ook een verklaring in het onverwachte succes van de Britse ploeg. 'Kijk eens naar de pers van een week voor de Spelen. Er deugde niets van en nu staat iedereen te juichen. Dat is toch vreemd.'

Zij gaan na de lunch zigzaggend door Londen naar huis, Karen gaat naar het Hilton aan Hyde Park om een kaart op te halen en ik ga in mijn eentje koffie zitten drinken en een beetje nadenken. Wat kan ik de Prins vragen? Waar is hij mee bezig? Wat heeft hij gezien? Waar wil hij over praten? Dat laatste vooral is belangrijk. Ik weet uit ervaring dat je in de vraagstelling een heel eind kunt gaan. Vaak wordt er van tevoren gezegd dat er geen 'persoonlijke' vragen gesteld mogen worden als 'welke sport heeft uw voorkeur?' Omdat hij zich dan vóór de ene sport en tegen de andere sporten moet uiten. Maar in de praktijk valt het allemaal vreselijk mee.

Ik heb ook weleens gevraagd waarom al die poespas eromheen nodig is. Er is toch niets bijzonders aan de kroonprins als gast aan tafel? Waarom schieten de mensen van de BVD, of hoe die club tegenwoordig heet, in een vreemde stress? Willem-Alexander is een volwassen man die een volwassen taak op zich heeft hier in Londen en dat is op volwassen manier met sport omgaan in een volwassen rol van IOC-lid. Laten we er dan met z'n allen niet zo schichtig over doen en ons ook volwassen gedragen. En dat gebeurt ook bijna.

De kroonprins is alweer weg als de andere gasten arriveren. Postma heeft inderdaad de smoor in, maar herpakt zichzelf goed, Veldhuis is zichzelf; nuchter, oprecht en leuk. Ze is aan het eind gekomen van haar olympische reis en geniet. De bronzen medaille die ze uit het bad heeft gevist op de 50 meter vrije slag, is haar alles waard. Het is de bevestiging van een mooie carrière, die ze pas laat begon.

Wat ze eerst deed? Met een smalle lach: 'Waterpolo en studeren.'

De opening van het programma is voor de vier ruiters die een verwoestend spannende dag hebben meegemaakt en die aan tafel blij zitten te wezen met hun zilveren medailles. Het filmpje van Kees Jongkind verdient weer een hoofdprijs en de mannen die liever een oxer van twee meter bewerken dan een studiogesprek aangaan met een man die ze waarschijnlijk wel herkennen, maar niet echt kennen, komen goed door dit gedeelte van hun avond. Later worden ze gehuldigd en ook dat heeft weer iets speciaals. 'Ruiters kunnen niet dansen,' roept iemand die net terug is uit de feesthal. 'Ruiters kunnen wel springen,' zegt een ander. Jur Vrieling, de Noord-Groninger, is bijna spreekwoordelijk de nuchtere klant aan tafel, Marc Houtzager praat makkelijk en zijn provinciegenoot Maikel van der Vleuten (Tukkers) legt goed uit hoe hun dag is geweest. Brabander Gerco Schröder lijkt timide, maar ik denk dat hij mentaal op is. Deze vier mannen hebben aan het nimpje te zien goud op een millimeter na gemist, maar aan tafel lijken ze zich ermee te verzoenen dat zilver toch ook mooi is.

Met Veldhuis als stralend middelpunt van een verrassend soepel lopende avond, trekken we vrij snel naar de stad. We spreken af morgen vroeg weer bij elkaar te komen. Ik voel een diepe vermoeidheid opkomen. Zure benen, kramp bij het instappen in de auto, het gevoel dat het hoofd lichter wordt, zakkende oogleden.

In de kamer moet ik toch echt nog het jurkje van couturière Nicole Farhi zien dat Karen die middag ergens heeft gescoord. Van 230 voor 89 pond; dat kon ze niet laten hangen. Ik bekijk het stuk textiel en zeg: 'Nee, dat mocht je werkelijk niet laten liggen.' Ik kijk op mijn horloge: half twee. Ik kan zes uur slapen. Zeven minuten later volgen de echte krampaanvallen.

Dinsdag 7 augustus

Voor de tweede Spelen op rij lukt het de Chinese hordenkampioen Liu Xiang niet de finish van de series 110 meter horden te halen. Ik hoor een kreet van afgrijzen als het publiek doorheeft dat de Chinees niet één horde genomen heeft en vol pijn aan de rand van de baan zit. De race is voorbij, de andere lopers zijn gefinisht en iedereen kijkt naar de man in het rood.

Vier jaar geleden in Beijing was hij de officiële 'posterboy' van de hele Spelen. Hij, de winnaar van Athene 2004, zou China, dat stond vast, de mooie gouden eer geven door als een hinde over de horden te vliegen en met zijn fluwelen techniek de 110 meter af te leggen. Tijdens de voorbereiding op de Spelen van Beijing zagen we dat Liu een wel heel aparte behandeling kreeg in zijn China. Hij had een geblindeerde limo tot zijn beschikking en als hij uitging werd er voor hem een privé karaoke ingericht. Hij mocht alles, alles werd voor hem geregeld; het enige dat hij moest doen was de 110 meter horden winnen, liefst in een recordtijd.

Ik denk na over die dag in Beijing. Wat gebeurde daar ook alweer? Hij moest lopen, maar voor de race al was bekend dat hij last had van een serieuze achilleshielblessure. Liu startte niet en verontschuldigde zich later op de dag bij het Chinese volk. Dat het hem speet, maar dat hij niet kón lopen, dat hij te geblesseerd was. Hij vond het vreselijk dat hij zijn land, zijn mensen, de organisatie en de hele wereld in de steek had gelaten en hij zou als zijn been weer heel was nog van zich laten horen. Want ja, hij was de snelste hordenloper ter wereld, daar hoefde niemand aan te twijfelen.

Ik kijk naar het scherm en zie Liu op één been, aan de zijkant van de baan, naar het einde hoppen. Dan buigt hij zich voorover en leunt op de laatste horde. Andere lopers bekommeren zich nu om hem, willen hem ondersteunen, kijken met zorgelijke blik naar hem, vragen hem wat. En het publiek reageert met applaus, ondersteunend, zalvend applaus. Alsof we met zijn allen onze favoriet hebben verloren. We klappen en kijken, vol medelijden, dat voel ik ook, naar deze frêle figuur die het hordenlopen tot zo'n bijna supereenvoudige beweging heeft gemaakt.

Hij, kind van een fabriekswerkster en een vrachtwagenchauffeur, werd een van de beste hordenlopers ooit; een Chinees fenomeen. Ooit werd, nota bene in de *Chinese Staatscourant*, over hem gezegd dat hij genetisch niet sterk genoeg was om de beste blanke en zwarte hordenlopers te verslaan. Hij zou als Aziaat erfelijke tekortkomingen hebben voor deze razend moeilijke sport, maar als 21-jarige won hij goud in Athene en zei daar: 'Ik denk dat de Chinezen een hele tornado op de atletiekwereld kunnen loslaten. Wij kunnen veel meer.'

Liu zag vier jaar lang de Spelen van Londen als zijn terugkeer en ook zijn bevestiging in de atletiekwereld. In trainingen had hij zijn fluwelen techniek getoond, zijn passenritme was goed, hij voelde zijn benen nauwelijks.

Pang, zei zijn achillespees. Weer die verdomde pees, weer die kwetsbare band die de boel in de benen moet stabiliseren, weer dat gesprongen elastiek. Ik kijk nog steeds naar het beeld en kan net zoals al die tienduizenden in het stadion niet geloven wat ik net gezien heb.

De rest van de dag praten vele mensen over Liu en worden de beelden herhaald en herhaald. Iedereen die ze ziet, schudt het hoofd. Dit kan niet waar zijn, maar het gebeurt toch.

Overdag ben ik druk met van alles. Redactievergadering in de vroege ochtend, accreditatiebureau een uur later, nieuwe kaart en een wandeling over The Olympic Park. Ik zie zowaar, live in de basketbalzaal, nog een stukje van USA-Canada dames, maar veel is daar niet aan. Dan volgt een verbazingwekkend snelle rit door de stad met de metro, kleren ophalen en vervolgens wachten op Epke.

Ik zie zijn oefening op de BBC. Ik weet nog hoe gespannen iedereen in mijn buurt is. De punten van die Duitser en die ene Chinees zijn immers zo hoog.

Als Epke aan zijn stuntwerk gaat beginnen, kijken we met misschien wel zestien mensen, vlak bij elkaar staand, mee. We kijken niet alleen, de meesten van ons bewegen ook met de oefening mee. Ik kijk om me heen; allemaal gespannen hoofden, geen enkele uitgezonderd. Ik tel mee, een vluchtelement en hoor kreten als 'jaaaa', dan de tweede maal en nog meer verbazing. De spanning in onze ruimte is om te snijden en daar komt de derde vlucht. Als Epke de stok pakt en doordraait, gaat er een idioot geloei los in de grote redactieruimte. Ik loei mee en voel, terwijl de oefening verdergaat, dat ik tranen in mijn ogen krijg.

Als de afsprong verankerd is, springen velen op, slaan elkaar op de handpalm of schouder en schreeuwen. Ik drijf even van de anderen weg en voel inderdaad zo veel emotie dat ik slik, snuit en een traan moet wegvegen.

Nooit gehad, waarom nu wel? Omdat deze oefening bovenmenselijk zwaar was? Omdat hier de extreme uitdaging voor die jonge Fries lag en wij zijn verhaal zo goed kenden? Het zal haast wel. Zijn oefening doet buitenaards aan, of ben ik te chauvinistisch?

's Avonds zit het wonderkind aan, met de intens tevreden Teun Mulder en de licht ontevreden Marit Bouwmeester. Zij kwam voor goud en moest het met zilver doen. Mulder kwam voor het beste resultaat mogelijk en het werd een jubelende bronzen plak. Zonderland wist dat hij moest gaan toveren om goud te halen en dus toverde hij.

Voetbalcoach Bert van Marwijk bezet de tafel als de sporters weg zijn om gehuldigd te worden in de overgelukkige oranje massa achter onze studio. De sfeer is daar formidabel; Alexandra Palace trilt op zijn grondvesten bij de huldigingen.

Terug naar Van Marwijk, die met plezier naar de medaillemensen heeft zitten luisteren. Hij staat prettig nuchter tegenover alles wat hier in Londen gebeurt. Hij is sportomnivoor. Hij heeft echt genoten en zegt dat met veel verve. Het publiek in de studio draagt hem op handen, dat merk je zo. Van een eventuele afkeer tegenover de voetbalcoach die misschien wel faalde is geen sprake. Hij wordt ook na de uitzending met egards door iedereen behandeld en geniet daar zichtbaar van.

We hebben vooraf niet samen gepraat over wat er wel of niet gevraagd kon worden over de 'affaires rond het EK'. Via redacteur Edwin Schoon weet ik dat Van Marwijk niet staat te springen om de geheimen van de gestruikelde voetbalploeg aan een olympische tafel te gaan openbaren. Hij had eerder tegenover Schoon gesteld dat hij die graag bij zich hield en ik heb daar begrip voor. Ik begin er dus ook niet over, hoewel een stemmetje in me zegt dat toch even te proberen. We praten wel over andere voetbalzaken, maar ik ga bewust niet in op de troebele momenten van Polen en Oekraïne. Het karakter van deze uitzending leent zich er niet voor; de studio gloeit, de mensen zijn blij, bijna opgewonden en het blijft nog lang onrustig in 'onze kroeg'. Op het herentoilet, vlak bij onze studio, wordt het nog even spannend als een dronken jongeling me aanschiet en vol branie roept: 'Hé, Smeets is die lul van Van Marwijk bij jullie te gast?'

De sociale controle vanavond is groot, want de schreeuwer wordt direct op zijn nummer gezet door drie andere plassers. 'Hou jij je grote waffel eens,' zegt een vijftiger dreigend tegen hem. De jonge vent taait hinnikend en boerend snel af. 'Martje

Smeets... homo... homo,' is het laatste wat we van hem horen. Iedereen moet erom lachen.

Woensdag 8 augustus

The Times hangt weer in een doorzichtig plastic zakje aan de buitendeurknop van onze kamer. Snel pak ik de krant eruit, want ik wil het heldenepos over Epke lezen. Ik raak nog steeds geëmotioneerd als ik aan de dag van gisteren denk en hem weer die waanzinnige driedubbele vluchtbeweging zie maken.

Ik heb nu ook voor de eerste maal het commentaar van Hans van Zetten gehoord. Gepassioneerd, heerlijk en 'over the top', maar met verzachtende omstandigheden. Epke won en daarom was alles toegestaan. Maar toch... oef. Goed voor Hans dat Bob Spaak is overleden.

Ik sla de krant open en zoek. Geen grote foto, geen uitgebreid bericht. Verrek, hebben die rottige Britten zitten pitten? Dan zie ik de tekst. Ik citeer: 'Epke Zonderland, of the Netherlands, won an epic horizontal bar final, beating Fabian Hambüchen of Germany, and Zou Kai, of China.' Einde citaat. Wel godver, denk ik en blader de grote krant nogmaals door; dit is onrechtvaardig. Zo'n oefening en op deze manier weggezet tot een niemendalletje.

Ik wil naar het basketbal, helemaal omdat er een gaatje in het ochtendprogramma is gekomen doordat de redactievergadering is afgelast. We gaan naar de basketbalarena met de metro. Dat alleen is al leuk: de ondergrondse is hier een wereldtentoonstelling op zich en met de Olympics in huis wordt dat plaatje versterkt. Zwart, wit, geel, rijk, arm, T-shirt, kostuum, alle talen ter wereld en iemand met een trainingsjack met 'DDR' op de rug. Geweldig.

We treinen een flink eind, komen boven de grond en lopen de zaal binnen. We kijken naar Litouwen en Rusland, mannen. In de rust kunnen we een glas wijn drinken; sjiek hoor.

Karen besluit ook de tweede wedstrijd te blijven bekijken en ik reis meteen terug. Op mijn hotelkamer en in de studio later zie ik de bespottelijkste persoonlijke fouten die een basketballer kan maken. De Fransen zijn dermate door het lint gegaan dat zij om de klok te stoppen steenharde, opzettelijke fouten op de Spanjaarden maken, die daarna ijzingwekkend koel de vrije worpen erin gooien, waarna direct weer een georganiseerde moordaanslag volgt. Het is niet om aan te zien, maar de scheidsrechters treden niet op.

We zullen het avondprogramma beginnen met deze onrechtvaardige daden in beeld; flink aangedikt door de fouten in slow-motion te laten zien en dan ook nog met een boze stem van Smeets erbij. Maar dit is ook olympische sport en waarom moet je alleen maar het mooie en lieve en winnende aspect van topsport laten zien?

Als Karen van het basketbal terug is, eten we goed in het prachtig rustige restaurant van het HHH. Hier bespreken we ook de dag en de komende avond. Het is voor mij een prima 'warming-up-ruimte' voor de uitzending. De kaart is stevig aan de prijs, maar dat moet dan maar. Het vlees, zelfs de tamelijk eenvoudige kip-saté en zeker de speciaal voor ons gemaakte 'mixed salad' van Moshik Roth en zijn keukengarde zijn de zonde meer dan waard. Sanne is onze vaste dienmevrouw, die weet wat we willen en zet de vaste wijn op tafel. We zijn binnen en weer buiten in drie kwartier.

De gasten maken vanavond geheel het programma. De zeer assertieve, geestige Dorian van Rijsselberghe is olympisch kampioen met gevoel voor verhoudingen en show. De filmpjes die we de afgelopen dagen meegekregen hebben, lieten dat al zien, ook aan tafel is hij roerganger. Hij heeft flair, maakt grote gebaren en het publiek omarmt hem binnen drie seconden. Ook aan tafel: Willemijn Bos, de hockeyspeelster die vlak voor het begin van de Spelen ernstig geblesseerd raakte en moest afhaken, ex-olympiër Jeroen Delmee die nu voor België werkt als hockeycoach, bokster Lucia Rijker die blij is dat er eindelijk boksende vrouwen op de Spelen zijn toegelaten en het paardensportduo Gerco Schröder en Rob Ehrens, respectievelijk ruiter en coach en trots op de prestatie van Schröder.

Er valt dus weer te vieren, te lachen en te praten en dat gebeurt volop. Voor we het weten zijn we door de uitzending heen. We gaan te lang door, zoals bijna iedere avond, maar op enig moment moet toch de eindleader komen. Dat is na ruim 65 minuten superleuke televisie.

Het applaus dat Van Rijsselberghe van het publiek ontvangt, blijft nog urenlang in de studio hangen. De plankzeiler geniet aan alle kanten. Willemijn Bos daarentegen straalt nog altijd teleurstelling uit. Het is moedig dat ze hier zit. Na afloop roepen diverse mannen van de crew dat ze verliefd zijn geworden op haar breekbare kwetsbaarheid, mooi gevangen in een tedere glimlach.

De avond eindigt met een bijzonder optreden van een beschonken landgenoot. In het toilet naast onze studio sta ik na de uitzending op mijn beurt te wachten. Er komt een plasbak vrij en ik schuif aan. Mijn buurman is een 'ik kijk rechtdoor plasser' en doet zijn ding. Als andere plassers me opmerken en mijn naam gaan roepen, ben ik net klaar en loop weg. De buurman is nog met een volle straal bezig en hoort het geroep. Hij draait zich al plassend om en draait nog een keer door en raakt daarbij allerlei buren, die snel wegspringen. De plasser, die hem goed om heeft, staat met zijn jonge heer in de hand, bijna midden in de ruimte en watert maar door. Hij roept lallend: 'Waar is Mart dan?' Dan is ook zijn blaas leeg. Hij laat de piem buiten de broek hangen en stommelt verward naar buiten. Hij lacht ons allen dronken toe. Hij heeft een topavond gehad, dat kan niet anders.

Donderdag 9 augustus

Aan tafel deze avond zitten: Anky van Grunsven, Adelinde Cornelissen, Edward Gal, Sven Kramer en demissionair minister Edith Schippers. Anky straalt en huilt zacht en ze heeft daar alle recht op. Ik probeer haar alle eer te geven die haar als zevenvoudig Olympiagangster toekomt. Ze is de grootste vrouwelijke olympiër ooit van ons land en verdient meer dan een standbeeld. Het applaus dat ze in onze studio deze avond krijgt van het publiek gaat door alles heen. Velen moeten even slikken en Anky mag zacht huilen. Daarna komt een 'ready smile'.

Ze is een fabelachtige sportvrouw. De prachtige foto met haar paard Salinero, gemaakt door Arnd Bronkhorst, die we aan het begin van de uitzending laten zien, is zacht en ontroert enorm. Ik voel het aan mijn licht trillende stem als ik de begintekst van de uitzending uitspreek.

Cornelissen straalt. Ze heeft zilver gehaald op de dressuur dat volgens insiders goud had moeten zijn, maar de jury dacht daar anders over. Het valt me op hoe geestelijk lenig Adelinde met deze toch moeilijke situatie om weet te gaan; ze heeft zichzelf in de hand en dat is erg knap. Zij, als relatieve nieuwkomer in haar sport, snapt ook dat ik Anky veel 'licht' wil geven en ook dat is een prettige eigenschap van Cornelissen.

De andere vrouw aan tafel heb ik niet eens een hand kunnen geven voordat we beginnen. Ze stapt letterlijk in de begintune de set op en schuift aan. Ik heb van afstand een verwelkomend handgebaar in haar richting gemaakt: niet zoals het hoort, maar het kon niet anders. De VVD-minister moet de sportende vrouwen voor laten gaan en dat snapt ze. Daarna, als de sporters weg zijn (de aardige en bescheiden Gal heeft gesteld dat hij crowd surfing overweegt) voor de befaamde HHH-huldigingen, zit zij tegenover Sven Kramer.

Het wordt bepaald niet mijn beste bijdrage in dik twee weken Londen. Dat is niet haar fout, ook niet helemaal die van mij alleen; het is het gevolg van het feit dat we in een gebied komen van welles-nietes, waarin zij, vrij rechtlijnig, haar werkzaamheden verdedigt en waarin ik niet de juiste snaar weet te raken om warmte in ons gesprek te krijgen.

Ik had haar graag als een gepassioneerde sportfan laten zien, of als heftig geïnteresseerde volger van misschien wel haar lievelingssport, maar zij komt niet los van haar politieke missie en ik krijg het persoonlijke niet uit haar. Dat is jammer en zet in eerste instantie Kramer aan tot een brede aanval. Dat laat ik even gaan. Vaak is het goed dat je als tafelheer een gesprek even uit handen kan geven. Dat ontlucht. Ik laat beiden praten, maar de minister blijft vasthouden aan haar zienswijze dat 'de overheid' in ons land op uitstekende wijze met sport omgaat. Ik vind dat dat niet waar is en Sven fulmineert zelfs; hij vindt dat ze onzin debiteert.

Later, als we met de complete redactie op de uitzending terugkijken, zeggen anderen dat we toch wel voelbaar vlak voor de verkiezingen zitten. Dat Schippers ook gesnapt heeft dat er een dikke miljoen kijkers naar keken. Ze hield zich strak aan de VVD-denkwijze: wat wij doen is goed. Jammer.

Op weg naar de auto, een goede anderhalf uur na de uitzending, komt een vrouw van mijn leeftijd op me af. Ik weet binnen een tiende seconde dat ik haar weleens meegemaakt heb. Maar waar? Ze is in beschaafd oranje gehuld, steekt haar hand uit en zegt: 'Hoi Mart, wat leuk je weer te ontmoeten. Weet je het nog?'

Als een gek blader ik in mijn grijze cellen. Arnhem? Amsterdam? Middelbare school? Basketbal? Ergens onderweg? Goddank helpt ze door te zeggen dat het al meer dan vijfenveertig jaar geleden is. We waren beiden nog zo jong, zegt ze.

Even valt er een loze seconde, net of de wereld heel even stil staat. 'Wat leuk...,' begin ik en blader nog steeds als een bezetene. Ik heb het hoofdstuk bijna gevonden, maar mis de juiste alinea.

Bijna blozend zegt ze: 'We hebben wel heel verliefd staan vrijen, weet je dat nog?'

Ik knik en denk het te weten.

'Mijn man,' zegt ze dan ineens en wijst naar een leeftijdgenoot die schuin achter haar staat.

'Hallo,' zeg ik, noem mijn naam en schudt zijn stevige hand.

'José heeft me weleens over vroeger verteld,' zegt hij een beetje schuchter.

Hartelijk dank. Ik krijg de beelden nu ineens scherper binnen. José dus.

We kletsen nog een minuut of twee door, nu met de rem eraf. Zij hebben lang in Amerika gewoond en later in Londen gewerkt en ze is me altijd blijven volgen, zegt ze. Haar echtgenoot knikt.

'Sans rancune hoor, ik lees je boeken ook allemaal,' lacht hij iets te vrolijk. Ik schat zeven biertjes.

Ik kushand haar de nacht in. Er blijven nog vele vragen onbeantwoord, maar dit is de enige manier...

'Have fun, er komen nog mooie dagen,' zeg ik, terwijl ik wegloop.

Ze lacht en ja, verdomme, ik zie het ineens: het is een 'ready smile'. Ik zie nu ook beelden van vroeger voor me en voel dat ik licht bloos. Gepassioneerde kalverenliefde gedrenkt in onhandigheid en avontuur. Gelukkig is het vrij duister hier. Ik zwaai nogmaals en loop de trap af.

Vrijdag 10 augustus

Er doet zich in de ochtend een merkwaardig moment voor. Om voor de kleinkinderen nog wat leuke souvenirs te kopen, struin ik de vijfde etage van warenhuis John Lewis af. Daar is een officiële Olympic Store, waar je dus de 'echte' souvenirs kunt kopen. Op straat, in Oxford Street bijvoorbeeld, verkopen ze goedkope namaak.

Ik sta met T-shirts, kinderslabbetjes en een olympische bus met koekjes erin in mijn handen, als Karen naast me aansluit en zachtjes zegt: 'De grote man naast je is Prins Felipe van Spanje.'

Ik zeg terug: 'So what?'

Zij reageert vrijwel niet. Zij leest de *Hola* en is into royalty. Ze kent alle Europese vorsten en vorstinnen bij naam, ook die al decennia geleden verdreven zijn uit hun paleizen en landen. Ze kent de kinderen en waarschijnlijk ook de kleinkinderen en weet van intriges en toestanden.

Ik daarentegen weet van dat alles bijna niets. Ooit stond ik in Salt Lake City in de olympische tram, met een opvallend leuke vrouw schuin tegenover me. Ik zei daar wat van. 'Dat is dus Mette-Marit van Noorwegen,' kreeg ik als antwoord. 'Leuk mens,' zei ik.

Ik pak een T-shirt van een rek en Karen buigt zich nog een

keer in mijn richting. 'En recht tegenover je staat de Koningin nu spullen voor haar kleinkinderen uit te zoeken,' zegt ze en loopt rustig weg.

Vijf minuten later zie ik hoe de Spaanse royalty gaat afrekenen. Ze staan rustig in de rij. Op de achtergrond kijkt een breed geschouderde man mee. Er is niemand van het warenhuis die helpt of erbij is, dit is een typisch 'privé bezoek'. Ze betalen met een creditcard.

'Leuk hè, dat zoiets hier kan,' zegt mijn vrouw en, als we even later aan de koffie zitten, vervolgt ze met: 'Dit is nou precies zoals deze Spelen zijn geweest, een feest voor iedereen. Wie je ook bent, waar je ook vandaan komt, iedereen is gelijk. Prima.'

's Middags kom ik ogen tekort. Ik wil graag naar Rusland-Spanje basketbal gaan kijken, maar ik blijf hangen bij BMX. Ik had de namen van de Nederlandse deelnemers gelezen, dus ik was licht voorbereid en had in NUsport wat verhalen meegekregen, maar ik was bepaald geen insider.

Als het stof is opgetrokken in dat maffe toernooi, hebben 'we' een bronzen medaille van Laura Smulders en grijpen de mannen (jongens?) net naast metaal. Dat betekent voor vanavond dat we een volle tafel gaan krijgen. Ik heb met veel plezier naar deze sport gekeken. Het was zo dynamisch dat je er snel door gegrepen werd.

Via de computer zie ik dat Spanje Rusland verslagen heeft. Karen belt op uit de basketbalhal: ze zegt dat Spanje erbarmelijk speelde in de eerste helft. Als ze zo tegen Team USA spelen is er geen denken aan een echte wedstrijd. Ze heeft basketbal verkozen boven de hockeyfinale; het bloed kruipt toch waar het niet gaan kan. Eigenlijk had ze ook nog wel Brazilië-USA willen zien, maar ze gaat terugtreinen naar Noord-Londen.

Ik kom in de avond mijn dochter tegen. Hello Nynke. Hello pap. Ze is he-le-maal hyper. Ze is naar het grote stadion geweest en doet aan een groepje omstanders voor hoe het kippenvel over haar lichaam trok. 'Ongelofelijk,' zegt ze. Het was 'rrrrrrrrrtttt' en ze maakt een beweging met haar hand langs haar andere arm. Ze geeft de richting van het bewegende kippenvel aan. Hoewel ze misschien had opgezien tegen haar sologang naar het atletiekstadion staat ze nu voluit te stralen: 'Hoe fantastisch was dat! Voor ieder nummer weer: de stilte voor de start, het meeleven van het publiek. De sfeer daarbinnen was helemaal super. Dit heb ik nog nooit meegemaakt, het was het einde.'

'Doe mij maar een witte wijn,' lacht ze me toe. Ik schenk graag in. Geluk bestaat. Ik voel het, heel diep in mijn lijf.

Dan kijkt iedereen naar de hockeyfinale en wordt er in het kloppend hart van het HHH stevig meegeleefd. Coach Max Caldas had de durf jongere speelsters in te passen. Ik heb ergens gelezen dat acht of negen meiden nog geen honderd interlands achter hun naam hebben staan. Dan tel je in de hockeywereld nog als baby. We hadden het over de uitstekende doelvrouw, Joyce Sombroek, die vrijwel alleen de winst op Nieuw-Zeeland op haar naam mocht schrijven. Oranje had een zeer moeilijke wedstrijd tegen de Kiwi's gespeeld en Sombroek stond pal in een bloedstollende shoot-out.

Na afloop had ze gezegd dat ze bij een shoot-out niet haar tegenstandsters telt. Toen er een horde oranje meiden op haar af kwam stormen, dacht ze pas: we hebben blijkbaar gewonnen.

De opvallendste speelster in de ploeg van Caldas is wellicht toch Caia van Maasakker. Eindredacteur Frits van Rijn had haar al eerder naar voren geschoven voor een portretje, maar nu stond ze gewoon in de finale. Een halve week voor de Spelen was ze nog reserve, totdat Laren-speelster Willemijn Bos door haar knie ging. Ze speelde meteen in de eerste wedstrijd, scoorde daarin ook en nu liep ze geroutineerd in de verdediging rond of ze nooit iets anders gedaan had.

De finale werd een juichverhaal, want in een slordig gespeelde wedstrijd werd Argentinië vrij simpel op 2-0 gehouden. Een geheel oranje gekleurd stadion juichte zich naar het Wilhelmus toe. Er was verdiend gewonnen en eens te meer bleek dat vooral vrouwenhockey in Nederland een zeer sterk ontwikkelde sport is.

Voor onze uitzending moest al het gejuich en gehos uit het stadion komen; gezien de tijd en de afstand was er niets te regelen. Minke Booij, vier jaar geleden nog aanvoerster van de toen winnende ploeg, nam de honneurs voor de dames in de studio waar en zag allemaal BMX'ers aan tafel verschijnen, mensen die zij ook niet kende. We hadden het 'smoelenboek' van het NOC er nog snel bijgenomen. Op de televisiebeelden zag je mensen met helmen op, in stoere pakken en je had geen idee wie er onder die verpakkingen zaten, maar we konden toch Raymond van der Biezen, Twan van Gendt en Jelle van Gorkom aan het publiek tonen. Ze waren allemaal vooral blij voor Laura Smulders (geboren in 1993), een bijna schuchter meisje uit de buurt van Nijmegen dat nog niet lang aan deze sport deed. Ze was eerder verbouwereerd dan opgetogen. Ze had haar bronzen medaille voor zich op tafel liggen. Soms pakte ze het ding even op en speelde er dan voorzichtig mee.

De laatste man aan tafel was hordeloper Gregory Sedoc. Hij vertelde over zijn pech, maar bleef als mens sterk overeind. Hij maakte duidelijk dat het zeer vormend was dat hij er hier weer bij was. 'Kijk om je heen en geniet,' gaf hij mee aan omstanders in de studio.

Daarna ging de tap open. In de vroege nacht kwam Johan Wakkie, de directeur van de hockeybond, nog even bij ons langs. Buiten onze studio werd polonaise gelopen. Niemand wilde naar huis.

Zaterdag 11 augustus

Laatste ochtendvergadering in een nog slaperig Muswell Hill. De Starbucks zit vol met ouders die kinderen meegenomen hebben, wat onze 'vergadering' licht stoort. Frits wil de teugels aanhalen. We hebben vanavond met competitievoetbal in Nederland te maken en zullen dus later beginnen. We discussiëren nauwelijks over dat feit en beschouwen het als fait accompli. Het is niet redelijk tegenover de vaste olympische kijker, vind ik.

En hoe doen we het op zondagochtend? We nemen de uitzending van Beijing van vier jaar geleden als voorbeeld. De keuze voor de te inviteren mensen blijkt zoals altijd weer een probleem. Het is op zondagochtend, redelijk vroeg, en dat levert nog weleens makkelijke afzeggingen op.

Om elf uur hangt er een diffuus zonnetje boven Noord-Londen. Ik reis terug naar de stad en ga eerst kranten lezen en dan lunchen met de kids. Tjerk is vanochtend vroeg komen invliegen en heeft samen gereisd met Hans van Zetten, die na een bliksembezoek aan Holland terugkomt voor de sluitingsceremonie. 'Hij heeft me verteld dat hij een statement af gaat geven,' lacht Tjerk, die onze populaire turnverslaggever nog nooit eerder meegemaakt had.

Met zijn vieren lunchen we karig in de buurt van Marble Arch en praten over koetjes en kalfjes. De kids gaan nog inkopen doen en ik probeer te bedenken wat we met de slotuitzending gaan doen. Wat is de teneur? Vreugde en blijheid omdat het boven verwachting goed gegaan is met de Nederlandse sporters? Zitten er nog dissonanten in? Als je Cor van der Geest aan tafel vraagt, wil die nog weleens een kleine, boze rede afsteken. Ik bel met Frits en vraag hoe groot de kans is dat de leuke sprinter Churandy Martina komt. Fifty-fifty, krijg ik te horen. Men is bezig.

's Middags vertrekt Karen naar het basketbal, blijft Nynke nog wat shoppen rond Oxford Street en reist Tjerk mee naar het HHH, waar vader en zoon een licht diner nemen dat door topkok Moshik Roth voortreffelijk is klaargemaakt. Wat kan die man aan simpel vlees een speciale smaak geven. Tjerk vertelt over honkbal, ik luister. Hij is de hele zomer druk geweest. Van de Tour heeft hij niet veel meegekregen, de Spelen heeft hij zo goed als het kon gevolgd.

We kijken in de redactieruimte naar de mannenhockeyfinale, terwijl ik met een kwart schuin oog op een andere monitor ook USA-Frankrijk voor de basketballende vrouwen in de gaten houd.

De jongens van The Handsome Poets zijn ingevlogen. Hun nummer 'Sky on fire' is een hit geworden in Nederland. De song is *catchy* en het publiek in Londen heeft het iedere avond luid meegeklapt.

De muzikanten gaan vanavond live; die eer komt hun toe. Ze kijken hun ogen uit en gaan toch nog wel even repeteren. Tijdens de uitzending krijgen ze een ware ovatie van het publiek; ontroerend bijna. Net of dat publiek wil zeggen: jullie hebben voor ons iets herkenbaars gemaakt in de afgelopen weken, dank jullie wel.

Duitsland wint van de oranje mannenploeg en dat is een lichte domper voor iedereen. We hebben al eerder in de week voorzien dat het reuze moeilijk is (qua afstand en tijd) om hockeyers naar het HHH te krijgen. Met Marc Lammers, de oud-coach van de Nederlandse dames, is de afspraak gemaakt dat hij direct het hockeystadion zal verlaten, in een NOS-auto zal springen en dan de uitzending nog kan halen. De zeilsters Lisa Westerhof en Lobke Berkhout zijn er in ieder geval (met hun medailles) en verder hoop ik op een mooie bijdrage uit het hockeystadion.

Omdat de mannen goed kapot zitten, duurt het enige tijd alvorens er iemand zin heeft om te praten. Ik besef dat ik vanavond naar de laatste interlandwedstrijd van een der grootste hockeyers ooit heb zitten kijken. Teun de Nooijer sluit zijn interlandcarrière af met de zilveren medaille na een zeer roerig jaar waarin hij, als hoge boom, een tijdje uit de selectie werd verwijderd.

Dat laatste facet is slechts een vervelend pluisje op een waanzinnige loopbaan die hem langs twee olympische titels, een wereldkampioenschap en 214 doelpunten in 453 wedstrijden leidde. Ik denk dat De Nooijer een van de grote meneren van de Nederlandse sport is; licht ondergewaardeerd door andere sporters omdat het 'maar hockey is'. Dat klinkt hard, maar ik meen het.

In ieder geval laat ik via onze mensen in het hockeystadion weten dat het me een eer zal zijn als hij daar nog voor de camera kan komen. In eerste instantie heb ik gehoord dat hij geen zin had, maar na mijn verzoek staat hij er ineens. Dit zijn moeilijke momenten. De sporter heeft zojuist verloren, de wedstrijd zit nog in zijn lijf en de tonen van het Duitse volkslied hangen in zijn oren. Dan moet de balende sporter ergens in een hoekje van het stadion gaan staan, krijgt hij een oortje in en vraagt een technicus of hij straks recht in de camera wil kijken tijdens het gesprek. Dat lijkt erg eenvoudig, maar dat is het om de dooie donder niet. Vervolgens wordt er contact gezocht en begint er een gesprek tussen twee mensen die elkaar niet recht in de ogen kunnen zien. Vrijwel altijd blijft er dan iets van 'afstand' in zo'n gesprek; letterlijk en figuurlijk. De Nooijer staat in dat inmiddels verlaten stadion, en ik zit in een lege studio, waar de band even moet stoppen met repeteren.

We nemen het gesprek op en ik probeer hem de eer te geven die hem toekomt. Hij pikt de draad sterk op en analyseert goed en kundig. Teun Floris de Nooijer, bijnaam 'neut', geboren in Egmond aan den Hoef, vertelt, relativeert en toont een zekere vorm van trots. Ja, hij heeft een beste loopbaan achter zich liggen. Hij stapt weg met zilver. Jammer van dat goud, maar het zat er vanavond niet in.

Ik bedank hem en zeg 'dag'. Hij groet eenvoudig terug: 'Hoi.'

Dat gesprek is precies de toevoeging die de kortere uitzending vanavond nodig heeft, vinden we met z'n allen. We beginnen op slag van zondag en Lammers haalt de uitzending net op tijd en zet de hockeynederlaag in perspectief (mooie zin: 'Ze hebben hun gretigheid niet af kunnen maken'), de zeilmeiden zijn blij en vertellen honderduit. Pilote Westerhof heeft haar werkschema van de KLM al gekregen. Haar eerste vlucht na de Olympics zal naar... Londen zijn. Gevoel voor decor of toeval? Berkhout zegt even niet aan zeilen te gaan denken. Waaraan dan wel? Ze haalt haar schouders licht op: geen idee. Misschien toch wel zeilen...

Dan spelen The Handsome Poets live hun song, klapt iedereen nog harder en op een laat tijdstip gaan we, slechts kort, allen aan het bier. Ik tap, voor de lol.

Nynke en Tjerk beslissen dat ze het feestgewoel van het HHH ingaan. Hoe ze in ons hotel komen, zien ze wel. Ze komen overal bekenden tegen. See you!

Karen en ik en make-upmevrouw Karen Werther (een Nederlandse die al tien jaar in Londen woont en werkt en die met een grappig Brabants-Nederlands-Engels accent spreekt) rijden na enen naar de stad. Morgen laatste dag. Morgen dooft de vlam. Morgen de laatste 'live presentatie' voor de NOS. De eerste was in 1973. Dat is enige tijd geleden. Zoals de Walker Brothers zingen: 'No regrets.'

Zondag 12 augustus

Vroeg opstaan is een automatisme geworden. Ook hier. Ook op zondag waar het in de straat beneden mijn hotelraam angstig stil blijft. Het is de slotdag van de Spelen en ik moet vandaag tweemaal goed zijn. Uit ervaring weet ik hoe moeilijk dat is: je laadt je op voor de eerste maal (het tafelprogramma), vervolgens is er een uurtje niets met een drankje, een verdwaalde toespraak en vriendelijkheden en dan moet ik in razende vaart naar de basketbalhal aan de andere kant van de stad om daar het commentaar van de mannenfinale te doen.

Ik lees van half zeven tot half acht in naslagwerken, zoek dingen op over de Spaanse spelers (basketbal) en noteer de vijf nederlagen die de Amerikaanse mannenploeg ooit op het olympisch podium heeft geleden. Niet dat ik denk dat het vandaag weer zal gebeuren, maar ik acht Spanje kansrijk in de wedstrijd te blijven en met vijf of zeven punten te verliezen.

Ik doe de drie S'en (zo noemden we dat vroeger in de basketbalploeg), shave, shit and shower, en hoor een klop op de deur: Tjerk, mijn zoon. Hij wil mijn laatste werkdag voor de NOS in Londen geheel meemaken en staat me, geschoren en al, lachend op te wachten: 'Ready?'

Ik zoek mijn kamersleutel, sla mijn rugzak om, groet Karen die rechtstreeks naar het basketbal zal gaan om maar niets van de strijd om de derde plaats te missen, en zoon en vader lopen samen naar buiten, de Londense ochtend in; een groots gevoel.

'Nynke?' vraag ik en Tjerk haalt zijn schouders op: 'Die komt straks wel. Dit was te vroeg voor haar.'

'You shaved?'

Hij knikt lachend: 'Voor de gelegenheid.'

De avond ervoor had hij nog een ietwat pluizige five o'clock shadow staan; slordig, maar modieus.

In de auto op weg naar het noorden hebben we het met chauffeur Ollie over urbanisatie, het feit dat mensen in de buitenwijken van Londen helemaal niets om de Spelen geven, over de komende basketbalfinale en hoe de sluitingsceremonie eruit zal gaan zien. 'Met veel zingen en veel Brits hitwerk,' zeg ik omdat ik dat via de BBC heb gehoord. The Who en Ray Davies zijn voorzichtig aangekondigd. Geriatrische popmuziek op een feest voor jonge sportmensen, wie bedenkt dat? De sluiting dient een feest voor de atleten te zijn, maar dat is het al lang niet meer.

Tjerk liep er nog bij in Peking en ging toen op zijn knieën voor Minke. Hij had het doosje met de ring in zijn zak. Op het allerlaatste ogenblik had hij zijn naaste familieleden ingelicht. Het sms'je heb ik nog steeds in mijn toestel zitten.

's Avonds, als we gegeten hebben, krijgt hij overigens een mailtje vanuit Holland. Minke herinnert hem aan vier jaar geleden en de liefde tussen hen tweetjes. Ik hoor van afstand aan hoe hij de tekst aan zijn zuster, lopend op straat, voorleest en ik gloei van trots.

Op de redactie in het HHH is het om tien voor negen rustig druk; iedereen is rond twee of drie uur die nacht naar bed gegaan, maar niemand is brak of laat merken zelfs maar een vleug van een kater te hebben. Het koffieapparaat maakt wel overuren.

Alvorens de tafel volloopt met gasten moet Maurits Hendriks nog verbaal geschoren worden. Zijn agenda laat 'aanzitten' niet toe; so be it. We behandelen snel de thema's van het programma. Hij heeft zich terdege voorbereid en spreekt in staccato zinnen zijn waarheden in de microfoon. Ja, hij is tevreden, ja het is goed gegaan, ja het High Performance Center was een succes, ja er blijft altijd iets te wensen over. Natuurlijk hebben sommigen hun niveau niet gehaald, ook dat hoort bij de Spelen. Dat soort statements.

Op mijn vraag of 'hij' het goed gedaan heeft, geeft hij geen antwoord. Daar wil hij het niet over hebben. Ik zeg dat ik vind dat hij goed werk heeft afgeleverd. Hij is even uit zijn doen en kijkt me zwijgend aan, alvorens knikkend voor het compliment te bedanken. Hij is duidelijk verrast. Hij blijft even zitten, schudt zijn hoofd en staat dan pas op.

'Daar had je me,' zegt hij licht lachend, hergroepeert zijn gevoelens, geeft handen en sjouwt door, naar een volgende bijeenkomst. Hij ziet er vermoeid uit. Werken op olympisch niveau moet een enorme opgave zijn; niet alleen fysiek.

Het was een welgemeend compliment. Nederland haalde uiteindelijk zes keer goud, zes keer zilver en acht keer brons, totaal twintig medailles. Ons land overtrof daarmee de verwachtingen van *Sports Illustrated*, dat vier keer goud, vier keer zilver en vijf keer brons had voorspeld (dertien medailles).

De bezetting van onze tafel klopt. Ons kent ons als het de gasten betreft; zij komen allen uit de bovenste punt van de sportdriehoek: Paul van Ass, Cor van der Geest, Charundy Martina, Pieter van den Hoogenband en de opmerkelijk uitgesproken Susannah Chayes, de enige coach van de nationale roeiploeg die eremetaal wist te winnen met haar vrouwenacht.

Martina is blij en laat dat weten. Zijn gouden tand glinstert in de ochtendzon, zijn verhalen spatten vanaf het beeld; hij heeft geen medaille gewonnen, maar op een of andere manier straalt hij. Waarschijnlijk ook omdat hij door heeft gekregen dat zijn vrolijke gedrag bij velen aangeslagen is. Hij is een leuke man, iedereen in oranje is blij met hem, ook diegenen die al licht cynische grapjes over hem maken. In een praatprogramma met Martina aan tafel kun je bijna niet 'nat gaan', en ik geef gedurende enige tijd het gesprek van harte uit handen.

Chayes haalt wel weer even de teugels aan als ze vertelt hoe ze tijdens de race van haar ploeg de waterlanders voelde opkomen. Haar gevoelens, onder meer over haar overleden vader, aan wie ze ineens moest denken toen 'haar meiden' op brons lagen, staan niet alleen. Velen hebben dit soort verhalen mee naar Londen genomen, velen laten ook gewoon hun gevoelens los en huilen. Waarom ook niet? We laten een jankfilmpje zien; het staat mede voor de sfeer van Londen. Voor we het weten heeft iedereen zijn zegje gedaan en zijn we klaar met de opnames. Er hoeft niets uit, er hoeft geen verspreking of stomme vraag of hakkelend antwoord weggeknipt te worden, de lengte is ook goed; we houden het zo.

De sportmensen vertrekken en de televisiecrew weet wat er gaat gebeuren: eerst is er een korte bijeenkomst waarbij waarschijnlijk gespeecht gaat worden en dan begint het onvermijdelijke opruimen, het afbreken, het kabels rollen en vooral het sjouwen.

Ik zie dat de leiding van *Studio Sport* afdeling Londen, Ewoud van Winsen en Monique Hamer, is komen binnenwaaien. Ook Jan de Jong, de bovenbaas, is er. Leuk. Goed gedaan.

Er zijn korte toespraken, er plopt een kurkje en ik geef alle medewerkers aan het *London Late Night*-programma een speciaal gemaakt aandenken. Omdat ik vind dat het zo hoort. Ik wil iets geven dat redelijk uniek is en waar de herinnering aan Londen en dit programma vanaf straalt. Het wordt een speciaal gefabriceerd T-shirt met alle voornamen van alle 52 mensen die aan 'de show' meewerkten op de rug geprint en het logo op de borst. Ik zie dat het cadeau in de smaak valt en sluit me aan bij Churandy: ik ben blij.

Om bij de grote basketbalhal te komen, moeten we zeker drie kwartier tot een uur uittrekken, zegt een van de chauffeurs, maar binnen 40 minuten sta ik al in de zaal. Veertig jaar na München doe ik weer een olympische basketbalfinale, een maf idee. Toen verloor de USA van de Sovjet-Unie, na een tumultueuze slotfase van een kakkerig gespeelde wedstrijd. Vanmiddag staat de USA tegenover Spanje. Ik verheug me geweldig op die confrontatie.

Tot mijn stomme verbazing blijven er open plaatsen in de

zaal, terwijl er bekendgemaakt is dat kaartjes voor deze finale op de zwarte markt opliepen tot wel 3000 pond per stuk. Hebben de zwarthandelaren pech of is de verwende olympische sponsor sportmoe en komt-ie gewoon niet meer opdagen voor deze finale?

Ik eet snel iets van rijst met kip, drink een koffie en ga op commentatorpositie 52 zitten. Erik van Dijk is mijn welgewaardeerde, jonge collega, hij zal na vandaag basketbal voor de NOS van me overnemen, denk ik. Niet dat iemand dat in die bewoordingen tegen me gezegd heeft, maar het lijkt me logisch.

Ik heb al eerder op de dag besloten dat ik de rol van tweede man, van ervaren analist, op me zal nemen en hem de 'leading commentator' laat zijn. Ik heb daar geen millimeter twijfel over, zo moet het en niet anders.

Als dik twee uur later de stompend harde muziek van The Black Eyed Peas (I got a feeling) door de zaal trekt, trekt een prettig gevoel langs mijn middenrif omhoog. Iedereen in de grote zaal kent dit nummer, iedereen staat, klapt en zingt en de spelers van de twee finalisten en ook van Rusland (derde geworden) lopen over het veld en swingen, klappen en springen. De DJ in de zaal snapt het en draait de volumeknop flink open. Stompend hard wordt eerst pompend stevig en vervolgens soppend lekker en iedereen om me heen heeft lol. Mensen staan elkaar high fives te geven, de spelers, ook de door en door verwende NBA-sterren, dansen en brullen mee; het is een ge-wel-di-ge sfeer ineens.

Nee, het is niet meer op de televisie, want ieder land heeft afgesloten, maar je zou bijna wensen dat deze vijf of acht minuten teruggehaald konden worden. De complete vrijheid en blijheid van een ieder, het dansen en klappen, het feit dat iedereen het naar zijn zin heeft, ja ook de in de finale verslagen Spanjaarden. Dat beeld zal ik helemaal nooit van mijn leven meer vergeten. Mazzeltov.

Een kwartier later verzamelen we in de grote hal van de O2. Tjerk en Nynke komen van de tweede ring met eindredacteur

Frits van Rijn en videoman Martijn Hendriks (wat maakte hij mooie openingsfilmpjes, zeker in de tweede week van de Spelen) en Karen, Erik en ik komen door weer andere uitgangen naar buiten. We hebben allen genoten en wisselen enthousiast ervaringen uit. Geweldig, wat een topfinale. Het spel van LeBron, de drie scores-toen-het-moest van Kobe, het perfecte spel van de Spanjaarden in de tweede helft, de missers van Felipe Reyes die de wedstrijd zijn definitieve kanteling meegaven, het onderkoelde spel van Pau Gasol en diens omhelzing met Kobe, ploeggenoten immers bij de Lakers, en natuurlijk roemen we allemaal de unieke sfeer. De muziek, het geklap, de werkelijk monstrueus lekkere omgeving waarin deze prachtige finale gespeeld werd. Het kan werkelijk niet op.

'Heel cool,' vindt mijn dochter, die nog loopt na te zingen. Tjerk knikt. Klopt.

We halen het *Guinness Book of Records* door bij KC met zijn zessen in de auto te passen (vraag niet hoe) en lachend naar Marble Arch te rijden. Martijn trekt naar elders en wij zoeken een dik uur later een behoorlijk restaurant. We eten en drinken de avond open, een ieder gaat daarna zijns weegs en de televisie op de kamer gaat aan.

Ik doe twee dingen tegelijkertijd: ik pak twee koffers met presentatiekleding, koffers die de volgende ochtend vroeg al opgehaald worden, en ik kijk naar de sluitingsceremonie van de Spelen.

Zoals altijd duurt alles in het stadion te lang, komen de sporters er nauwelijks aan te pas, verlies ik mijn interesse (ook al zingt Ray Davies, ook al molenwiekt Pete Townshend) en zit ik om even over twaalven gewoon *The Observer* te lezen. De Spelen zijn voorbij, bedenk ik een uur later en schenk nog een glas wijn in. Karen slaapt al lang.

Ik kuier wat rond, want ik heb geen slaap. Het waren, zo lijkt me toch, mijn laatste Spelen. Ik denk terug: de verrassing van ooit in München uit te komen, zelf nauwelijks topsporter-af, daarna het grauwe en onvriendelijke Moskou, Los Angeles waar ik niet naartoe mocht van baas Carel Enkelaar, de onbekende chaos van Seoul, de zon en de mediterrane sfeer van Barcelona, het platte en onvriendelijke Atlanta, de pure vreugde van Sydney, het mooie Athene waar de chaos alleszins meeviel, de enorme cultuurschok van Beijing en nu dus deze Spelen van Londen.

Ik ben bij negen zomerspelen werkend aanwezig geweest. Samen met achtmaal de winterspelen maakt dat me tot een olympische veteraanvolger. Ik moet het toegeven.

De leukste Spelen? Sydney en Lillehammer. De ergste? Moskou en Atlanta.

Ik stel mezelf de vraag: noem een werkelijk gezegend moment, en leeg al nadenkend de fles Shiraz. Ik haal terug: mijn toevallige ontmoeting met Stefan Edberg in Seoul, mijn filmpje met Kelsie Banks, het interview met Carl Lewis, die stapavond met Eric Heiden, het stukje met Rienks en Florijn in Seoul, het bezoek aan een (keurige) massagesalon in Zuid-Korea, de geweldige mars der kampioenen in Sydney, de tientallen, misschien honderden ingesproken stukjes, reportages, interviewtjes en weet ik wat meer. De feestavond in Atlanta met dominee Klaas Vos die de Amerikanen ter plekke een lesje gaf, de roze champagne in Moskou, samen gedronken met Carl Huybrechts van de BRT, de wissel van Sven en Canada-USA in Vancouver, Tjerks binnenkomen in het stadion van Beijing, Nynke op een mooie, vroege ochtend in Salt Lake City ('Hello Dadda, can I borrow this car?'); monteren, werken, inspreken, commentaar geven, werken.

Dit nu was Londen 2012 en de kids waren speciaal gekomen om hun oude heer in zijn laatste olympische moment werkend mee te maken. De symboliek was niet moeilijk te vangen. Het feit dat we daarna met zijn allen naar het basketbal waren getrokken, was de kers op de taart geweest. Onze ritjes en wandelingen door Londen, een lukrake lunch hier en een diner daar, het gevoel hier voor even samen te zijn; alles klopte ineens.

Deze verrassend leuke Spelen van Londen waren nu passé défini en ik was dolgelukkig dat de kids hier waren. Het waren geen 'stiff upper lip Games' geworden, maar Spelen met een ziel, met controle, applaus voor de ander, bewondering voor de prestatie, Spelen zonder politieke dubbele bodem, prettige Spelen vooral. Wij konden het nog: feest vieren en simpel blij zijn. Er bestond weer respect voor elkaar, de stadions liepen vol, je liet een ander voorgaan, de lach en zeker de traan waren terug in de sportwereld.

Ik loop door de kamer en knip de televisie uit. Dan de lampen. In de duisternis vind ik mijn weg. Dit was ook weer achttien dagen achtereen een hotelkamer. Morgen is het maandag. Vanaf morgen ga ik op zoek naar de status normale binnen het leven. Ik kijk op mijn horloge. Verrek, het is al half vier. Om acht uur moet ik opstaan. Dan stoot ik mijn teen aan de onderkant van het bed. Zoals bijna iedere avond.

Uit het bed klinkt een mij bekende vrouwenstem: 'Lift foot.'

Ik glimlach.

Maandag 13 augustus

De missive luidt: koffers om acht uur klaar in de lobby van het hotel en dat gebeurt ook. Tjerk helpt sjouwen, hij vertrekt van Heathrow en hem wacht een werkdag bij de honkbalbond. In een verstilde straat, voor het hotel, staat een Nederlands busje. De koffers zijn over een uur of wat in de tunnel, begrijp ik. Ze zullen morgenmiddag worden afgeleverd. De man die rijdt, lacht me toe: 'Komt allemaal voor elkaar, mijnheer Smeets, mooie klus voor me. Heb ik toch nog wat van Londen gezien,' zegt hij en gaat op weg naar een ander hotel voor meer vracht aan boord.

We ontbijten met Nynke. Ze zegt dat ze blij is dat ze hier in Londen is geweest; ze heeft genoten, gelachen en ze was hier voor mijn laatste olympische programma. Als bijna onzichtbare ondersteuning. Ze is een bijzonder kind en dat is ze. Zorgzaam, sociaal en ze weet van televisiezaken af; ze heeft immers jaren in het vak gezeten. Haar nieuwe job, bij KiKa, is voor haar ge-

maakt en daar ben ik dus ook heel blij mee. Haar onafhanke-
lijke gedrag staat me zeer aan; ze gaat en staat waar ze wil, geeft
richting aan haar familie en zichzelf en doet leuke dingen en
behoudt waardigheid achter een voortdurend lachend gezicht.
Dat ze hier tijdens het laatste weekend van de Spelen wilde zijn
(op uitnodiging van haar ouwe heer overigens) heeft me enorm
goed gedaan. Het was van beide kids een mooi saluut aan hun
vader. Geen opsmuk, geen grote woorden, geen gejank; alleen
hun aanwezigheid en een kus als dank, of troost, of ereprijs, of
weet ik wat. Heel, heel goed.

Nynke gaat later weg dan haar broertje (waarom eigenlijk?)
en wij gaan de straat op. Ik wil nog wat scoren en kom uit bij
een platenwinkel waar ik een waanzinnige LP voor Leo Blokhuis
scoor. Die krijgt hij voor zijn verjaardag: een speciale persing van
The Beatles op vinyl, wie bedenkt dat nog in deze tijd?

In de studio zijn de werkers bezig met afbreken. In het midden van de middag bel ik met Monique Hamer. Ze giert dat ze op
schema lopen, dat vanavond het traditionele afscheidsdiner voor
de plaatselijke crew is en ze zegt liefjes: 'En het zou heel leuk zijn
als jij daar ook bij bent, darling.'

Message understood. Ik schrijf het adres op van restaurant
Ping Pong. Ik schat Aziatische fusion en ongelimiteerd schran-
sen.

Ik pak nog verder mijn tassen in, leg heel burgerlijk maar
wel handig mijn reiskleren voor de komende dag over de bank
en klim in mijn computer. Ik moet weer een column voor de
GPD schrijven. Ik krijg de kijkcijfers van de Sportzomer binnen
en hoewel het een gekriebel van cijfertjes is, ga ik ze toch zitten
bestuderen en roep resultaten naar de andere kamer. Gebrom is
mijn deel.

Ik zie dat RTL inderdaad de eerste vier dagen van de week vóór
het EK begon, aan de winnende hand was en dat er daarna een
zigzagbeweging in kwam. Ik heb me er toen niet mee beziigge-
houden omdat ik echt vond dat het geen wedstrijd was. Net geen
appels en peren. Ik kijk nu wel en vergelijk.

Een belangrijke cijferreeks die ik nu zie en die ook waarde heeft is deze: de gemiddelden over de hele zomer waren voor de NOS 1.090.000 kijkers, goed voor een marktaandeel van 26%. RTL zette daar een gemiddelde van 730.000 kijkers tegenover en een marktaandeel van 16%. Dat betekent dat er iedere avond in het Koninkrijk der Nederlanden 1,8 miljoen mensen op tv naar sport keken, met een marktaandeel van 42%. Ik heb de twee gewoon opgeteld, maar waarschijnlijk zal het grote medium in de kijkcijferwetenschappen, mijn wielervriend René van Dammen, daar wel iets op aan te merken hebben.

Ik zie ook voor het eerst alle dagcijfers en ga toch zitten vergelijken. Als het dan toch door anderen tot een wedstrijd is gemaakt, hoe is dan het scoreverloop? De best bekeken voetbalavond komt toe aan de NOS. Op de avond van Nederland-Duitsland keken 2.388.000 mensen. RTL scoorde bij het voetbal 17 'Affengeiler Sechsnüller' en de NOS had er 13. Ik lees de scores van de Tour en de Spelen en knik voor me uit: goed, het is een lichte bevestiging. Ik vraag me af of ik de hele lijst op zal nemen in mijn boek, maar besluit het niet te doen. Zelfbevlekking heeft zijn grenzen. Kijkcijfers zeggen niet alles. En als het voor anderen dan toch een wedstrijd was, dan ben ik tevreden. Londen scoort geweldig en je ziet bij de Tour het moment dat de Nederlanders wegvallen. Over het algemeen is het goed.

'Heel goed,' krijg ik drie uur later te horen van diegenen die nog in Londen zijn bijeenkomen bij Ping Pong. Met Monique praten we even kijkcijferzakelijk. Ze zegt dat ze blij is met de uitkomsten, ze zijn beter dan verwacht en liggen hoger dan gehoopt. 'Goed gedaan,' lacht ze en ik krijg een kus op mijn voorhoofd. Hoofdprijs dus.

Met wat andere collega's gaan we nog even door op dit onderwerp. 'Het was geen wedstrijd,' zegt de een en ik bevestig dat. 'De kranten maakten er juist een wedstrijd van,' zegt een ander. Weer knik ik.

'Weet je, toen RTL die eerste dagen steeds meer kijkers had dan wij in Polen, toen was het min of meer sensationeel nieuws en dat werd breed uitgemeten natuurlijk. Eindelijk konden ze die vervelende NOS eens pakken.' Dat soort opmerkingen schiet nu over tafel. Uit de productiehoek vraagt iemand: 'Heeft iemand ooit geschreven hoeveel de eindstand in Londen is geworden?' 'Dat hoeft ook niet,' zeg ik, bijna streng.

Dan gaan we eten, of eigenlijk eerst drinken en dan komen er hoeveelheden voedsel langs waar een weeshuis mee overweg kan.

De Engelse chauffeurs zijn groots in vorm deze avond. De meesten, zo niet allen, zijn met de ondergrondse gekomen en klokken nu eerst bier en dan cocktails weg in een afschrikwekkend tempo. Het is prachtig te zien hoe ze vrolijk worden en luidruchtig.

We eten een stuk in de avond, halen (nu al) herinneringen op en dan komt het moment van afscheid. De mannen die ons drie weken hebben bijgestaan, die gereden hebben, die boodschappen gedaan hebben, T-shirts hebben laten maken, die uren hebben staan wachten, die moesten wennen aan onze gewoonten... die jongens willen nu allemaal met ons op de foto. Liggend op tafel, staand, met gekke bekken, lachend vooral.

In een heerlijk dronkemansgehuil knipt iedereen maar wat weg en dan wordt er gekust, gehugd, op schouders geslagen en roept iemand dat we er nog eentje moeten nemen.

Karen en ik lopen om een uur in de nacht naar een taxi. De Spelen zijn al een dag weg uit deze metropool. Het is redelijk stil op straat en het regent zacht: Londen in augustus. Business as usual. De taxichauffeur is een grappige man uit een onbestemd, ver land. Binnen zeven seconden hebben we het over de Spelen. Hij vraagt waar we vandaan komen en we zeggen in koor: 'Holland.'

Hij is heel even stil en zegt dan: 'I liked your ladies hockeyteam, beautiful girls, all blond. Nice bodies.'

Naast me zegt iemand: 'Mánnen...' met een duidelijke toon van walging op de eerste lettergreep.

Ik tip hem te ruim, maar ach.

Als we de trap oplopen, neurie ik eerst en zing later: 'Baby's good to me... and I feel fine...'

Dinsdag 14 augustus

Fergus, dezelfde chauffeur die ons ophaalde bijna drie weken geleden, brengt ons terug naar London City Airport. Hij staat al om kwart over zeven voor de deur van het hotel vanwege mogelijke drukte in de stad. We zijn ruim te vroeg en hangen wat rond. Ontbijt op het vliegveld, prozaïscher kan het bijna niet. Dan een korte vlucht, snel de tassen mee, taxi in en naar huis.

Karen doet de voordeur open. Ze heeft geen stem en ziet pips. Ik vraag of het wel goed gaat en zij schudt van nee. Ze loopt kuchend de trap op. Een leuke stapel post ligt links op het tafeltje, een grotere stapel kranten rechts. Burenhulp heet dat.

We zijn thuis en de Sportzomer is voorgoed en definitief voorbij. Vanavond geen sportpraatprogramma op de Nederlandse televisie. Vanavond voor ons dus helemaal niets. De was draaien, post lezen en stom voor me uit zitten kijken, dat is wat me rest. Karen ligt al in bed. Beroerd. Afgeknoedeld.

Ik pak de fiets en ga naar Albert Heijn. In de winkel word ik diverse malen aangesproken. Ik krijg complimenten te over en ga met een jonge man op de foto. Hij vond de NOS Sportzomer helemaal het einde, zegt hij. Wie of wat vooral, wil ik weten. Met een blij gezicht zegt hij: 'Die met die snor bij het voetbal. Hoe heet-ie ook alweer? Jack of zoiets!'

Ik koop op gevoel wat dingen en fiets door de lichte regen naar huis terug. Ik kook voor mezelf en breng thee met honing naar de slaapkamer. Prachtig hoe een interne klok bij een mens werkt. Die bij Karen moest goed blijven tot net achter de voordeur.

Er komen 's middags bloemen. Van de NOS. Er komt een goede fles wijn. Van de NOS. De koffers worden gebracht. Door de NOS. Er komen telefoontjes. Van de NOS. Dat het programma rond het WK wielrennen niet doorgaat zoals eerder afgesproken.

Ik besef dat ik zo ongeveer klaar ben met werken voor de NOS. Misschien dat we nog om de tafel gaan zitten. Wie weet? Dan belt er iemand die zegt dat ik zaterdag en zondag aanstaande de Vuelta mag gaan doen. Vanuit de studio in Hilversum.

Ik kijk 's avonds naar honkbal via ESPN en val al na enkele minuten in een tomeloze slaap. Om half vijf word ik wakker in een compleet donkere kamer. Sneeuw op de buis en in mijn hoofd. Ik kijk om me heen en weet even niet waar ik ben. Londen? De Tour? Thuis? Ik ruik ineens bloemengeur. Geraniums?